THE ANALYSES AND THOUGHTS ON
ECONOMIC OPERATION SITUATION AND TREND

经济运行态势分析与思考

2018

赵辰昕 | 主编

中国市场出版社
China Market Press
·北京·

图书在版编目（CIP）数据

经济运行态势分析与思考. 2018 / 赵辰昕主编. —北京：中国市场出版社，2019. 4

ISBN 978 - 7 - 5092 - 1822 - 8

Ⅰ. ①经… Ⅱ. ①赵… Ⅲ. ①中国经济-经济运行分析-研究 Ⅳ. ①F20

中国版本图书馆 CIP 数据核字（2019）第 057662 号

经济运行态势分析与思考（2018）

JINGJI YUNXING TAISHI FENXI YU SIKAO（2018）

主　　编： 赵辰昕

责任编辑： 宋　涛（zhixuanjingpin@ 163. com）

出版发行： 中国市场出版社

社　　址： 北京市西城区月坛北小街 2 号院 3 号楼（100837）

电　　话：（010）68034118/68021338/68022950/68020336

经　　销： 新华书店

印　　刷： 河北鑫兆源印刷有限公司

开　　本： 185mm×260mm　　1/16

印　　张： 20. 5　　　　**字　　数：** 310 千字

版　　次： 2019 年 4 月第 1 版　　　　**印　　次：** 2019 年 4 月第 1 次印刷

书　　号： ISBN 978 - 7 - 5092 - 1822 - 8

定　　价： 78. 00 元

序

The analyses and thoughts on economic operation situation and trend

如果说爱情是文学永恒的主题，那么经济学有没有一个永恒的主题呢？我想是有的，那就是政府与市场的关系。在这个方面，当代中国人应该是最有发言权的，最有心得的，也最应该基于自己的实践对世界的经济学作出独特的贡献。为什么这么说？因为过去 70 年中国的经济实践，尤其是改革开放以来 40 年的中国经济实践，是人类历史上规模最大、最鲜活、最丰富多彩的经济活动，贯穿这一上下求索的核心课题就是如何处理好政府与市场的关系。

新中国建立的 70 年，前 30 年基本上在试图走一条以政府为主导的经济发展之路。尽管在许多方面取得了成绩，为后 40 年的发展奠定了重要的基础，其中包括基础教育、公共卫生、男女平等，但是这条以政府主导的经济发展之路在很多方面显示出自己的弊病，核心问题用今天的话来讲就是百姓的获得感非常差。

改革开放 40 年以来，中国经济最重要的经验就是不断地摸索和调整政府与市场这对关系。这个调整过程涉及国民经济最核心的几个重要部门，体现在经济运行的调节方面，那就是所谓的油电煤气运。在新中国成立的头 30 年，这些重大的国民经济运行的调节主要是靠政府部门，也就是当时的经委和计委。根据很多老同志回忆，那个时候相关部门的领

李稻葵，清华大学中国经济思想与实践研究院院长。

导天天跟打仗一样，尤其是在冬天取暖和春运等敏感季节，他们是极度紧张的。有关领导同志回忆说，改革开放之初当他们第一次走出国门的时候，惊奇地发现在像美国这样的发达国家居然没有人操心油电煤气的运行，非常羡慕。

现在，很多经济学学者往往会告诉大家这些经济运行部门留给市场就行了，市场能够自我调节，发达国家就是如此。这种认识恐怕有两个基本的事实上的误区。第一个误区是在美国等发达国家，政府关键时候是要直接干预的。最明显的例子就是1973年石油危机的时候，美国政府出台了一系列政策，直接干预成品油市场的运行，不许无限涨价，每辆小汽车每次只能加一定数量的油，避免囤积和抢购，保证消费的公平性。另外，美国总统尼克松在回忆录中透露，当他刚刚入主白宫之时，非常关注高通胀，总统经济顾问告诉他通胀高的一个重要原因是当时一些原材料价格太高，如电解铝。尼克松毫不犹豫马上把美国铝业公司的老板叫到了自己办公室，直接要跟他商量怎么能够控制住电解铝价格的上升。所以在发达国家，政府并不是对这些国民经济的运行完全不操心，只不过是发达国家的经济已经进入了稳态发展，社会经济的结构相对稳定，所以一般情况下不用政府去干预。第二个事实上的误区其实更为严重，市场调节不等于价格机制的自动调节。其实，在绝大多数情况下，市场调节就是相关的公司的内部调度人员的调节，其本质上也是计划经济，只不过是小型计划经济。这一点诺贝尔经济学奖得主科斯20多岁的时候就发现了，当时他第一次到美国游学，在美国通用汽车的水牛城工厂实习，他已经观察到这一点了，并据此写出了后来得奖的厂商理论。对此，他在诺奖演讲有生动的回忆。在发达国家，油电煤气的生产者一般都是大企业，这些大企业内部有着非常专业的调度人员，而这些调度人员往往不是以价格极大化为目标的，而是追求供给的稳定。我记得多年前我在美国读书和工作的时候，每年冬天地方新闻都要报道当地居民取暖用重油的价格走势。在天气突然变冷或者持续寒冷的时候，重油价格随之飙升，因为很多重油公司手中的库存是有限的。在这种情况下，媒体和公众就会紧急高声呼吁稳定价格，这些公司也必须采取紧急措施从外地调入重油。所以在这个问题上，企业并不是像教科书上所说的那样以利润最大化趁火打劫，而是和社会公众、地方政府以及媒体保持密切沟通，必须在社会责任和获取利润之间取得一个平衡，其行为在短期内与我们的发改委并无大的差异。

改革开放 40 年，中国经济在政府与市场关系方面极其有心得，一个突出的表现方面就是油电煤气的调控。40 年来，油电煤气运正越来越多地由企业或者说市场来调节，但是政府的作用始终在发挥。发改委的运行局一直在为这些事情操心，应该说他们比新中国前 30 年老一辈的管理者要更加幸运也更为成功。他们对油电煤气运的调节极为精准，往往会落实到每一个小时，一旦发生情况就要与相关的企业进行协调。像冰寒天气、春运以及夏季高温，这都是他们指挥作战的时候。我相信这种做法是有值得研究并可以为其他国家所借鉴的地方的。

我的观察是，发改委通过对油电煤气调节达到三个目的。第一个目的就是保证短期内国民经济各方参与者，尤其是居民，不会受到过大的冲击。比如说这些年来，不管夏天天气多么热，空调需求有多高，在中国的主要城市的居民基本是不会停电的，生产企业则往往要做出牺牲。同样，冬天里，一般情况下，居民的天然气也不至于断供，这种调节靠的是发改委等相关部门对于电和气的供应总量的调节，也是跨地区的调节，往往也在居民和企业需求之间进行精心调配。对于这种相对稳定的电力和天然气的供给，中国的百姓今天可能已经习以为常了。而今天的大多数新兴市场国家，还远远没有做到这一点。2019 年年初我访问了南非，之前也多次去印度，南非和印度到今天依旧为煤电油气头疼。南非 2019 年年初的一个全国性重大话题就是电荒的问题，他们的电力供给远远跟不上，火力发电厂建设速度极慢，电网的调控也跟不上，以至于在南非开普敦城里白天经常是分区停电。高速路边的麦当劳经常要被迫关门。去中餐馆吃饭，事先要打个电话问问那里有电没有、开不开门。而印度的经历更是让人啼笑皆非，几年前在印度的高级酒店里面开学术会议，发言人正讲得兴高采烈的时候突然房间一片漆黑，电脑、投影仪、扩音器都不工作，而当地的印度的学者镇定自若，继续在黑暗中给大家讲解已经消失的PPT。一两分钟后，酒店的发电机轰轰地启动了，扩音设备、投影仪、照明灯逐一恢复。一切恢复正常，大家连开个玩笑的意思都没有，太家常便饭了。所以，比较国外一些新兴市场国家的情况，中国经济过去40年改革开放以来的平稳运行应该说是政府相关部门与企业及市场紧密配合调节的结果。

第二，通过对油电煤气运的精心调节和监测，相关政府部门可以获得第一手的经济运行数据，能够对整个宏观经济的波动有最直接的感觉，从而采取相应措施。举例来说，1997年年底当亚洲金融危机的影响还没有在我国宏观数据上反映的时候，相关掌控经济运行部门的基层官员就已经感觉到经济下行的态势，根据这些经济运行的最敏感的数据，春节前及时向当时主管经济工作的朱镕基副总理反复汇报。于是在1998年的春节期间，国务院及时地调整了当年的经济政策，避免了宏观经济的大幅度下行。

第三，通过对油电煤气运等指标的不断监测，相关部门也能够明确知道国民经济运行中的长期性结构性问题，因此可以有针对性地进行投资建设布局。比如说，相关部门分析各年相关指标的运行情况就能够知道中国哪些地区的重化工业应该调整，哪些运输线的运力应该加强，哪些地方应该设港口。这并不等于说政府要自己直接去投资，而是说政府能够更好地引导市场的投资者去有针对性地投资，政府与市场同向发力，避免盲目投资。

本书是国家发改委直接负责监测和调控中国经济运行、对中国经济产生最直接影响的运行部门的领导的工作总结和一些管理心得，实践性极强，是非常宝贵的经济运行的研究和第一手资料。我认为**三类人特别应该学习研究本书**。第一类是**经济学的学子**。近年来，我本人在清华大学的经济学教学中力主改革，那就是经济学的启蒙课，必须从学习经济实践出发，必须学习现实中经济活动是如何进行的，就好像物理学的学习必须从物理实验开始。否则刚刚步入大学，经过了几年高考备战的同学，极少有经济活动的观察和体验，他们既不可能理解政治经济学的基本概念，也不可能理解以西方为案例的经济学原理的一些基本道理。这种脑子空空的学子往往把经济学当成了一些处理应用数学的习题来演练了，或者把经济学当成政治课来背诵概念了。我在清华大学最近几年来开了一门课就叫“中国经济”，就是想把它作为一门经济学的启蒙课，我计划把本书作为我所讲授的经济学启蒙课的阅读材料。第二类是**研究中国经济的学者**。他们应该把本书中中国经济运行的基本情况以及政府调控实际案例作为原始资料来加以研究，从中提炼一些他们的理论，或者是验证他们现有的理论。第三类应该是**来自企业界和投资界的读者**。因为中国许多企业的运行以及市场价格的波动都和油电煤气运相关，相关上市公司的股票波动也与此相关。只有真正理解了政府与市场在这些领域是如何互动的以及政府调控的规律和理念是什么，才能够真正做出正确的商业决策。所以，这本书也可以说是企业决策者和资本市场的操作者的一个重要的研究修炼的素材。

作为中国经济的一个消费者，我特别感谢改革开放以来在中国经济一线的政府调控者的辛勤努力，让我们逐步远离了停气、停电、春运拥堵的痛苦。作为经济学的学者，我特别感谢他们把一线实践记录下来，为我们的经济学教学和研究提供了极好的素材。

李稻葵

清华大学中国经济思想与实践研究院院长

2019 年 3 月 3 日

目 录 The analyses and thoughts on economic operation situation and trend

陆月——095

柒月——123

The analyses and thoughts
on economic operation situation and trend

壹月

深入分析 理性思考
务实推进经济运行调节实践和理论探索

今天的会议是国家发改委经济运行调节局和产业协调司共同召开的2018年第一次经济运行态势分析会，也是经我们两家充分协商，并与综合司沟通，对会议形式进行调整改进后的第一次会议。借此机会，向大家汇报几点看法。

一、对会议形式进行调整和改进的主要考虑

党的十九大报告指出，我国经济已由高速增长阶段转向高质量发展阶段，正处在转变发展方式、优化经济结构、转换增长动力的攻关期，建设现代化经济体系是跨越关口的迫切要求和我国发展的战略目标。必须坚持质量第一、效益优先，以供给侧结构性改革为主线，推动经济发展质量变革、效率变革、动力变革，提高全要素生产率，着力加快建设实体经济、科技创新、现代金融、人力资源协同发展的产业体系，着力构建市场机制有效、微观主体有活力、宏观调控有度的经济体制，不断增强我国经济创新力和竞争力。

面对新形势新任务新要求，经济运行态势分析会同样需要与时俱进。要适应形势任务的发展变化，及时全面地跟踪掌握态势变化，汇聚智慧，科学客观地作出判断，集思广益，研究提出有价值的对策建议。为此，我们对会议形式做了些调整和改进：**一是进一步扩大范围**，除相关部门、行业协会等固定参会单位外，根据月度主题邀请相关领域专家学者、企

业家参会，比如本月邀请了张立群、杜飞轮两位专家和物流企业运满满的徐强副总裁。如果在座各位参会单位的负责同志认为这样的会议有价值、有参考，愿意来参加，我们真诚欢迎。**二是进一步聚焦主题**，在进行经济运行态势分析的大框架下，每月围绕经济运行中的热点、焦点，聚焦一个或几个相对明确的主题，以此为重点展开交流讨论，避免讨论过于分散。比如本月侧重的主题是宏观经济形势及天然气保供和春运。**三是进一步丰富内容**，信息不充分，是分析研究问题的大忌，绝对充分做不到，但我们可以朝着尽可能充分迈进。我们请所有参会的同志提交材料，从而更广泛、更宽领域地汇集情况、交流观点、接纳建议，会议发言和提交的材料都是最终形成运行态势分析报告的重要参考。**四是进一步突出分享**，每月会前通过精心准备，选择最具价值的内容和观点进行分享，我们专门设立了演讲台，限定发言时间，目的是让发言者更加重视发言的机会，准备更充分、发言更精炼。

调整和改进需要实践的检验，欢迎大家多提宝贵意见。我们有决心、有信心，通过持续努力，把经济运行态势分析会打造成政府部门、行业协会、相关企业、研究机构共同学习的平台，汇集信息的平台，理论实践融合的平台，提升工作能力的平台。**这是共同学习的平台**，带着问题学，结合实际学，才能真正学懂弄通做实党的十九大精神，才能全面准确把握习近平新时代中国特色社会主义思想，每月召开分析会，其实也是我们带着新实践、新体会相互交流、相互辅导、相互学习、共同学习的难得机会。**这是汇集信息的平台**，汇集政府部门、行业协会、企业家和专家带来的不同角度、不同侧面的信息，有助于我们以更开阔的视角来分析把握苗头性倾向性潜在性问题。**这是理论实践融合的平台**，经济运行态势分析，经济运行调节工作，实践探索要把握理论的脉动，理论研究要把握实践的脉动，我们就是要创造一个理论和实践相互融合互动的平台。**这是提升工作能力的平台**，通过每月畅通信息、启发思路、印证观点、碰撞火花，经济运行态势分析会一定能够成为大家提升工作能力的充电站和加油站，也成为我们更好发挥参谋助手作用的充电站和加油站。

二、迎接煤电油气运供需再平衡的新挑战

每到大的经济转型期，必然遇到煤电油气运这些基础领域、命脉行业大的供需再平衡问题。当年我国经济从计划经济转向有计划的商品经济，再到市场经济，经历过煤电油气运领域艰难的再平衡。当时要解决的是全面短缺，即供不应求的矛盾。如今我国经济由高速增长阶段转向高质量发展阶段，同样面临煤电油气运的再平衡。这次面临的矛盾更加复杂，既包括总量供过于求的矛盾，比如煤炭严重产能过剩，煤电出现产能过剩风险；也包括多样化、个性化、高端化需求供不应求的矛盾，比如冬季天然气存在供应缺口，春运等重要时段高铁列车一票难求；还包括煤电油气运供需矛盾快速传导的问题，比如冬季天然气供不应求，很快就因为大量增加电取暖，传导到电力领域，近期发用电量同比增长13%左右；从电力领域很快又传导到煤炭领域，每天发电耗煤增加70万吨，高的时候达到90万吨；从煤炭领域很快就传导到交通运输领域，煤炭运输大通道建设的紧迫性更加凸显。矛盾的复杂性还包括，随着人民生活水平不断提高、信息化程度持续深化和新媒体高度发达，公众、社会对要素保障要求越来越高，承受能力越来越弱，对煤电油气运的供需平衡越来越敏感。矛盾表现形式的多样化，以及公众社会敏感度的提升，使这一轮再平衡更加艰难，不仅要解决多重矛盾，还要统筹煤电油气运的整体平衡。

如果我们能够及早感知和把握苗头性倾向性潜在性问题，及时预研预判，提出科学合理有针对性的对策，把问题消除在萌芽状态，把再平衡工作做得平稳有序，就能够为经济转型升级打下坚实的基础，创造有利的条件。反之，再平衡工作做不好，就会按下葫芦浮起瓢，为经济运行埋下隐患、制造风险，甚至引发一系列连锁反应。

面对煤电油气运供需再平衡的新挑战，经济运行调节工作责无旁贷。

身处这些领域的同志们，我们要时刻提醒自己，责任重大、使命光荣，必须同舟共济，真诚合作，倍加努力，完成好我们的使命。

三、把提高供给体系质量作为主攻方向

煤电油气运的再平衡问题也是发展不平衡不充分的具体表现。解决好再平衡问题，需要深化供给侧结构性改革，把提高供给体系质量作为主攻方向，优化存量资源配置，扩大优质增量供给，实现供需动态平衡。

实现供需动态平衡，就是不断从不平衡到平衡的转化，不断从低水平平衡向高水平平衡的转化，不断在相对不平衡状态和相对平衡状态之间循环。因为需求永远在变化，需要供给不断去适应，去灵活调整。转化的速度越快，循环的周期越短，供给与需求不匹配的最大差距越小，越接近动态平衡。比如，几年前，煤炭行业处在产能规模严重过剩、产量严重供大于需的不平衡状态，导致煤炭企业效益下滑，市场竞争秩序混乱，安全生产隐患加大，对经济、职工就业和社会稳定造成了不利影响。按照供给侧结构性改革的要求，煤炭行业去产能正是努力实现供需动态平衡的过程。应该说，2016 年以来的两年多时间，经过各部门各地方的共同努力，取得了非常明显的成效，但距离真正的动态平衡仍有不小的差距。比如，电力供需处于较低水平的平衡，因为内部结构中煤电占比相对过大，清洁能源消纳仍然有很多难题亟待破解，这就需要防范和化解煤电产能过剩风险，加大清洁能源消纳力度，努力实现电力供需更高水平的动态平衡。

实现供需动态平衡，优化存量资源配置是前提、是基础。基础不牢地动山摇。中国是个 13 亿多人口的大国，煤电油气运不可一日或缺，如果存量资源的供给发生大的问题，有效需求从总量上无法满足，后果将难以想象。优化存量资源配置，就要分类施策，已经是优质资源的，要规范管理，让它保持优质，可持续地发挥作用；经过升级改造可以成为优质资源的，要加快升级改造，使之尽快成为优质资源；资源质量一般，

但短期还需发挥作用的，要严格约束，保持应有的质量，物尽其用；劣质资源，要制定严格的分级标准，结合优质资源的接续能力，按级进行化解和淘汰；对产生严重污染、造成安全隐患、在自然保护区内的资源，要坚决取缔和淘汰。比如煤炭去产能，部际联席会议就是按照这样的原则去指导、去推动的，但实际执行中还存在很多不尽如人意，需要去反思、去改进。既包括有的地方对严重污染、造成安全隐患、在自然保护区内的煤矿退出不坚决，不彻底；也包括有的地方不考虑资源接续，不考虑生产力布局，不考虑运力配置，一股脑地想将本地煤炭资源全部退出，或退出进度没有与接续能力有效衔接。

实现供需动态平衡，扩大优质增量供给是重点、是关键。需求变化总的方向是从低端向高端迈进，供给的适应性和灵活性，就应该体现在不断以优质增量的供给满足高端的需求，当然这里包含着部分存量的升级改造。从理论上讲，在市场充分竞争条件下，存量供给往往容易走向过剩，产生供过于求的不平衡；而优质增量供给是追着需求变化的，往往有滞后性，会产生供给不足的不平衡。因此，要实现高质量的供需动态平衡，扩大优质增量供给是重点，是关键，正所谓“先立后破”，用新的优质增量供给，满足人民日益增长的美好生活需要，带动整体需求层次的提升，才能不断去除和淘汰低端和落后。而如果是“先破后立”，在没有能力提供优质增量的情况下，盲目地去除和淘汰了所谓的低端和落后，则很可能造成供需的绝对失衡，给宏观经济制造一连串的麻烦。

四、使市场在资源配置中起决定性作用，更好发挥政府作用

实现煤电油气运供需动态平衡，需要构建市场机制有效、微观主体有活力、宏观调控有度的经济体制，关键在于使市场在资源配置中起决定性作用，更好发挥政府作用。

纵观世界各国，找不到一个对经济活动完全放任的政府。习近平新时代中国特色社会主义经济思想强调，坚持使市场在资源配置中起决定

性作用，更好发挥政府作用。政府对经济运行的调节不是可有可无，而是必不可少。职责所在，一定要敢作敢为，勇于担当。重要的是要为所当为，科学作为，合理担当。“更好发挥政府作用”固然重要，但一定要清醒，前面还有一句“使市场在资源配置中起决定性作用”。

要划清政府和市场的边界，凡属市场能发挥作用的，政府要简政放权，松绑支持，不要干预、减少干预；凡属市场不能有效发挥作用的，政府才应当主动补位，该管的要坚决管。近几年，我参加过很多次大大小小形式各异的经济形势分析会，听到很多专家和企业家提出建议，希望政府保持定力，保持政策连续性和稳定性，给市场明确稳定的预期。我理解这其中包含了希望政府要有节制、要有度。

与其他行业相比，煤电油气运领域目前的市场化程度相对较低，仍然处在向市场化过渡的阶段，这也是党中央、国务院要加快推进煤炭去产能、电力和油气体制改革的原因所在。在此过程中，既不可操之过急、越俎代庖，又不可按部就班、原地踏步，也不可大撒把、放任不管，这个度很难把握，很难拿捏，但正因为难，才体现政府作为的重要，才体现“更好发挥政府作用”的用意和目的。政府有效作为是一门艺术，政府工作人员要有强烈的责任意识，把做好工作当作艺术来追求。总的看，要用政府的有形之手去维护市场的空间，充分发挥价格、竞争、供求的作用，政府主要是加强公共服务，强化市场监管，维护市场秩序，保障公平竞争，弥补市场失灵。

在煤炭领域，就是要真正坚持市场化、法治化去产能，抓住僵尸企业牛鼻子，引导无效产能尽快出清，在供需基本平衡后，有形之手要坚决退出，有关部门要共同建立维护市场规则，让市场充分发挥作用。在电力领域，就是要加快电力体制改革、加快电力市场建设，减少制度束缚，逐步减轻各类补贴对市场的扭曲。在油气领域，就是要加快油气体制改革、理顺天然气价格和管网建设机制，减少对需求的人为调整。在交通物流领域，就是要营造政策环境，促进物流设施的合理布局，促进多式联运的发展，提高运输效率、降低物流成本。

同志们，让我们携手努力，共同建设好经济运行态势分析会这个沟通交流的平台，为党中央国务院当好参谋助手，为我国经济平稳健康可持续发展做出应有的贡献。

（2018 年 1 月 15 日赵辰昕在 1 月经济运行态势分析会上的发言）

经济运行稳中向好势头巩固
开局有望继续保持平稳较快增长

近日我们会同产业司邀请有关部门、行业协会、企业和经济领域专家召开座谈会，结合统计数据和实物量指标对2017年经济运行新情况新变化进行分析，并初步研判了2018年经济运行走势。大家普遍认为，2017年运行数据表明，供给侧结构性改革和经济结构调整不断深化，我国经济平稳发展的基础更为牢固，稳中向好的势头更为显著。2018年这一势头还将延续，经济有望继续保持平稳较快增长。

一、经济运行稳中向好，结构调整成果显现

2017年，我国GDP达到82.7万亿元，同比增长6.9%，增速比上年提高0.2个百分点；经济结构继续优化，一、二、三产比重为7.9∶40.5∶51.6。各项指标均显示经济活力和动力不断释放，供给侧结构性改革的成果逐步显现，经济运行稳中向好、好于预期。

（一）工业生产增速加快，实物量指标显示增长势头良好

2017年，全国规模以上工业增加值比上年实际增长6.6%，增速比上年加快0.6个百分点。分行业看，电子、医药、机械、轻工行业分别增长13.8%、12.1%、10.7%和8.2%，增速比上年均提高1个百分点以上。这四个行业增加值占全部工业的比重超过50%，对工业的平稳较快增长起到明显支撑作用。从实物量指标来看，全社会用电量同比增长

6.6%，其中制造业用电量增长5.8%，增速比上年提高3.3个百分点；全社会货运量增长9.3%，比上年提高4.1个百分点，增速创2014年以来新高；其中铁路货运量增长10.7%，是2014年以来年度增速首次实现正增长。实体经济回稳向好有力支撑了宏观经济平稳增长。

（二）消费平稳较快增长，投资缓中趋稳且结构不断优化

2017年，社会消费品零售总额同比增长10.2%，年中连续9个月保持两位数增长。分类别看，化妆品类、家具类、通讯器材类、建筑及装潢材料类分别增长13.5%、12.8%、11.7%和10.3%，反映出消费升级态势更加明显。全年固定资产投资同比增长7.2%，下半年投资增速回落幅度持续收窄，显现出企稳迹象。投资结构继续优化，高技术制造业、装备制造业投资同比分别增长17.0%和8.6%，增速比上年分别加快2.8和4.2个百分点；高耗能制造业投资比上年下降1.8%。调研和座谈情况表明，企业进行技改投资热情较高，不少企业围绕智能制造、产能升级进行投资改造。

（三）出口恢复正增长，进口规模进一步扩大

以美元计，2017年出口额同比增长7.9%，扭转了连续两年下降的态势。其中，机电产品、高新技术产品分别增长9.3%和10.6%，是拉动出口增长的主力军；纺织品、鞋类、家具、玩具等劳动密集型产品也保持稳定增长。进口额同比增长15.9%，增长势头强劲。主要进口商品中，大豆、铁矿砂、原油、天然气等的进口量和进口额均实现较快增长，反映出国内需求较为旺盛。中国沿海散货运价指数全年均值为1148点，创2012年以来新高，同比上升25.1%；出口集装箱运价指数均值上升15.4%，也反映了进出口贸易较为活跃。

（四）供给侧结构性改革成效显现，企业发展质量效益显著改善

钢铁协会反映，随着化解过剩产能、关停“地条钢”等落后产能工

作深入开展，钢铁供需基本平衡，2017 年年末钢材社会库存量比年初下降 16.9%，全年钢材价格指数均值同比上升 42.9%。1—11 月煤炭行业规模以上企业实现利润 2718 亿元，煤炭协会统计直报的 90 家大型企业实现利润 1312 亿元，同比均增长 3.6 倍。有色金属协会反映，1—11 月规模以上有色金属工业企业每百元主营业务收入中的成本比上年同期减少 0.52 元，三项费用同比增速比主营业务收入增速低 7.7 个百分点；库存周转天数比上年同期加快 1.6 天，应收账款周转天数加快 8.2 天，行业效益显著提升。建材行业中水泥、平板玻璃等产能过剩的行业自发开展去产能工作，通过错峰生产、组建水泥资产管理公司等方式控制产能释放速度，改善市场供求关系。

（五）发展方式不断优化，结构调整出现可喜变化

据电力联合会统计，2017 年通用及专用设备制造业、电气机械和器材制造业、信息传输计算机服务和软件业等新兴和高技术产业用电量均实现两位数增长，反映出产业结构优化调整。煤炭协会反映，原煤生产逐步向资源条件好、竞争能力强的地区集中，山西、内蒙古、陕西、宁夏 4 个省（自治区）全年原煤产量分别增长 3.3%、7.6%、10.6% 和 7.9%，中小煤矿较多的江西、湖南、湖北、重庆、四川等地产量均大幅下降。货物运输方式更趋合理，物流效率有所提高。全年铁路发送商品汽车 460.9 万台，同比增长 58%，大大降低了整车企业的物流费用；1—11 月沿海主要港口集装箱铁水联运量达到 280 万标准箱，同比增长 34%。2017 年前三季度社会物流总费用与 GDP 的比率为 14.5%，比 2016 年全年下降 0.4 个百分点；工商企业物流费用率为 8.1%，下降 0.1 个百分点。

对于 2018 年，有关专家、行业协会和重点企业均认为，我国经济发展的稳定性、协调性和可持续性明显增强，稳中向好的发展势头不断巩固，国内外需求有望进一步改善，投资、消费、出口将趋向均衡发展，行业和宏观经济都能够实现平稳增长。专家认为，我国经济具有巨大的

潜力和韧性，市场和价格环境不断改善，预计 2018 年 GDP 增长 6.8% 左右。从各地反馈的情况看，提出 2018 年预期目标的 27 个省（自治区、直辖市）中，21 个地区认为 2018 年地区生产总值增速将在 7% 以上，10 个地区预期 2018 年地区工业增加值增速比 2017 年还要提高。

从行业协会和重点企业预期来看，电力联合会预计 2018 年全社会用电量增长 5%；铁路总公司预计全年国家铁路货物发送量增长 3.5%；钢铁协会预计粗钢市场供需基本平衡，钢材价格不会出现大幅上涨；机械联合会反映，问卷及电话调查显示企业在手订单能够满足一季度生产需求，甚至有少部分企业可以满足上半年或全年生产，2018 年机械工业能够实现平稳增长，预计增加值增速在 7% 左右；纺织联合会认为 2018 年将保持缓速平稳发展态势，预计规模以上企业增加值增长 5% 左右；轻工联合会认为轻工产品刚性需求将对行业发展形成稳固支撑，预计轻工行业工业增加值增长 8%。

二、值得关注的问题

座谈中有关专家、行业协会和企业也反映了一些制约行业高质量发展的不利因素和值得关注的问题，需要予以重视并妥善应对，继续夯实和巩固经济持续健康发展的基础。

（一）制造业投资继续下滑的压力仍然较大

据机械联合会随机访问调查，2017 年企业在大规模厂房建设、规模扩张等方面的投资很少，投资意愿明显降低，即使是产销高速增长的工程机械行业也没有进行盲目扩张。企业投资多以工艺技术改造、新产品开发、数字化改造、智能制造升级等方面为主，这些投资金额相对较低。同时，水泥、火电等一些传统行业产能过剩矛盾突出，产能利用率低，行业投资增速在较低水平徘徊，2017 年火电投资同比下降 31%。环保、安全等方面监管越来越严，化工、家具制造等行业投资受到一定限制。

此外，之前几年制造业企业利润水平较低，资本积累较少，加之融资难、融资贵问题突出，也制约了企业的投资能力。

（二）出口贸易摩擦有加剧趋势

出口面临的挑战和竞争更趋激烈。据有色金属协会反映，美国在对我国铝箔进口征收96.81%～162.24%的关税后，美国商务部又发布公告对自中国进口的普通铝合金板发起反倾销与反补贴税调查，这是美国25年来第一次不是由企业和行业组织提起，而是由政府部门直接提出的“双反”调查。汽车协会反映，乘用车出口中返销美国的产品数量所占份额超过15%，如果美国特朗普政府的贸易壁垒政策落地，将对这类产品出口造成较大影响。据纺织联合会反映，由于国际需求增速有限，我国纺织企业参与国际竞争的压力更加突出，在传统市场所占份额持续流失，2017年1—10月在美、日、欧三大纺织品服装进口市场所占份额较上年同期分别下滑0.5、1和0.7个百分点。

（三）企业经营成本上涨压力较大

电力、钢铁、船舶、轻工等行业均反映，2017年工业生产者购进价格同比上涨8.1%，尤其是煤炭、黑色金属材料等原燃料价格上涨幅度较大，挤压了企业的盈利空间。机械联合会调查显示，企业在转型升级和创新发展中需要培养、引进和留住技术人才，因而不断提高工资水平，有的汽车企业近3年人工成本累计增幅超过30%。此外，一些银行缩小贷款规模、取消利率优惠甚至上浮利率水平，企业融资成本普遍上升。2017年1—11月轻工行业企业财务费用同比上升12%；船舶行业由于部分企业破产引起贷款违约，金融机构对全行业信贷持续收紧，一些优质企业也面临融资难问题，企业资金链非常紧张；汽车行业零部件企业规模较小，难以取得银行信贷或质押贷款，不得已选择利息更高的民间融资方式，不仅加重了企业负担，也增加了金融风险。

（四）新能源汽车行业支持政策亟待完善

新能源汽车尚处于布局发展阶段，需要政策支持和规范。政策频繁调整不利于产品技术进步和企业进行长期的产品规划和研发。新能源补贴目录往往不能在新年伊始发布，造成年初出现无车可卖的现象。新能源汽车上市审批程序较多，上市需要的时间周期约是传统汽车的4倍，加重了企业生产经营负担。同时，新能源汽车补贴资金到位的条件也较为严苛，尤其是“运行里程需达到3万公里”，导致生产企业应收账款大幅增加，影响了企业资金周转。

三、政策措施建议

与会的行业协会和企业纷纷表示，要以习近平新时代中国特色社会主义思想为指导，认真学习贯彻党的十九大精神，深入推进结构调整，加快新旧动能转换，抓住行业发展中的主要矛盾，研究解决行业发展面临的难点问题，促进经济转型升级高质量发展，并提出了有关政策措施建议。

（一）坚持稳中求进工作总基调，统筹推进各项政策

保持积极的财政政策，确保对供给侧结构性改革、脱贫攻坚、生态环保、教育、国防等领域和重点项目的支持力度。保持稳健中性的货币政策，有效引导利率水平，提高直接融资比重，促进多层次资本市场健康发展。加大政策支持力度，促进结构调整，优化存量资源配置，强化创新驱动，推动消费升级，促进有效投资特别是民间投资合理增长。打好防范化解重大风险、精准脱贫、污染防治三大攻坚战，有序可控化解金融个案风险，加大不良资产处置力度，增强金融服务实体经济的能力，推动经济更高质量发展。

（二）深入推进供给侧结构性改革，促进行业持续健康发展

坚定不移去产能，巩固钢铁、煤炭行业去产能效果，依法依规处置“僵尸企业”，严防“地条钢”死灰复燃；支持和引导建材、有色金属、煤电、船舶等行业，利用环保、安全、质量、能耗等方面标准淘汰落后产能，加大违法违规产能查处力度，遏制盲目扩张、无序竞争的行为。多措并举降成本，大力推进“放管服”改革，对汽车产品准入存在的重复认证、标准不统一等问题进行梳理合并，降低制度性交易成本；促进产融深度对接，缓解融资难、融资贵问题；改善物流业发展环境，发展运输新业态，推动物流业与制造业联动发展，建立针对煤炭、车辆等特定行业的高效物流体系，降低物流成本。积极稳妥开展去杠杆，保障骨干企业现金流、资金链安全，防范和化解资金风险。

（三）加强规划引导，推动传统产业结构调整优化

煤炭、炼油、建材等行业仍不同程度地存在产能过剩、产业结构单一、产能布局不合理等问题。除坚定不移推动去产能外，还需要加强产业规划、产业布局方面的引导，改善产业结构。一方面，应综合考虑资源禀赋、环境承载能力、市场需求潜力和辐射范围等因素，对产能过剩的产业和地区加快引导产能出清，对仍处于发展进程中的产业优化布局和发展方向，使产业结构趋于科学合理。另一方面，支持和引导企业结合自身条件延伸产业链，发展新的增长点，如鼓励发展煤层气产业，支持煤炭分级分质利用；有序发展煤化工产业，推动煤炭由单纯作为燃料向燃料与原料并重转变；推动水泥企业加快水泥窑协同处置等环保产业布局，实现转型发展。

（四）有序推进冬季取暖“煤改气”，综合施策缓解天然气需求高峰的突出矛盾

北方地区实施冬季取暖“煤改气”工程时，应根据资源落实情况稳

妥推进，并通过下游用气企业与上游供气企业签订中长期协议等方式保障天然气供应。加快推进储气调峰设施建设，研究推动在税收政策等方面予以适当优惠，提高天然气储气调峰能力。同时，进一步推进天然气价格改革，优化居民用气价格补贴方式，理顺天然气生产企业、管输企业、城市燃气企业等天然气经营主体的利益分配关系，推进天然气调峰价格体系建设，鼓励和调动企业建设储气调峰设施、参与错峰用气的积极性，促进天然气行业有序健康发展。

（五）优化进口煤政策，稳定电煤供应

进口煤是沿海电厂电煤供应不可或缺的重要补充，在弥补沿海资源不足、降低社会生产成本、满足环保排放要求等方面起到了重要作用。因此，应通过宏观调控和市场化手段共同作用的方式，优化沿海电煤内外贸互补的供应结构，合理调整进口煤总量和比例，科学确定进口煤指标要求，既防止劣质煤流入，也给发电企业一定的选择空间，避免采取临时性、“一刀切”的限制措施。尤其是度冬度夏用煤高峰期间，应加强进口煤报关和检验环节管理，避免出现区域性、时段性供应紧张。

（国家发展改革委经济运行调节局汇总整理）

调查显示大部分地区
2017 年工业生产增速稳中有升

近期，国家发展改革委通过各地经济运行调节部门了解了 2017 年地区工业增加值增速的预计值和 2018 年预期目标情况。除北京、天津、辽宁、吉林因各种原因难以反馈相关情况外，其他 27 个地区中有 19 个地区预计 2017 年工业增加值实际增速高于或达到年初目标，16 个地区 2018 年预期目标不低于 2017 年实际增速。

一、19 个地区预计 2017 年工业增加值实际增速高于或达到年初预期目标

大部分地区 2017 年工业增加值保持平稳较快增长。已报送情况的 27 个地区中，22 个地区增速在 6% 以上，5 个地区增速在 4.5% 及以下。其中，西藏为全国最高，预计增长 14%；重庆、贵州预计分别增长 9.5% 和 9.3%；浙江、四川、陕西等 7 个省（自治区）增速在 8% 至 9% 之间；湖南、广东、福建、江苏、河南、湖北 6 个中东部省份增速在 7.1% 至 7.5% 之间；新疆、上海、山东、山西、广西、青海 6 个省（自治区、直辖市）增速在 6% 至 7% 之间。黑龙江、河北、内蒙古预计增速分别为 3%、3.5% 和 4.5%，海南、甘肃同比略有增长。

12 个省（自治区、直辖市）预计增速比 2016 年增速有所提高。其中山西、上海预计增速比 2016 年分别提高 5.9 和 5.5 个百分点；浙江、云

南、西藏提高幅度在1.8至2个百分点；陕西、黑龙江、广东等7个省（自治区）增速提高幅度在1.1个百分点及以内。河南、江西、安徽3省与上年持平。12个省（自治区、直辖市）工业增加值增速预计比上年回落，数量比上年有所减少。新疆、重庆、广西等8个省（自治区、直辖市）回落幅度在1个百分点以内，河北、海南、内蒙古回落幅度分别为1.5、2.2和2.7个百分点，甘肃回落幅度最大，为5.4个百分点。

13个省（自治区、直辖市）预计实际增速高于2017年年初制定的预期目标。上海、山西预计高4个百分点以上；西藏、浙江分别高2和1.5个百分点；云南、广东、陕西等9个省预计增速比预期目标高1个百分点以内。新疆、湖北、河南、山东、四川、宁夏6个省（自治区）与预期目标持平。8个省（自治区、直辖市）预计工业增加值实际增速低于预期目标，数量比上年减少。其中，广西、贵州、海南、重庆、福建5个省（自治区、直辖市）低1个百分点及以内，河北、内蒙古分别低2和3.5个百分点；甘肃差距最大，实际增速低于目标值6个百分点。

二、16个地区2018年预期目标不低于2017年实际增速

从27个地区对2018年工业增加值的预期目标来看，西藏初步预期2018年增长20%；重庆、云南、贵州3个省（直辖市）预计增长9%至9.5%；四川、宁夏、安徽、江西目标在8%至8.6%之间；山东、江苏、浙江、广东等9个省（自治区）在7%至7.5%之间；青海、新疆、河南、内蒙古4个省（自治区）在6%至6.5%之间；甘肃、河北、山西预期增长5%至5.5%；上海、黑龙江、海南增速目标在3%及以下。

9个省（自治区、直辖市）2018年预期目标比2017年预期目标有所提高。其中西藏上调幅度达到8个百分点，上海、云南、海南、山西4个省（直辖市）上调幅度在1至2.5个百分点之间，浙江、湖南、广西、广东提高了0.5至0.7个百分点。江苏、山东、湖北、陕西等9个省（自治区）预期目标与2017年相同。9个省（自治区、直辖市）调低了2018

年工业增加值增速预期目标。河北、青海、安徽、贵州、江西5个省下调幅度在0.5个百分点及以内，河南、重庆均下调了1个百分点，内蒙古、甘肃下调幅度较大，分别下调了1.5和2个百分点。

与2017年预计达到的实际增速相比，西藏、甘肃、海南等10个省（自治区）均在2017年预计实际增速基础上提高了2018年预期目标，其中西藏、甘肃提高幅度超过4个百分点，河北、内蒙古、海南提高幅度在1.5至2.5个百分点之间。广东、山东、湖北、四川、新疆、宁夏6个省（自治区）持平。江西、江苏、重庆、陕西等11个省（直辖市）预期目标低于2017年预计增速，其中上海差距最大，低4.5个百分点。

（国家发展改革委经济运行调节局汇总整理）

专家视点：全面深化改革 推动我国经济进入高质量发展新时代

2018 年以来，我国宏观经济总体运行平稳，结构调整有序推进，供给侧结构性改革继续深化，新动能新亮点不断涌现，迈向高质量发展起步较好。但是，贸易摩擦增多等因素加大外部经济环境的不确定性，三大攻坚战任务艰巨，防风险与稳增长平衡难度提高，巩固经济良好运行态势仍面临一定挑战。

一、供给侧结构性改革推动新旧动能快速转换

（一）供给侧结构性改革破旧立新

一是无效供给继续得以破除，钢铁、煤炭等传统产能过剩行业落后产能加快出清，同时去产能工作向发电、化工等领域推进；采掘业和加工业利润大幅上升，行业整体进入复苏；微观组织结构不断优化，技术水平提升，环境治理改善。二是新动能加快培育，先进制造业加快发展，互联网、大数据、人工智能和实体经济深度融合，绿色低碳、共享经济等新经济增长点发展势头良好。三是实体经济财税成本降低，要素市场化改革加速推进，财税体制改革不断深化，涉企收费进一步清理规范，商事制度改革向纵深推进，企业负担得到减轻。预计随着供给侧结构性改革的持续深化和相关举措的精准化程度提高，我国经济将进一步向形态更高级、分工更优化、结构更合理的阶段转变。

（二）新旧动能转换加快推进

一是新技术广泛应用。移动互联网、物联网、云计算、大数据等新一代信息技术在经济社会领域持续广泛应用；飞机制造、基因工程等重点领域技术取得实质性突破。二是新产业发展势头良好。以高端装备制造业、高技术产业等为代表的新兴产业正在成为引领产业迈向中高端、助力经济高质量发展的重要力量。三是新业态发展步伐加快。电子商务、网络约车、移动办公、互联网金融、智能家庭、远程医疗、网络旅游等一批新业态继续蓬勃发展，为经济增长注入活力。四是新模式迅猛发展。共享经济、平台经济、绿色经济、创意经济等正在迅速成长，传统的企业边界被打破，产业链合作模式不断革新。网络经济激发快递业务迅速增长。五是新产品层出不穷。市场主体开发新产品热情高涨，供给创新不断加大，在航空航天、轨道交通装备、高档数控机床、船舶和海洋工程领域涌现一大批战略性新产品。六是新动能加快形成。实施大数据发展行动，开展数字经济试点，推进人工智能创新发展工程，促进农村一二三产业融合发展等，我国新动能对经济增长的贡献已超过30%。

二、全面深化改革推动我国经济进入高质量发展新时代

改革开放40年来，我国经济社会发展取得了举世瞩目的成就，全面深化改革正推动我国经济进入高质量发展新时代。

在经济发展方面，我国已成为全球第二大经济体，当前对全球经济增长的贡献率超过30%，高于美国、欧洲、日本等发达国家，成为全球经济增长的主要推动力。在外贸外资方面，我国货物贸易规模位居全球之首，实际使用外资每年超过千亿美元，成为全球最受欢迎的外商直接投资目的地之一；我国对外直接投资步伐明显加快，“一带一路”倡议推动了与周边国家的相互交流与融合发展。在改善民生方面，我国从世界最贫困的国家之一跃升为中等偏上收入国家。农村贫困人口由1978年的

7.7 亿人减少至 2017 年的 3046 万人，农村居民贫困发生率由 97.5% 降至 3.1%，城镇失业率长期维持在 4% 左右的较低水平，基本医疗保险逐步实现全覆盖，我国实现了由贫困到温饱再到小康的历史性跨越。

当前，已经实施以及正在落实的各项改革制度将对经济发展的相关领域产生深远影响，加速推动我国经济进入高质量发展阶段。

一是生产效率提升。随着无效供给的破除，落后产能被淘汰，相关产品供求关系明显改善，资源利用效率得到提高，国企改革深入推进以及要素价格市场化改革也将提升市场竞争程度，提高资源配置效率。

二是市场主体竞争力增强。企业税费负担的降低减轻了企业的生产成本，“放管服”改革的深化进一步激发了市场活力，创新驱动发展战略的实施增强了企业竞争力，生产产品的附加值不断提高。

三是经济增长的稳定性加强。在经济发展过程中注重防范和化解风险，影子银行、互联网金融、地方政府债务等重点领域的风险得到有效控制，金融监管不断完善，经济金融风险总体可控，为我国经济增长提供了良好的发展环境。

四是对外开放的广度和深度进一步提高。银行、证券等金融领域的准入标准逐步放宽，外资准入门槛不断降低，投资环境日渐优化，吸引外资的竞争优势明显，同时国际产能合作深入推进，“一带一路”建设有序推进，企业“走出去”内生动力强劲。

五是发展成果由人民共享的程度上升。居民收入稳步提高，消费结构持续优化，教育质量逐步提升，社会保障力度加大，贫困人口继续减少，人民群众的获得感、幸福感、安全感上升。

六是绿色发展水平明显提升。随着中央环保督查和京津冀及周边地区大气治理趋严，企业污染防治力度不断加大，尤其是部分高耗能高污染企业取暖季限产停产，环境治理成效初步显现。

（根据国家信息中心经济预测部张宇贤、王远鸿在 2018 年 1 月和 3 月经济运行态势分析会上的发言整理）

专家视点：动态均衡是2018年经济运行的主旋律

全球经济在分化中趋向优化，我国经济巨大的潜力和韧性辅之以良好的市场和价格环境，增长的稳定性、协调性和可持续性增强，稳中向好的发展势头不断巩固，动态均衡或将成为2018年经济运行的主旋律，经济增长（GDP）仍将保持在合理区间。

一、2018年的“四大均衡”

（一）全球发达经济体与新兴市场经济体趋向均衡发展

全球经济逐步走出低谷，从“新平庸”时代向“大缓和”时代过渡，世界经济同步复苏趋势更加明显。美日欧等主要发达经济体经济增长均处于近年的较好水平，向2.0%～2.5%的增长区间靠近；新兴市场和发展中经济体综合先行指标大部分走稳趋好，经济增长向4.0%～4.5%的增长区间收敛。

（二）需求“三驾马车”趋向均衡发展

投资增长调整基本到位，消费升级势头不改，出口延续回暖态势，三大需求增速趋向同步。市场环境改善和需求回升将推动制造业投资和民间投资小幅扩张；消费结构升级继续推动消费发挥稳定器作用；国际市场回暖，我国对主要贸易伙伴和“一带一路”沿线国家出口维持增势。

（三）工业和服务业趋向均衡发展

工业经济基本面更趋巩固，机械、电子等行业将保持稳定，高技术和装备制造业支撑作用明显，工业机器人、新能源汽车等新兴工业继续高速增长。服务业发挥增长主引擎作用更加突显，交通运输、仓储和邮政业，信息传输、软件和信息技术服务业支撑有力，“互联网+服务”等新亮点保持蓬勃发展，五大幸福产业仍将快速发展。

（四）“五大市场”运行趋向动态均衡

车市、楼市、股市、债市、汇市在经历近两年一定程度波动后回归理性，总体将保持“不温不火”运行态势。此外，价格总水平将温和可控，农产品供应充足为价格基本稳定创造了条件，工业品和服务领域新涨价因素不多，重要大宗商品终端需求相对稳定，输入性通胀压力较弱，为市场平稳运行提供了有利条件。

二、经济运行中的主要风险点

（一）外部扰动性风险不容忽视

一是大国经济政策“负外溢性”不断突显。2018年美联储目标利率为2.1%，隐含加息次数达3次，加上欧日英等主要央行货币政策渐次趋紧，势必会导致短期跨境资金异常波动，使我稳定汇率的难度加大。二是全球债务违约风险持续攀升。2018年全球债务规模将逼近70万亿美元大关，若经济增速不及预期或货币政策常态化节奏与力度把握失当，极有可能爆发大规模债务违约事件。三是全球贸易保护倾向不断抬头。美国、欧盟等国家和地区对我发起多起反倾销调查，相关举动已引发其他国家效仿，进一步加大我应对贸易摩擦的难度。四是全球地缘政治冲突加剧。伊朗爆发反政府示威、沙特国内政权更迭、叙利亚重建举步维艰以及也门前总统萨利赫之死等事件凸显中东局势动荡不安，英国脱欧谈判陷入“拉锯战”、意大利大选或出现政治僵局、德国联合政府走向扑朔迷离、法国劳动力市场改革存在高度不确定性将导致欧洲政治风险重新抬头，加上朝鲜半岛核问题持续发酵，蕴藏的巨大风险极有可能在2018年某个时间节点突然释放。

（二）实体经济下行风险不减

一是部分行业产能过剩风险尚未解除。船舶、煤电等部分行业产能过剩依然严重，设备利用率处于低位；纺织、造纸等产业供求矛盾尚未完全化解。二是成本上升加剧企业经营风险。长期以来形成的人工成本上升和社保税费负担过重问题较为突出，原材料和环保支出增加，融资成本居高不下。行政审批、“权力中介”等隐形的制度性交易成本依然偏高。三是新动能增速放缓风险。新兴产业经过前期高速增长后进入理性平稳增长时期，随着市场竞争加剧和政府监管完善，增速面临回落。

（三）金融领域风险隐忧较多

一是国有企业杠杆率盘桓难下。国企杠杆率虽结束涨势但仍居高不下，国企债务总规模突破100万亿元大关，各类债务违约或信用风险仍挥之不去。二是居民部门杠杆风险快速攀升。各类中长期住房贷款和短期消费贷款快速增加，2018年居民过度借贷的风险值得关注和重视。三是地方政府债务风险隐患增大。城投等各类平台企业债务压力将明显上升，存量债务资金链存在断裂风险。四是资管及影子银行乱象风险犹存。在深化金融去杠杆、处置影子银行风险的同时，可能产生类似于2017年上半年金融严监管带动市场利率上升、企业融资趋难的伴生风险。五是时点性、事件性金融市场流动性风险管控难度加大。不同季节时点、不同金融市场、不同融资企业的流动性丰欠状况将参差不齐，流动性日常管理和削峰填谷难度加大。

（四）政策超调风险可能引发不确定性

一是在中央坚持房地产调控目标不动摇指引下，一二线城市房地产调控政策力度不会减弱，甚至还可能竞相加码，引发房地产市场波动风险加大。二是环保政策保持高压态势，部分地区“一刀切”政策直接关停了许多企业甚至是环保达标工厂，导致区域产业链总体配套性和协同性下降，引发原材料价格上涨，工业企业成本加剧上升。三是货币政策总体趋紧，治理金融乱象更趋严格，实体经济融资难融资贵问题可能更加突出。

（根据中国宏观经济研究院经济研究所杜飞轮在2018年1月经济运行态势分析会上的发言整理）

The analyses and thoughts
on economic operation situation and trend

叁月

准确认识供需形势新变化
深入推进煤炭去产能工作

按照党中央关于供给侧结构性改革的决策部署，2016年以来，煤炭去产能工作有力有序推进，取得明显成效，煤炭行业发生了一系列积极变化。煤炭是我国的主体能源，是国民经济发展的重要基础，煤炭行业的变化关联到整个国民经济运行。

一、准确认识煤炭供需形势发生的新变化

据摸底汇总，2015年年底我国煤炭产能总规模约57亿吨，年消费量在39亿~40亿吨，由于煤种结构、运输条件和沿海电厂成本经济性考虑，每年进口量一般在2亿吨以上。换句话说，57亿吨产能，对应37亿吨左右需求，产能过剩问题十分突出。两年来，有关方面认真贯彻落实党中央、国务院部署要求，在前期淘汰落后煤矿基础上深入推进去产能，2016、2017年共退出煤炭产能超过5亿吨，产能规模降至51亿吨多一些，行业发展环境和运行质量明显改善。

单纯从数量上看，51亿多吨的产能规模相对于不到37亿吨的需求来说仍然过剩，产能利用率仍然不高。同时，现有产能规模中仍有一批环保、安全不达标的落后产能和“僵尸企业”；与去产能相关的人员安置、资产债务处置、兼并重组、转型升级、产业布局等工作仍未系统性做到位。因此，去产能必须坚定不移继续推进。

但2017年下半年开始接连出现的区域性、阶段性煤炭供应偏紧和价

格上涨，以及当前总体紧平衡的供需形势，都在不断提醒我们，在把握产能过剩的大前提下，必须准确认识煤炭供需形势发生的新变化。目前51亿多吨的产能规模中，建设煤矿约13亿吨，各类手续不全煤矿约4亿吨，合法生产煤矿只有34亿多吨。而且这34亿多吨生产煤矿中还有一部分受安全、环保不达标及自身资金投入不足等因素影响，无法形成有效供给。

去产能之前，煤矿违法违规生产和超能力生产还大量存在。随着去产能的推进和严格执法，行业法治化水平得到加强，违法违规行为和超能力生产得到有效遏制。也就是说，只剩下不到34亿吨的有效产能来满足37亿吨的需求，还存在3亿吨以上的硬缺口。所幸在17亿吨的建设煤矿和各类手续不全煤矿中，有6亿吨已形成生产能力。在实际工作中，去产能部际联席会议相关单位及时发现问题，有针对性解决问题，经请示国务院，按照追究责任、处理人员、办理手续、恢复生产“四个到位”的要求，对一部分手续不全的优质先进产能煤矿采取特别应急保供措施，加大释放力度，使目前的有效产能和实际需求大体相当。

另外，随着南方小煤矿快速退出，煤炭生产进一步向晋陕蒙新等地集中，加大了南方地区对北方煤炭资源的依赖，相应的运煤通道和集疏运系统建设面临更大压力。同时，在经济稳中向好等因素拉动下，电煤需求从2016年9月以来持续大幅增加。2017年电煤消耗同比增长8%，改变了过去几年连续下降的局面。特别是2018年以来，受部分地区持续低温雨雪冰冻灾害等因素影响，阶段性需求大幅增长。

我们的结论是，煤炭产能总规模仍然过剩，去产能相关的“僵尸企业”问题、人员安置和资产债务处置问题、兼并重组转型升级问题等尚未系统性做到位，煤炭去产能必须坚定不移继续推进。但同时，煤炭供需形势已由去产能前的严重供过于求转变为供需基本平衡，且在需求增长和生产力布局变化的情况下，不时出现区域性和阶段性供应偏紧。准确认识这些新变化，是做好下一步去产能工作的基础和前提。

二、从总量性去产能到系统性去产能、结构性优产能

鉴于煤炭去产能目标任务已提前大头落地，以及供需形势发生的新变化，煤炭去产能工作要从总量性去产能转变到系统性去产能、结构性优产能。具体说，要从此前更偏重完成数量目标，转到系统性做好工作，并推动实现产能结构优化，从而实现供需动态平衡，为经济平稳运行打下坚实基础。

推进系统性去产能，就是要将去产能相关的职工安置、资产处置、债务处置、兼并重组、转型升级、产业布局以及运煤通道建设等系统性做到位。关于职工安置，要进一步拓展安置渠道，提高安置质量，在保障分流安置职工利益的同时，进一步优化行业从业人员规模和结构。关于资产处置，2018 年年初有关部门就去产能国有企业的设备、厂房、土地、原材料等资产处置提出了指导意见，还要进一步完善，并推动落实。关于债务处置，要完善有关法律法规和相关配套政策，建立健全各方依法分担债务的处置机制，加大“僵尸企业”破产清算和重整力度。关于兼并重组，政府要善加引导，更要尊重企业意愿，实事求是加以推进。关于转型升级，要引导煤炭企业加大科技投入，强化创新驱动，不断提升煤矿机械化、信息化和智能化水平，加快形成高质量、高效率的供给体系。关于产业布局，要充分调查、深入研究、科学论证，按照政府引导、企业主体、市场化运作的原则，系统优化开发布局，确保煤炭为经济平稳运行服务。关于通道建设，要适应生产运输格局深刻调整的需求，加快北煤南运大通道建设，为更好发挥北方优质先进产能作用、确保南方资源接续提供运力保障。

推进结构性优产能，就是要着眼于供需形势变化和产业布局调整，推动产能结构更加合理。一方面，要多退无效产能，使有效产能最大限度发挥作用。在当前煤炭供需形势发生变化、有效产能和实际需求大体相当的情况下，去产能的进一步举措，一定要不忘实现供需动态平衡的

初衷，充分考虑到保障稳定供应。要重点聚焦“僵尸企业”出清，让长期停工停产的无效产能尽快从总产能规模中退出，使产能利用率提高到合理水平；同时，除按质量、环保、安全等标准衡量必须退出的煤矿外，其他有效产能要尽可能充分发挥作用，体现资源充分利用的原则。另一方面，要适当提高南方地区退出标准，加快释放北方优质先进产能。受资源赋存条件限制，南方地区落后小煤矿较多，劳动生产率低且安全隐患大。因此，南方地区现有 9 万吨及以下的煤矿产能退出标准有必要适当提高，腾出市场空间，更好发挥北方优质先进产能作用。但一定要“破立结合”“先立后破”，不可“先破后立”，造成区域性、阶段性供应无法保障。要通过优质先进产能有序地增和落后产能有序地退，实现煤炭行业新旧动能转换和结构优化。

三、正确处理政府和市场、短期和长期、减法和加法、供给和需求四大关系

习近平总书记强调的这四大关系，为系统性去产能、结构性优产能，实现煤炭行业高质量发展提供了基本遵循。

正确处理政府和市场的关系，使两者各安其位而又相得益彰。一方面，要健全完善使市场在资源配置中发挥决定性作用的体制机制，能市场决定的都尽量交给市场，尽可能减少政府对微观主体和资源配置的直接干预。另一方面，政府要更好发挥作用，用改革激发市场活力，用政策引导市场预期，用规划引导投资方向，用法治规范市场行为。但政府作用的发挥必须基于尊重市场规律、弥补市场失灵的出发点，不要越位。

正确处理短期和长期的关系，使两者各有侧重而又相互兼顾。既要着眼长远，从战略上打好“持久战”。通过明确工作方向，搞好顶层设计，强化系统谋划，构建长效机制，激发市场主体内生活力，着力解决深层次、结构性问题，从根源上避免产能过剩。也要立足当下，在战术上打好“歼灭战”。要从化解当前矛盾入手，抓住重点工作和关键环节，

步步为营、稳扎稳打、有序推进，为解决长远问题打好基础。

正确处理减法和加法的关系，使两者破立得当而又接续平稳。一方面要精准做减法，把处置“僵尸企业”作为重要抓手，大力破除无效供给，优化存量资源配置。在这个过程中不能误伤优质先进产能，也不能把有现实必需的产能“一刀切掉”。另一方面要有序做加法，在总产能规模只减不增前提下，通过减量置换有序释放和发展安全高效的优质先进产能，扩大优质增量供给。这个过程要合理把握尺度，不能一拥而上无序释放，重蹈产能过剩覆辙。

正确处理供给和需求的关系，使两者相互策应而又协同发力。既要从供给侧发力，保障煤炭供给数量、优化供给结构、提高供给体系质量和效率，不断以优质增量的供给满足需求变化、适应需求升级。也要从需求侧出发，结合我国能源发展战略需要，积极推进煤炭节能减排和高效利用，有效引导合理需求，推动优化消费结构。

四、抓住“僵尸企业”牛鼻子

习近平总书记在中央经济工作会议上强调，要把处置“僵尸企业”作为重要抓手，大力破除无效供给。

这两年关闭退出煤矿中，“僵尸企业”占一半以上，但现有产能规模中仍有相当一部分“僵尸企业”存在，只有加快这部分产能退出，才能更好为发展优质先进产能腾出空间，达到“腾笼换鸟”、转型升级的目的。因此，在系统性去产能、结构性优产能过程中，必须抓住“僵尸企业”牛鼻子。**一要总结经验，典型引路。**两年来已退出不少“僵尸企业”，要通过解剖麻雀、分析案例的办法，认真总结提炼出好经验、好做法；针对还存在的不好解决的问题，要研究出切实可行的新办法，将典型经验和新办法推广应用。**二要依法规范，协同推进。**要加快修订资产处置、债务清偿、企业破产等有关法律法规，完善金融、财税、社保等方面支持政策，建立健全各方合理分担债务处置机制、平等协商谈判机制、失信违规行为联合惩戒机制等有关制度，加大破产清算和重整力度。**三要分类处置，综合施策。**对于违法违规和有不达标行为的，要通过严格执法，依法淘汰一批；对于没有违法违规行为但又不具备恢复发展潜力的，要发挥财政奖补资金和指标交易资金作用，引导退出一批；对于资源枯竭、灾害严重的，要通过行政、法治、金融等多种手段，关停出清一批；对于其他暂时陷入困境，但具有一定发展潜力和重组价值的，要推动重整一批。

五、坚持稳中求进去产能

习近平总书记多次强调，稳中求进工作总基调是治国理政的重要原则，也是做好经济工作的方法论。煤炭去产能的一举一动，影响到整个经济的平稳运行，必须坚持稳中求进，统筹兼顾多重目标，稳扎稳打、善作善成。

一是统筹兼顾“去”的节奏和“供”的稳定。下阶段的“去”，一定要与“供”的保障相衔接。“去”的节奏，要充分兼顾到“供”的稳定。部际联席会议办公室和各地都要统筹兼顾，不能发生一边去产能、一边无法保供的情况，影响经济社会平稳运行。

二是统筹兼顾南方提高标准、北方加快释放和大通道建设。中央经济工作会议提出了适当提高南方地区煤矿产能退出标准、加快北煤南运大通道建设和更多发挥北方优质先进产能作用的要求。三者必须统筹实施，特别是南方提高标准必须与资源接续、运力配置相衔接，前面已经讲过，要“破立同步”或“先立后破”，千万不能“先破后立”。

三是统筹兼顾去产能与高质量发展。供给侧结构性改革的目的是推动高质量发展，建设现代化经济体系。去产能作为供给侧结构性改革的重点任务，是手段，不是目的，必须要为实现高质量发展服务。针对去产能过程中出现的新情况新问题，决不能头痛医头、脚痛医脚，部际联席会议办公室和各地都要深入研究、精准施策、稳步推进。

我们深信，在习近平新时代中国特色社会主义思想和党的十九大精神指引下，按照中央经济工作会议和政府工作报告部署，煤炭去产能工作一定能更加有力有序有效推进，推动煤炭行业在高质量发展的道路上越走越宽广！

（2018 年 3 月 13 日赵辰昕在 3 月经济运行态势分析会上的发言）

各地区节后复工情况良好
企业对2018年经济发展充满信心

近日，国家发展改革委组织江苏、河南、四川等10个省（市）经济运行调节部门对2018年春节后工业企业复工生产情况进行摸底，并结合发用电量进行了初步分析。从各地反馈情况看，工业企业运行情况良好，春节期间加班生产的企业比上年增多，节后复工时间较往年有所提前，显示工业经济延续了2017年以来的良好发展态势，稳中向好、稳中有进势头持续巩固。

一、发电情况显示节后企业复工形势良好

2018年春节前后，全国日均调度发电量与往年一样呈现先降后升的“V字形”走势。最低日发电量为123.61亿千瓦时，出现在正月初二（2月17日），之后逐渐回升。以春节假期前（腊月初一至腊月十四）日均发电量为基数，正月初二日发电量是基数的63.5%，与往年水平相当；正月初七（2月22日）为73%，正月十五（3月2日）为82.2%，正月二十（3月7日）为90.4%，均较常年水平有所提高。另据国家电网有关机构预测，从目前趋势看，一季度全社会用电增速有望达到9%～10%，较2017年一季度6.9%的增速有所提高。

二、春节假日期间加班生产企业数量较上年有所增加

除电力热力等民生保障行业和石油化工等连续生产企业春节期间不

停工外，机械、电子、医药等行业一些订单较为饱满的企业，也抢抓产销旺季安排加班生产。

湖北省反映，春节期间全省共有667家规模以上工业企业加班生产，武汉、黄石、十堰等市加班企业较上年均有所增加。江苏省南京市约10%的工业企业春节期间安排加班生产，日均约4.5万职工在岗工作；扬州、盐城等市加班企业占比较上年也有所提高。四川省一批龙头企业春节期间组织加班生产，部分化工、电器企业因订单饱满，春节期间满负荷生产。一些制造企业利用春节假期，合理安排设备检修，为节后复工做好准备。

三、各地区企业节后复工时间普遍提前，开工生产有序启动

从10个省（市）反馈的情况看，2018年春节假期后工业企业复工时间有所提前，复工情况整体好于上年。

东部地区企业生产安排较为紧凑，节后复工情况良好。江苏省正月初七全省工业企业复工率达到56.5%，较2017年同期和2016年同期分别提高0.4个和2.1个百分点；正月十五复工率上升至91.3%，分别提高6个和6.6个百分点；重点监测的4183家中小微企业中，97%的企业在正月十五前复工，比上年同期提高6.7个百分点。山东省规模以上工业企业中，正月十五前开工生产的达到35034户，占比87%；在岗生产员工704.8万人，占比84%，比上年同期分别提高4个和3.3个百分点。浙江省部分地区企业春节停工天数较上年缩短，台州市企业春节平均放假12.2天，较上年缩短0.2天；全省4600多家被调查企业中，有5.8%的企业提前复工，正月十五前复工的企业占到84%。广东省96.3%的工业企业已在正月十五后正常开工，62.9%的企业节后员工返工率在八成以上，25.7%的企业员工返工率在六至八成之间。

中部地区省份多数地市企业较快恢复到正常生产水平。湖北省正月初七全省工业企业开工率为47%，至正月十五已上升至94%，较上年同

期提高 1 个百分点；全省 17 个市州中 11 个复产开工率达到 95%以上，已基本恢复至正常水平。湖南省截至 3 月 5 日，全省规模以上工业企业开工率已超过 90%，长沙、株洲、岳阳等地基本全部开工生产，园区企业普遍开工较早，复工形势好于上年同期。河南省洛阳市 50 户重点企业在节后 1 周内即实现复产，比上年元宵节后才全面复产大幅提前；新乡、濮阳、三门峡等地目前复工率均在 85%以上。受行业季节性生产、重污染天气管控、环保治理搬迁改造、安全监管审批等因素影响，部分地市企业复工生产受到一定影响。

西部和东北地区企业开复工情况好于上年。重庆市正月初七全市规模以上工业企业复工率为 62.4%，较上年同期提高 7.7 个百分点；正月十五复工率为 92%，与上年同期持平。四川省截至 3 月 5 日，全省规模以上工业企业复工率达到 80%左右，21 个市（州）中有 8 个市（州）复工率在 85%以上，绵阳、泸州、内江、自贡、广元等地复工率达到 90%以上。辽宁省截至正月十五规模以上工业企业已有 92%以上正常开工生产，形势好于往年。

四、装备制造、电子信息和部分消费品行业节后复工情况较好

机械装备制造行业，湖北省汽车整车企业、零部件企业设备负荷逐步提升，汽车行业开工率已达到 97.5%；湖南省上汽大众正月初三就已开工，中联重科正月初七在各大园区举行新产品发车仪式，向国内外用户交付新车，各条生产线开始繁忙生产。电子信息行业，四川省鸿富锦、英特尔等企业正月初三即恢复正常生产，湖南省科美达电气、锦络电子等企业因有大批订单需要赶制，正月初一便已开工。消费品行业，湖北省医药、食品、纺织行业开工率分别达到 97%、93.5%和 92.2%；湖南省科伦制药正月初四已投入生产，美华尼龙春节期间设备开机率达到 80%；河南省骨干纺织服装企业已全面复工复产；四川省五粮液、泸州老窖节后即已处于满负荷生产状态。

五、企业对2018年经济发展普遍充满信心

一些地方还反映，调查中企业对2018年预期相对乐观，发展信心有所增强。广东省3月初对工业企业进行问卷调查显示，在手订单1个月以上的企业占到73%。四川省1月份制造业企业生产经营预期指数为57.1%，环比提高4.9个百分点，制造业扩张步伐有所加快。浙江省4600多家被调查企业中，18.4%的企业有增加用工计划，比上年提高2.5个百分点；认为本行业景气状况趋好的企业占32.5%，提高4.9个百分点；计划2018年增加投资的企业占14.3%，提高3.1个百分点。

（国家发展改革委经济运行调节局汇总整理）

从大数据看2018年春运新变化

2018年春运于3月12日圆满结束，一共40天，全国共运送旅客29.7亿人次，比上年春运下降0.35%。其中，道路24.8亿人次，下降1.6%；铁路3.82亿人次，增长6.8%；民航6541万人次，增长11.7%；水运4322万人次，下降1.7%。

为更好地分析春运新变化、把握旅客新需求和新期待，国家发展改革委、交通运输部会同有关部门和单位，利用大数据技术开展了客流研判、拥堵分析、服务评价和舆情监测等工作。综合大数据分析结果和往年的春运情况，2018年春运呈现出以下新特点：

一是节前客流较平缓，节后客流呈双高峰。节前学生流、务工流、探亲流叠加强度并不明显，客流时间分布较为均匀。正月初五开始客流迅速攀升，初六创春运单日历史新高，运送旅客9546.7万人次；元宵节后出现节后第二个小高峰。节后客流高峰较往年峰值更高、持续时间更长，铁路、民航分别有8天和18天超过上年春运峰值，最高峰日分别运送旅客1283.8万人次和183.4万人次，比上年春运峰值增长17.1%和15.4%。

二是客流地域分布集中度高，出行以中短途和省内为主。广东、江苏、河南、四川、安徽等出行量最高的10个省份出行量占全国的60.3%，其中前5个省份出行量占全国的36.9%。出行热点城市中，既有北京、上海、广州、深圳等大城市，也有惠州、温州、周口、阜阳等经济活跃、劳务数量大的中小城市。从出行距离看，旅客出行以中短途为主，出行距离500公里以内的占到79%。从出行范围看，省内出行占比为56.5%，跨省出行占比为43.5%。海南、河北、浙江、江西等地跨省出行量占比较高，新疆、云南、青海、宁夏等地省（自治区）内出行量占比较高。

三是运输方式间衔接更加顺畅，短途接驳更加便利。调查结果显示，春运期间旅客采用两种及以上运输方式组合出行的比例约为42%，70%以上的调查旅客认为换乘方便较往年有所改善。从长途出行方式组合意愿看，“飞机+火车”和“火车+客车”最受欢迎，比例分别为40%和37%。各地普遍提升枢纽站场的短途接驳能力，春运期间共安排对接火车站、机场、客运码头的班线客车13.5万辆、公共汽电车15万辆、城市轨道列车10万班次，有效提升了旅客“最先和最后一公里”出行效率。

四是科技助力提升春运服务，手机成为购票主渠道。铁路利用云服务器扩充售票系统能力，日售票能力提高到1500万张，售票高峰期间网站运行平稳。上百个车站试验开通“刷脸进站”，多个枢纽车站提供站内虚拟全景导航。移动支付、互联网订餐、出行信息推送等服务赢得网民好评。旅客购票更为便利，铁路、道路、民航互联网购票的比例较上年同期均有所提高。其中，手机客户端购票已占到互联网购票的八成，成为购票的主渠道。

五是道路车流量快速增长，疏堵保畅成为工作重点。春运期间全国主要高速公路日均断面交通量超过3万辆，高速公路车流量同比增长7%左右。返程高峰期间，道路拥堵较为严重。相关部门和地区将疏堵保畅作为2018年春运的重点工作，集中治理拥堵区段，取得积极效果。

六是信用建设取得积极成效，旅客出行更加文明。相关部门大力推进交通出行信用建设，对违法违规经营主体、严重失信旅客和优秀春运志愿者进行信用记录；组织地方对严重失信客运企业开展失信治理；推出“诚信春运公众监督App”。舆情监测显示，诚信环境和失信治理的满意度均达到较高水平，近半数的旅客表示未发现身边有失信行为。

七是满意度进一步提高，舆情更加积极正面。超过70%的旅客对春运服务表示满意或认为较往年有所改善。超过80%的旅客对春运一线工作人员的服务表示满意。服务态度、志愿者和信息服务的满意度均达到90%以上。网上舆论更加客观理性，对春运工作更加理解和支持。媒体聚焦春运新变化和人民幸福感，以回家路上的温暖故事为主题，充分展现了改革开放40周年的辉煌成就和新时代新气象新作为。

（国家发展改革委经济运行调节局汇总整理）

煤电油气运一季度运行态势分析报告

2018年以来，国民经济开局良好，煤炭、电力、油气需求均较快增长，供需基本平衡，重点物资运输得到了有效保障，较好地支撑了经济发展需要。

一、煤电油气运供需基本平衡

（一）煤炭供需保持增长，价格下降明显

煤炭消费稳定增长。前2个月，受持续寒潮等天气因素影响，用电量大幅增长，带动电煤需求大幅攀升，据行业初步测算，全国煤炭消费约6亿吨，同比增长4.2%；其中，电力行业耗煤增长9.8%。规模以上企业煤炭产量5.2亿吨，同比增长5.7%；煤炭进口0.5亿吨，增长14.4%。煤炭企业库存下降，电厂和港口存煤有所增加。2月末，重点煤炭企业库存6000万吨，同比下降19.8%；全国统调电厂存煤9976万吨，增长7%，可用19天。3月20日，秦皇岛港5500大卡动力煤现货价格635元/吨，比2月初最高时下降129元/吨，下降幅度较大。

（二）全社会用电量大幅增长，各类设备制造业用电均高速增长

1—2月，全社会用电量同比大幅增长13.3%，增速同比提高6.9个百分点，2013年9月份以来首次实现两位数增长。制造业用电量增长13%，增速同比提高4.1个百分点；其中，设备制造业用电高速增长，

通用设备、专用设备、汽车、电气机械、通信电子设备、仪器仪表制造业用电量分别增长 23.2%、20%、19.6%、22.5%、18.5% 和 15.3%，纺织服装制造业用电量增长 38%，软件和信息技术服务业用电量增长 19.4%。用电量大幅增长主要受经济运行稳中向好影响，此外，2018 年春节比上年晚 19 天，春节不同步导致用电增速提高，年初气温偏低带动取暖负荷增加，电能替代规模不断扩大，都在一定程度上推高了全社会用电增速。1—2 月，发电装机容量保持较快增长，电力供应能力充足。

（三）原油进口大幅增长，成品油消费较快增长

1—2 月，原油产量 3038 万吨，同比下降 1.9%；进口原油 7378 万吨，增长 12.3%，保持了上年以来的快速增长势头。原油加工量 9340 万吨，同比增长 7.3%，增速同比提高 3 个百分点。据快报统计，国内生产成品油 5888 万吨，增长 4.4%；其中，汽油、煤油、柴油产量分别增长 6.4%、8.8% 和 2.4%。成品油消费量 4962 万吨，增长 6.4%，保持较快增长；其中，汽油、航煤、柴油分别增长 3.6%、10.0% 和 8.6%。国际油价总体呈现冲高回落走势，1 月 24 日和 1 月 26 日，WTI 和布伦特原油期货价格分别创出 66.14 美元/桶和 70.53 美元/桶的 2014 年年底以来最高水平，此后有所回落。1—2 月，WTI 和布伦特原油期货均价分别为 62.96 美元/桶和 67.48 美元/桶，同比分别上涨 18.7% 和 21.1%。

（四）进口天然气规模不断扩大，天然气用量保持快速增长

2017 年入冬以来，受宏观经济稳中向好发展、环保政策大力推进等因素共同推动，我国天然气需求快速增长，消费增量创历史最高，通过采取“压非保民”等措施，民生用气得到了较好保障。进入 3 月份后，随着采暖用气需求下降，各类工业用气逐步恢复，天然气供需形势趋于平稳。1—2 月，国内天然气产量 262 亿立方米，同比增长 4.9%；分企业看，中石油、中石化、中海油分别增长 3.3%、1.4% 和 18.1%。进口资源大幅增长，前 2 个月进口天然气 197 亿立方米，同比增长 40.5%。其

中，管道气进口79亿立方米，增长17%；LNG进口118亿立方米，增长61%。用气需求保持快速增长，前2个月表观消费量458亿立方米，同比增长17.6%。

（五）货运量较快增长，春运客流结构继续调整

1—2月，全社会货运量63.1亿吨，同比增长6.3%，增速与上年四季度持平。其中，公路货运量46.7亿吨，增长7.4%，联网计重收费数据显示高速公路货运量增长14.4%；水路货运量9.9亿吨，增长0.2%；铁路货运量6.4亿吨，增长8.2%，增速比上年四季度加快7.5个百分点，其中，煤炭货运量增长12.3%，较好地保障了电煤需求。规模以上港口完成吞吐量20.5亿吨，同比增长3.2%；其中，外贸和内贸吞吐量分别增长4.9%和2.4%。春运期间，全国旅客发送量达29.7亿人次，同比下降0.35%，总量矛盾有所缓解。客运结构继续调整，铁路、民航客运量分别增长6.8%和11.7%，继续保持较快增长；公路、水路营业性客运量分别下降1.6%和1.7%；私家车出行继续较快增长，监测显示春运期间全国主要高速公路断面交通量日均超过3万辆，车流量同比增长7%左右。

二、存在的突出矛盾和问题

虽然煤电油气运等生产要素供需总体平稳，但仍存在一些突出矛盾和问题，给保障供应工作带来隐患。

（一）煤炭产业布局调整和供需形势变化需要有效应对

随着宏观经济稳中向好，煤炭需求大幅增加，预计煤炭消费2018年还将保持增长态势。加之南方煤炭调入地区小煤矿关闭退出超出预期，自给自足能力大幅下降，违法违规和超能力生产得到有力遏制，客观上减少了部分有效供应，煤炭产运需格局发生明显变化，煤炭生产日益向

晋陕蒙等主要产煤省区集中，远距离煤炭运输铁路运力制约凸显。同时，集运线和支线建设滞后，造成瓦日等主要输煤干线能力难以充分发挥。全国煤炭虽保持总体供需基本平衡，但部分地区存在区域性时段性煤炭供应紧张、价格异常波动的风险。

（二）煤电企业生产经营形势持续严峻

电力联合会反映，2017 年华能等五大发电集团煤电板块整体亏损面在 60% 左右，资产负债率在 80% 以上。主要原因，一是电煤价格上涨导致发电成本大幅增加，初步测算 2017 年全国煤电行业电煤采购成本比上年增加 2000 亿元左右；二是市场化交易电量进一步增加，2017 年交易电量 1.63 万亿千瓦时，同比增长 45%，减少企业用电支出 603 亿元；三是可再生能源补贴支付明显滞后，截至 2017 年年底累计拖欠五大发电集团可再生能源补贴 545 亿元，其中，当年新欠 265 亿元；四是煤电企业环保投入不断增加。煤电企业持续亏损严重影响了企业正常生产经营和职工队伍稳定。

（三）保障天然气稳定供应仍面临较大挑战

当前，受上游主体少且竞争不充分、考核激励机制不足、支持政策不够等因素影响，天然气勘探和开发投资不足。在国内产量增长不能满足消费增长的情况下，我国天然气对外依存度持续攀升。在储气设施方面，2017 年我国地下储气库工作气量占消费量的 3% 左右，较 12% ~ 15% 的世界平均水平有较大差距，地方政府、城燃企业和供气企业应急储备能力不足。在调峰能力方面，可中断用户发展不足，对调峰用户的激励政策和机制还不完善。天然气基础设施建设也存在短板，长输管道密度仅为欧美的 1/5，管道互联互通程度较低。

三、相关对策建议

针对煤电油气运保障供应方面存在的突出矛盾和问题，还是要高度重视，提前谋划，抓紧出台切实有效的措施予以解决。

（一）加快煤炭优质产能释放

一是统筹推进煤炭去产能、保供应工作，进一步优化存量资源配置，扩大优质增量供给，实现供需动态平衡和新旧动能有序转换。二是压实地方保障煤炭供应主体责任，合理把握去产能力度和节奏；督促晋陕蒙等主要产煤省区更多承担保障全国煤炭稳定供应的责任，加快释放优质产能。三是强化产能置换指标交易等市场化手段，指导地方及时开展已建成项目的联合试运转和竣工验收等工作，有序核准建设优质产能煤矿，做好优质产能煤矿生产能力核定工作，促进煤矿建设项目依法依规尽快投产达产。

（二）加强煤炭运输能力建设

一是加快南北主要运煤通道建设，加强铁路煤炭运输通道与其他交通运输方式的有效衔接，充分发挥综合交通运输系统整体优势，促进资源的优化配置和有效利用。二是结合煤炭基地开发建设情况，做好铁路支线、矿区铁路和集运站等配套建设，提高煤炭运输的保障能力。三是研究煤炭集装箱规模运输的可行性，以便释放晋陕蒙等煤炭主产区优质产能。同时建立运力监督协调机制，加强电煤运输与其他基础物资的运输协调。

（三）切实解决电力企业生产经营困难

一是认真贯彻落实相关文件精神，推进煤电联营兼并重组。二是研究完善并启动煤电联动机制，有效缓解电力企业成本上升的突出矛盾；

针对清洁能源为主的地区推行火电机组备用容量补偿机制；尽快建立并落实辅助服务市场，针对长期备用机组实行两部制电价等措施，为系统调峰、调频、备用等机组提供合理补偿。三是加快解决可再生能源电价附加补助资金历史欠账问题；尽快研究完善可再生能源发电补贴定价机制及相关政策；将参与市场交易电量的环保电价调整为“价外补贴”方式，鼓励发电企业进行超低排放、深度节能和灵活性改造。

（四）加大对天然气产供储销体系建设的支持力度

研究出台支持企业加大上游勘探开发力度的政策措施，尽快明确将页岩气补贴政策延续到“十四五”时期；加快推进管网互联互通，优化天然气资源配置，提高不同地区、企业之间互保互供能力。明确上游供气企业、城镇燃气企业、地方政府储气设施建设责任和进度目标，到2020年形成相当于年消费量16%的储气能力。出台理顺居民用气门站价格方案，完善反映市场供求变化的弹性价格机制。研究论证改扩建码头及并行卸船的可行性，提高接收站接卸周转能力；研究出台小型LNG船舶在沿海、内河运输，以及与铁路多式联运相关配套法规政策。

（国家发展改革委经济运行调节局汇总整理）

专家视点：建立健全长效机制和综合政策体系 推动煤炭去产能

煤炭去产能下一步的工作，要更加深刻地探究煤炭产能过剩的根源，更加注重去产能的质量与效益，更加注重去产能内涵的丰富及其对供给侧结构性改革工作大局的重要性，更加注重下一阶段去产能目标任务的优化调整以及去产能政策体系的完善协同。

一、我国煤炭行业产能过剩的现状与特征

本轮去产能工作之前，我国煤炭行业产能过剩问题非常突出。一是产能严重过剩，供求严重失衡。全国实有产能约 42 亿吨（2015 年数据），正在新建扩建或违规建设的设计能力约 15 亿吨，合计总规模约 57 亿吨，而消费量为 39.2 亿吨。

二是企业组织结构分散，低水平小煤矿数量众多，煤炭产能呈现小而散的特征。国家统计局数据显示，我国规模以上煤炭企业 6850 家，煤矿 1.08 万处，平均单井生产能力不到 35 万吨/年。其中，小煤矿 7000 多处，数目多产量占比低。

三是煤炭产业市场结构属低集中竞争型。产业集中度与国际相比偏低，CR8 为 35.5%，CR4 低于 30%，与世界主要产煤国家相比偏低，特大型煤炭企业的市场影响力和支配力不足，市场结构呈现过度竞争。

四是企业负担沉重，行业全面亏损。国有煤炭企业由 2014 年整体盈利 326 亿元转为亏损 282 亿元，煤炭开采和洗选业企业亏损面已由 2005

年的10.0%攀升至2015年的31.5%，亏损面呈扩大态势。

五是企业恶性竞争。市场秩序混乱，违规建设屡禁不止，安全投入不足，事故隐患增多。

此外，煤炭行业资源赋存依赖性强，生产固定成本高，产业结构单一，处于产业链最上游，成本无法往上传导，抗风险能力弱，在经济下行时问题比较集中。加上多数矿区地处偏远，职工生产生活一体化，缺乏城市、产业依托，企业困难特别是职工减薪欠薪容易带来社会稳定的压力。

我国煤炭行业产能过剩的基本特征，一是煤炭产能过剩是周期性过剩、结构性过剩、体制性过剩叠加的复杂产物。二是煤炭产能过剩同时伴随着历史遗留问题，包括企业产权、债务问题、人员安置、企业社会负担等。三是煤炭产能过剩呈现明显不同的地域特点，去产能的难度与障碍，在各地也有很大区别。四是煤炭行业去产能后仍具强烈复产冲动，只要长效机制尚未建立，行政手段只能在短期内起到压制作用，无法解决微观主体的决策激励问题。

二、具体对策措施建议

一是全面提高煤炭供给体系质量。要把系统性去产能和结构性优产能作为下一步煤炭去产能的主推方向。重点是提高四个“供给水平”，即集约供给水平、稳定供给水平、经济供给水平、绿色供给水平。

二是完善并落实企业兼并重组、转型升级和煤炭产能指标置换市场化交易。要求新增先进煤炭产能替代落后煤炭产能时，承担相应的生态环境治理、职工安置的责任。探索建立地区乃至全国煤炭产能置换指标交易信息平台。适时公布长期停产、停建，连年亏损，资不抵债，没有生存能力和发展潜力的“僵尸企业”名单。

三是推动完善中长期煤炭交易合同。鼓励煤电、煤钢等煤炭供需双方自主衔接签署中长期煤炭交易合同，锁定煤炭购销数量，明确价格调整机制，鼓励煤炭供需双方与运输企业签署中长期合同。研究通过给予运力保障、优先释放先进产能、优化煤电发电权使用与中长期煤炭交易合同比重挂钩等措施，鼓励企业提高中长期合同在煤炭交易中的比重。组织研究制定中长期煤炭交易合同履约监管措施，建立健全有操作性的合同履约考核评价机制、违约惩戒机制，加强行业信用体系建设。

四是推动建立完善市场化煤电联营机制。引导和鼓励有条件的煤炭和电力企业突破行业壁垒，发展混合所有制，实现产权多元化，探索通过资本注入、股权置换、兼并重组、股权划拨等方式形成在役、新建煤矿和电站的联营合作。

五是加快完善煤炭市场体系建设。充分发挥市场形成价格的作用，加快完善煤炭市场体系，从完善产权制度、构建交易市场体系、培育市场竞争主体、完善市场机制、加强市场监管、解决市场失灵等方面予以综合推进，逐步实现煤炭去产能、优产能、稳产能主要靠政府推动向主要靠市场力量推动的转变。

（根据中国宏观经济研究院能源研究所高世宪在 2018 年 3 月经济运行态势分析会上的发言整理）

The analyses and thoughts

on economic operation

situation and trend

肆月

依靠“五个坚持”提升电力供给体系质量

今天的经济运行态势分析会，我想结合经济运行态势分析，谈谈对电力运行和发展的认识和看法。电力是支撑经济社会发展的重要支柱，在经济社会发展中扮演极为重要的角色。按照党的十九大精神，提升电力供给体系质量，为经济高质量发展提供安全、优质、经济、绿色、高效的能源保障，是今后很长一段时期电力行业面临的重大课题。我想讲的可以归纳为“五个坚持”。

一、坚持把确保电力安全稳定作为高质量发展的重要前提

一方面，安全性是最大的经济性。也许有人会认为，过度强调安全性将会导致系统运行效率降低和经济性下降。对此，我想应该清醒地认识到电力对于经济社会运行的极端重要性。从有关国家和地区的教训看，大规模停电给经济社会发展造成的损失是难以估量的。2003 年发生的美加大停电，影响人口约 5000 万，给美国和加拿大都造成巨大经济损失。2012 年发生的两次印度大停电，造成全印度超过 20 个邦陷入电力瘫痪状态，超过 6.7 亿人受到停电影响，严重影响了正常的生产和社会秩序。与大规模停电带来的损失相比，事实证明，我们的安全投入和系统备用设计的总体运行结果是更为经济的。

另一方面，保障电力安全工作只有进行时，没有完成时。虽然我国电力安全稳定发展具有良好的基础和坚强保障，但也应看到，随着我国

电网规模不断扩大、新能源迅速发展、网络技术广泛应用，以及地震、台风、洪涝、泥石流、雨雪冰冻天气等极端自然灾害频发，电力安全稳定运行依然面临重大挑战。对于我们这样一个拥有13亿多人口和世界最大规模电网的发展中大国来说，大规模停电是经济社会发展不可承受的。因此，必须始终坚持底线思维，未雨绸缪，认真分析，科学研判，正确把握电力安全稳定运行面临的严峻形势，坚守电力安全稳定这条经济社会发展的底线，切实保障电力系统安全稳定运行和电力可靠供应。

二、坚持在发展中实现电力供需动态平衡

首先，要实现“两个一百年”奋斗目标，电力需求仍有很大增长空间。经过改革开放近40年的发展，我国经济实力有了大幅提升，国内生产总值达到82.7万亿元，占世界经济比重提高到15%左右，对世界经济增长贡献率超过30%。但我国仍是世界上最大的发展中国家，发展仍然是党执政兴国的第一要务。实现“两个一百年”奋斗目标，对于能源特别是电力的需求，在很长一段时期内还会保持较高水平。虽然目前我国装机容量、全口径发电量、全社会用电量都稳居世界第一，但人均用电量仅为4500千瓦时/年，位列世界50名左右。虽然我们不能也不会与美国人均13500千瓦时/年的用电量看齐，但与日本、韩国7000~8000千瓦时/年的人均用电量相比，也还有较大差距。随着新型工业化、信息化、城镇化、农业现代化的继续推进，电力需求还具有较大的刚性增长空间。

其次，从结构上看，我国电力发展不平衡的问题仍然存在。从电源看，我国火电发电占比70.9%，清洁能源还要大力发展，灵活电源比重严重不足，调峰能力不能满足发展的需要；从电网看，一些地方通道能力不足和通道利用率不高并存，弃水弃风弃光现象未得到根本性扭转，电源电网规划建设缺乏同步；从区域看，西北、西南、东北地区电力装机富余，华东、华南、华中、华北地区阶段性供应紧张时有发生；从用电看，工业用电占比70%左右，结构仍然偏重，电力峰谷差越来越大，

负荷特性逐渐变化。这些结构上的不平衡要求我们在工作中必须坚持问题导向，在发展中逐步消除存在的薄弱环节，提高整体供给水平。

最后，破除无效产能、扩大优质供给，促进供需动态平衡。2017 年以来，按照党中央、国务院决策部署，电力行业积极推进化解煤电产能过剩风险工作，取得了明显成效，行业供给质量和效率明显提升，产业调整和优化取得积极进展，市场竞争秩序得到有效规范。当前，我国能源行业正处在发展方式转变、能源结构优化、增长动力转换的攻关期。在积极推进化解煤电产能过剩风险的过程中，要在大力破除无效产能、淘汰落后产能的同时，提前谋划、统筹安排、合理布局，适度发展先进产能，保持市场稳定和供需总体平衡，实现行业长期稳定清洁低碳发展。因此，作为经济社会发展的先行官，我国电力发展仍要保持适度超前的节奏，坚持发展是第一要务，不断解决发展不平衡不充分的问题，并在发展中努力实现供需动态平衡。

三、坚持稳中求进推动电力市场化改革

推动能源发展效率变革，根本途径是深化能源领域改革。2015 年中发 9 号文件印发以来，各单位认真贯彻落实党中央、国务院决策部署，开展了大量卓有成效的工作，取得了显著成效，电力市场化改革正朝着“主体更加多元、品种更加多样、规模更加扩大、行为更加规范、试点更加深入”的方向稳步推进。随着改革深入，一些深层次矛盾和问题也在进一步暴露，有待破解，未来的改革仍然是“路漫漫其修远兮”。在推进电力市场化改革的过程中，必须结合实际情况，从我国基本国情和经济发展出发，坚持稳中求进工作总基调，科学有序推进。

一要因地制宜、实事求是。从国际经验看，各国都认同打破垄断，推进电力市场化这个改革的总方向，但路径选择各有差异，步骤把握各有不同。对于我国来说，地区间情况和条件差异大、能源资源分布不均，电力市场化改革更应结合实际，因地制宜开展。**二要合理衔接、稳妥有**

序。现行电力体制已经存在近20年，有效促进了经济社会发展，具有一定的合理性和稳定性。在推进电力市场化改革过程中，要注意新旧机制的合理衔接和平稳过渡，电力行业本身和经济社会发展可能都难以承受“大破大立”。**三要试点先行、总结推广。**我国40年改革开放的一条重要经验就是试点先行、总结推广。在各方对深层次矛盾和问题还在进一步深入研究、对改革思路和办法还在凝聚共识的阶段，试点先行恐怕是最好的办法，可以进一步探索规律、总结经验，避免改革出现反复、偏离初衷。**四要及时评估、科学规范。**要定期总结经验、评估效果，不断研究改革推进中的新情况、新问题，及时根据形势发展和实践需要调整完善改革思路和举措，构建系统完备、科学规范、运行有效的制度体系，确保改革实效。

四、坚持实事求是解决清洁能源消纳问题

推进能源生产革命，大力发展新能源，这是提高我国非化石能源比重、优化能源供给结构的必然选择。近年来，我国清洁能源发电快速增长，装机规模、发电量稳居世界前列，已经成为清洁能源第一大国，但与此同时，清洁能源消纳问题显现，部分地区弃水弃风弃光现象还较为严重。这既与清洁能源稳定性不高、经济性不强等客观因素有关，也与省间壁垒严重、补贴过度、规划统筹不够、市场机制不充分等体制机制不完善有关。

解决清洁能源发展和消纳问题，必须坚持实事求是的精神，从供给和需求两侧同时发力协调解决。**供给方面，**要防止地方和企业盲目扩大规模。**一是加强规划引导。**提高能源规划的导向性和约束性，加强各类电源品种之间以及电源、电网、负荷等环节之间的统筹衔接，明确清洁能源发电项目必须先确定消纳市场再开工建设。**二是改革补贴机制。**实行新增规模与补贴资金的联动机制，并改变风电、太阳能发电的上网电价形成机制，实行补贴与电价分离并逐步退坡，具备条件的，要通过竞

争性招标确定上网电价，减少政府补贴。**需求方面，**要采取综合措施，提高用户消纳积极性。**一是探索实行清洁能源消纳配额制。**借鉴英国、澳大利亚、日本、德国等国经验，推进清洁能源消纳配额制，综合考虑各地清洁能源资源、电力消费总量、跨省跨区电力输送能力等因素，按年度确定各省级区域全社会用电量中清洁能源电力消费量最低比重指标，强制用户消纳。**二是改革利益机制，通过经济手段促进受端接纳清洁能源。**比如，在能源总量和强度“双控”目标责任考核工作中，对受端地区超出部分清洁能源消费量，不纳入能源总量和强度目标考核。又如，实施电力行业碳排放交易机制，研究探索将清洁能源绿色证书交易纳入全国碳排放交易体系。

在推动清洁能源开发利用过程中，既不能操之过急，也不能消极等待，而要依靠科技、依靠市场、完善机制、统筹兼顾，把长期发展目标与近期工作调整有机结合，实现清洁能源合理、有序、优化开发。

五、坚持供需两侧协同发力推动高质量发展

习近平总书记指出，供给与需求是市场经济内在关系的两个基本方面，供给侧与需求侧是管理和调控宏观经济的两个基本手段，二者要相互配合、协调推进。在过去用电高速增长、供需矛盾较大的背景下，电力需求侧管理主要是引导全社会节约电量、削减高峰电力，对促进电力供需平衡和保障电网安全发挥了重要作用。“十三五”以来，电力供需形势发生较大变化，由总体偏紧转变为总体宽松，与此同时，电力用户对精细化、智能化用电的需求越来越高，这对电力需求侧管理提出了新的要求。在深化供给侧结构性改革的同时，要切实用好需求侧管理这个工具，进一步丰富电力需求侧管理的内涵和手段，为经济高质量发展提供有力支撑。

一是深化电力需求侧管理有助于加强经济运行监测分析。用电量是准确研判宏观经济走势的重要“风向标”。随着技术发展，数字化、网络

化、可视化的在线监测应用越来越广泛，为经济运行分析提供了极大方便，有助于及时发现苗头性、倾向性、潜在性问题，未雨绸缪做好应对。经多方努力和配合，国家电力需求侧管理平台上线运行，省级电力需求侧管理平台基本实现全覆盖，企业级电能服务管理平台快速发展，国家-省级-企业信息化平台架构已基本建成。下一步，要充分发挥三级平台在经济运行监测分析中的作用。

二是深化电力需求侧管理有助于提升企业运行效率。电力需求侧管理正在为企业用户提供越来越多提质增效的方式和手段，完善信息化平台、优化电能服务、创新用电管理模式、培育新型电能服务等，都是近年探索和总结出来的。这些方式和手段，提升了能源利用效率、优化了工艺流程、加强了企业管理，进而促进企业提高运行效率、降低运行成本、增强竞争力。

三是深化电力需求侧管理有助于促进经济运行更加平稳。需求侧管理的深化还包括，通过系统推广，越来越多的用户自愿参与，可以集微观的成效为宏观的成效；通过系统整合，变个体行为为集体行为，可以使微观的行为成为宏观调控的手段；通过系统集成，提高大数据分析能力，增强负荷侧响应能力，可以促进经济减少波动性，运行更加平稳。

四是深化需求侧管理有助于优化电力供给体系。在需求侧通过负荷集成商整合用户资源形成虚拟调峰电厂，可以更低成本、更加环保地提高电力系统灵活性，更好适应清洁能源的波动性。同时，通过健全完善需求响应的市场化机制，积极发展储能和电能替代等方式，有效促进供应侧与用户侧大规模友好互动。

新时代推动电力行业科学发展，有效做好电力运行调节，责任重大，使命光荣。我们必须把思想和行动统一到习近平新时代中国特色社会主义思想和党的十九大精神上来，敢于直面问题，勇于开拓进取，为经济社会发展提供更安全更稳定更可靠更高质量的支撑保障！

（2018 年 4 月 12 日赵辰昕在 4 月经济运行态势分析会上的发言）

2018 年以来装备制造业呈现平稳增长态势

2018 年以来，机械装备制造业产销增长势头良好，行业生产运行平稳，结构调整和转型升级步伐有所加快。受汽车制造业利润下滑等因素影响，全行业利润低速增长。

一是国内外市场需求保持平稳。从国内市场看，一季度与消费和环境保护相关的产品销售保持上升势头，新能源汽车销量同比增长 154.3%，环境污染防治专用设备增长 16.5%，制冷设备用压缩机增长 11.8%，摩托车增长 9.2%。从出口看，一季度机电产品出口美元值同比增长 16.3%，增速比出口总额高 2.2 个百分点，占出口总额的 59.4%，是拉动出口增长的主要力量。另据工程机械协会统计，1—4 月 25 家主机制造企业各类挖掘机械产品销量同比增长 57.9%，其中国内市场销量增长 55.3%，出口销量增长 106.3%。

二是行业生产保持较高增速。一季度装备制造业增加值同比增长 8.8%，比全部规模以上工业高 2 个百分点，其中 3 月当月增长 9.0%，增速比 1—2 月提高 0.6 个百分点。一季度，专用设备、电气机械、通用设备制造业增加值同比分别增长 10.7%、9.0% 和 8.2%，均保持较高增长水平。机械工业重点监测的 120 种主要产品中，70% 的产品产量同比增长；一些与产业升级、基础设施建设相关的产品产量增长较快，如工业机器人同比增长 29.6%，金属轧制设备、金属冶炼设备分别增长 34.2% 和 31.2%，挖掘机、装载机分别增长 35.7% 和 34.3%。

三是行业景气度保持回升势头。据统计局数据，4 月份制造业采购经理指数（PMI）为 51.4%，高于一季度均值 0.4 个百分点；其中生产指数、新订单指数分别为53.1%和52.9%，均处于平稳扩张态势，且二者差值较低，市场供需更趋平衡。专用设备制造业、仪器仪表制造等行业PMI高于制造业总体水平，发展势头良好。4月份物流业景气指数为54.6%，比上月进一步上升1.2个百分点；业务活动预期指数保持在61%的高景气区间，反映出物流需求增加，供应链上下游活动趋于活跃，市场需求有望进一步回升。三一重工售出的工程机械利用数据显示，1—4月搅拌车、港口正面吊、汽车起重机的作业时间同比分别增长0.4%、2.4%和12.2%，其中4月当月分别增长4.9%、3.9%和13.1%，说明经济运行良好，市场需求进一步增长。

四是投资方向出现积极变化。一季度，制造业投资同比增长3.8%，高于全部工业投资增速1.8个百分点；其中高技术制造业投资增长7.9%。中高端领域制造业投资呈现较好增长态势，计算机通信设备制造业、铁路船舶和其他运输设备制造业、电气机械和器材制造业投资分别增长15.4%、7.0%和6.1%，均明显高于全部制造业投资平均增速。机械联合会调查显示，67%以上的企业2018年投资计划增加或与上年持平，主要集中在对生产、工艺技术改造优化以及新产品开发等方面。

在装备制造业保持平稳增长的同时，也存在一些值得关注的问题，主要表现在受汽车制造业利润下滑等因素影响，行业利润增速明显下降。一季度，机械行业规模以上企业主营业务收入同比增长9.4%，利润总额仅增长0.2%。从细分行业看，专用设备制造业、仪器仪表制造业、通用设备制造业利润总额同比分别增长19%、13.8%和4.6%，而汽车制造业利润同比下降4.7%，铁路船舶和其他运输设备制造业、电气机械和器材制造业利润也出现了不同程度下降。机械联合会反映，原材料价格持续上涨加重了行业经营压力，调查结果显示30%以上的企业认为原材料价格上涨难以顺利向下游传导；同时，近几年机械行业用工成本每年上升8%～10%，为应对人工成本上升压力，27%的被调查企业有机器换人计划。

（国家发展改革委经济运行调节局汇总整理）

专家视点：对电力市场建设的思考与建议

一、本轮电改进展及对电改的再认识

2015年3月以来的电改，主要开展了以下工作：（1）有序放开发用电计划，大用户进入市场购电及价格市场化；（2）核定各省独立的输配电价、跨省跨区输电价；（3）组建（相对独立的）电力交易中心；（4）售电公司准入市场；（5）增量配电改革试点；（6）现货市场试点。

电改的目的是提高电力工业效率，推动结构转型和产业升级。但在实践中，社会各界的认识普遍有偏差，简单地认为电改的目的就是降低电价。

电改九号文明确指出，深化电力体制改革的指导思想是：坚持社会主义市场经济改革方向，从我国国情出发，坚持清洁、高效、安全、可持续发展，全面实施国家能源战略，加快构建有效竞争的市场结构和市场体系，形成主要由市场决定能源价格的机制，转变政府对能源的监管方式，建立健全能源法制体系，为建立现代能源体系、保障国家能源安全营造良好的制度环境，充分考虑各方面诉求和电力工业发展规律，兼顾改到位和保稳定。

深化电力体制改革的总体目标是：通过改革，建立健全电力行业“有法可依、政企分开、主体规范、交易公平、价格合理、监管有效”的市场体制，努力降低电力成本、理顺价格形成机制，逐步打破垄断、有序放开竞争性业务，实现供应多元化，调整产业结构，提升技术水平、控制能源消费总量，提高能源利用效率、提高安全可靠性，促进公平竞争、促进节能环保。

因此，我们还应该充分认识电改对经济社会高质量发展的重要促进作用，同时认识电力市场化改革的复杂性和艰巨性。随着我国经济增长的回升，必将带来新的电力需求增长，而由于一次能源资源和生态环境的制约，建立市场机制后，电力市场价格也必然会随着电力供需形势的变化出现一定幅度的波动，不单是下降，也有可能在一段时期会上升。因此，在建设现货电力市场的同时，还必须同时配套相应的能源政策和中长期电力交易机制。电力大用户在享受电改红利的同时，也应该对电力市场化给用户带来风险和机遇有更深刻认识和更充分准备。

二、电力市场风险及对电力大用户的建议

现货市场能够正常发挥其价格发现功能是有前提条件的，这些条件包括但不限于：（1）市场范围和规模合理，能保证供求基本平衡；（2）市场机制与电力体制相适应；（3）市场风险管理机制较完善，市场主体能够做好风险管理；（4）市场结构合理，市场集中度适中；（5）市场主体均遵守市场规则，没有恶意竞争行为或制造供应短缺假象、操纵市场价格行为；（6）市场信息公开、透明；（7）市场交易规则合理，发电企业基本上能够回收存量发电资产的投资成本；（8）市场交易有信用保障。否则，现货市场会给电力用户带来价格上涨的风险，给市场主体带来经营风险，造成社会福利损失。

如果构建的现货电力市场不具备这些条件，就需要从发电资产重组或扩大市场范围、市场监管、市场模式选择、市场机制改进、远期和期货市场的建设、市场体系建设等方面考虑，完善甚至重构市场设计方案；必要的情况下，特别是在市场建设初期，还需要借助政府对发电企业和供电企业的收入管制、受管制电力企业在市场中未收回的合理成本的疏导与超额利润的分配等相关政策等，保证市场机制的建立和顺利运行。

从长远来看，电力大用户应更加重视节能和合理用电，包括通过技术、管理实现节能；重视中长期购售电合同设计或选择；积极参与需求侧响应，合理选择用电时间；新投资的用电企业还可以通过合理选择用电地点来降低用电成本，因而电力市场价格也将对优化全国产业布局起到积极作用；随着可再生能源、清洁能源配额制的实施，还要决策买什么电；抓住电力市场化改革带来的产业发展新机遇，主动参与智能用电、分布式能源、储能系统、综合能源利用，等等。

（根据华北电力大学电气与电子工程学院张粒子在2018年4月经济运行态势分析会上的发言整理）

专家视点：加强电网建设促进新能源消纳

由于新能源资源的随机性和波动性以及新能源发电设备的低抗扰和弱支撑性，新能源的快速发展也带来了诸多问题和挑战。首先是弃风弃光问题严重。其次，新能源的安全运行也是电力系统面临的重要挑战。此外，新能源并网带来的振荡问题也会对系统安全运行产生显著影响。

一、新能源并网工作及成效

新能源并网安全运行和有效消纳是电力系统面临的新挑战，需要重点从并网仿真、试验检测、功率预测、优化调度四个方面开展研究工作。

中国电力科学研究院新能源研究中心以实现新能源安全并网、高效消纳为己任，从以上四个方面着手，开展了大量工作。新能源中心建成了覆盖 82 个参数的张北试验基地，完成了我国主要量产风机、光伏的型式试验和涉网性能试验。2010 年先后获得 CNAS 和 CMA 资质证书，2013 年正式成为欧美之外唯一的国际风电检测机构组织 MEASNET 成员，2017 年获国际电工委员会（IEC RE）认可，成为亚洲首家可再生能源领域认可实验室；研发了基于功率预测的新能源调度决策支持系统，实现新能源和常规电源协调调度，应用于国家电力调控中心和 23 个省级的电力调度控制中心，2013—2015 年接纳新能源电量累计新增 300 多亿千瓦时。

为促进新能源并网和消纳，国家电网公司也做了大量工作。“十二五”期间，国家电网累计投入 850 亿元，支撑了年均 2300 万千瓦的新能源接入电网。建成集风电、光伏发电、储能、智能输电于一体的国家风光储输示范工程。同时，不断加强并网管理，国家能源局发布的2017年度风电投资监测预警结果显示，新疆、甘肃、宁夏、吉林、黑龙江、内蒙古六省区为红色预警，国家电网公司认真落实能源局要求，截至2017年9月底，红色预警省区中，只有新疆安排了天中直流配套风电25万千瓦。

国家电网公司在红色预警基础上，研究提出了黄色预警，对预计弃电率超过10%的省区按黄色预警对待，暂停出具接入系统意见。在促进新能源消纳方面，出台多项措施，包括加强全网统一调度，建立备用共享机制；推动地方政府核定火电最低技术出力，优化火电开机方式；充分发挥抽蓄作用；率先开展跨省区富余新能源现货交易，积极组织省间直接交易、替代交易和置换交易等。

经过各方共同努力，新能源并网工作取得明显成效。消纳方面，2017年，国网经营区弃风电量345亿千瓦时，弃风率12.9%，弃光电量67.4亿千瓦时，弃光率6.3%，实现“双降”。安全运行方面，经技术改造与试验，低电压穿越问题基本解决，2013年后未再发生大规模风电脱网事故，高穿问题正在逐步解决。技术标准方面，国际电工委员会IEC SC8A“可再生能源接入电网”技术分委会，秘书处挂靠中国电科院，中国电科院已主持和参与13项IEC标准制修订工作，完成2项IEC标准提案。

二、下一步工作建议

新能源发展应以消纳为目标，消纳能力评估应基于科学合理的方法，指导新能源的规划和运行。

在政策方面，需进一步规范自备电厂管理，放开省间联络线发用电计划，完善电能替代财政补贴、税收优惠等政策，建立健全完整市场体系和相关规则，建立新能源与火电发电权交易机制，建立全国范围的调峰辅助服务市场机制。在电源方面，应优化新能源开发布局，推进煤电机组深度调峰改造。在电网方面，加强新能源与电网协调规划，提升新能源功率预测精度，优化实行新能源统一调度，加强适应高比例新能源的安全稳定控制技术。在负荷方面，增加用电负荷，如以电代煤、以电代油等；推广应用电动汽车；研究市场补偿机制，以市场价格机制提高负荷灵活性，扩大可中断负荷等。

（根据中国电力科学研究院新能源研究中心王伟胜在2018年4月经济运行态势分析会上的发言整理）

The analyses and thoughts
on economic operation situation and trend

伍月

适应新时代新形势新要求
不断提高石油天然气供应保障水平

石油天然气是优质的化石能源和重要的战略资源。在全球范围内，石油天然气消费量占能源消费总量的一半以上，在我国，占能源消费总量的四分之一左右。石油天然气供应保障工作，关系到我国经济持续健康发展、关系到人民生活水平提高、关系到生态环境改善和社会长治久安，与经济运行态势也息息相关。我国曾多次经历过石油供应紧张，上一次影响较大的情况出现在2008年；我国从2004年西气东输管线贯通投用开始大规模使用天然气，近年来天然气的供需矛盾一直存在，每到冬季更为凸显，2017年冬季的教训殷鉴不远。

一直以来，按照党中央、国务院的决策部署和国家发展改革委的统一安排，运行局会同有关方面，在各地以及中石油、中石化、中海油等油气企业的支持下，围绕石油天然气供应保障做了大量工作，也积淀了一些经验和思考。中国特色社会主义进入新时代，在新形势新要求下，怎样才能更好地完成石油天然气供应保障工作，是摆在我们面前的一个重大课题。

一、怎么看当前石油天然气供应保障形势

党的十九大报告指出，我国社会主要矛盾已经转化为人民日益增长的美好生活需要和不平衡不充分的发展之间的矛盾。主要矛盾的变化，体现在经济社会发展的方方面面，在石油天然气供应保障领域也有表现。

石油供应保障的不充分表现为质量不高，不平衡表现为结构不优，

不平衡大于不充分。“石油是工业的血液”，石油产业是伴随中国工业发展而快速发展壮大起来的。新中国成立之初，全国原油产量只有 12 万吨，2017 年全国原油产量 1.9 亿吨，前几年曾超过 2 亿吨，居世界第 7 位。2002 年以来我国超过日本成为仅次于美国的全球第二大石油消费国，2017 年消费量达 5.9 亿吨。近年来，随着经济增长由高速转向中高速，能源消费结构不断调整，石油需求虽保持增长，但增速开始放缓。“十二五”时期，石油消费年均增长 3.9%，低于 2000—2010 年 6.3% 的平均水平，2016 年增速进一步下降到 2.3%。据有关机构统计，国内原油一次加工能力 8 亿吨左右，原油加工量不到 6 亿吨。

当前国际市场原油供应和国内炼油产能都较为充裕，需求进入低速平稳增长阶段，目前石油供需总体平衡，国内成品油价格机制也逐步理顺。但要说石油供应保障彻底解决了不充分的问题还为时尚早，原油勘探开发接续乏力，对外依存度持续上升，成品油质量不高等都是不充分的问题。相比于不充分，不平衡的问题似乎更加突出，主要表现在从能源安全角度考虑的进口原油多元化布局问题、炼化企业布局不优的问题、高端化工产品不足的产能结构性问题等。

天然气供应保障的不充分表现为供给总量不足，不平衡表现为区域差异，不充分重于不平衡。天然气是优质高效、绿色清洁的低碳能源。随着城镇化推进、人民生活水平提高、环境保护力度加强，近年来工业用气范围逐步扩大，居民生活特别是供暖用气逐年快速上升。“十二五”时期，我国天然气消费年均增速 8%。上年超过 15%，预计 2018 年增速将进一步加快。2017 年我国天然气只占一次能源消费的 7%，人均天然气消费 172 立方米，只相当于世界人均 467 立方米的三分之一左右，预计在未来相当一段时间内，天然气需求都将保持较快增长。然而，天然气生产供应的增长速度远跟不上需求的快速增长，生产、供应、储备、销售等环节都不同程度存在着短板，不充分的问题亟须用超常规办法，下大力气加以解决。

2017 年我国天然气将近 2400 亿立方米的总消费量中，江苏达到 230 亿立方米，四川、广东、北京、新疆、山东、河北、浙江等地都超过 100

亿立方米，这8个省份的消费量占全国总量的53.6%，一些省份只有几亿立方米、十几亿立方米，最少的只有几千万立方为；天然气消费分布不均，管网建设水平存在巨大差异；各地因需求不同，重视程度也不同，供应保障或者说调控的机制和能力差异很大，这些不平衡的问题，对提升需求高峰期供应保障水平产生较大制约。总的看，当前，不充分问题重于不平衡的问题，重点要解决不充分的问题。

石油、天然气发展不同步。石油供应保障总量上是平衡的，当前重点是提质升级的问题。天然气重点要解决总量不足的问题，特别是冬季高峰期资源供应的问题。当前石油天然气面临的问题，是从高速增长阶段转向高质量发展阶段必然要遇到的课题，也是推动高质量发展、建设现代化经济体系必须解决的一系列重大问题当中的重要组成部分。我们认为要高度重视，客观分析，找准短板，全力攻坚。

二、石油天然气供应保障工作面临难得机遇

随着经济社会发展水平的提高，石油天然气越来越成为一刻不可或缺的能源，全社会对石油天然气供应保障的要求前所未有地提高。供应保障稍有波动，就容易出现舆论热点，甚至影响社会稳定，2008年石油供应紧张和2017年天然气供应紧张造成的影响足以说明这一点。我国资源禀赋“贫油少气”，导致两者的对外依存度都在不断提高；储备基础设施建设与国际水平存在不小差距，短板难以快速补齐；天然气消费季节峰谷差持续扩大，增加了供需平衡的难度。一系列相关因素叠加，做好石油天然气供应保障工作压力巨大，挑战巨大。但我们要看到，挑战中孕育着难得的机遇。

最大的机遇是，党中央、国务院对做好石油天然气供应保障工作高度重视。党的十九大报告强调，要建设现代化经济体系，推动高质量发展，构建清洁低碳、安全高效的能源体系。针对上个冬季天然气供应形势，习近平总书记多次作出重要指示批示，李克强总理等中央领导先后作出批示部署。这些批示和要求，为石油天然气供应保障工作指明了方

向。在党中央、国务院的高度重视下，煤电油气运保障工作部际协调机制得以调整完善，各有关部门谋划推动出台了一批重大政策和举措，各地区积极支持配合、狠抓落实，为解决石油天然气供应保障面临的问题创造了前所未有的好环境。

第二个难得机遇是，进一步深化油气体制改革，攻坚克难正逢其时。推动高质量发展，建设现代化经济体系，必须不断深化改革。2017 年 5 月，党中央、国务院印发了《关于深化石油天然气体制改革的若干意见》，有关方面正在抓紧推进落实。按照“管住中间、放开两头”的改革思路，改革方案涵盖了石油天然气产业链上中下游各环节。上游有序放开油气勘探开发，中游完善油气进出口管理、改革油气管网运营机制，下游深化竞争性环节改革、改革油气产品定价机制。

一系列改革举措剑指矿业权流转和退出机制不健全、流通领域竞争性环节竞争不够充分、生产加工环节创新能力薄弱、监管不到位、国有油气企业内生活力不足等深层次矛盾和问题。改革的目标是，主体更加多元、竞争更加有效、法规更加健全、监管更加有序、市场更具活力。问题倒逼改革，压力正在不断地转化为动力，石油天然气供应保障中暴露出来的问题，为进一步凝聚共识、深化改革，提供了前所未有的机遇。有关各方一定要迎难而上，抓住机遇，将改革进行到底。

第三个难得机遇是，有关各方对使市场在资源配置中起决定性作用，更好发挥政府作用的认识更加深刻。政府工作的优势是能够接触到方方面面，听到有关各方的意见。天然气保供期间及之后，我有幸接触和听到各种理性思考和分析，归纳起来，一个重要的共识是：使市场在资源配置中起决定性作用，更好发挥政府作用，是解决石油天然气供应保障问题的治本之策。

一方面，要健全完善使市场在资源配置中起决定性作用的体制机制，能市场决定的都交给市场，更好地激发微观主体活力。另一方面，要更好发挥政府作用，用改革激发市场活力，用政策引导市场预期，用规划引导投资方向，用法治规范市场行为，通过规范标准、建章立制、严格执法、信用奖惩等手段，优化市场环境、弥补市场失灵。两个作用相辅相成、相互促进、相得益彰，才能实现市场机制有效、微观主体有活力、宏观调控有度，从而从总体上保障供需动态平衡，即使出现局部性时段性不平衡问题，也能够及时得到化解和处置。

三、把产供储销体系建设作为当前最重要的工作

习近平总书记要求把天然气产供储销体系建设作为一个重点工作抓实抓好。这不仅为我们做好天然气供应保障工作指明了方向，也为我们做好煤电油气整体供应保障工作指明了方向，指导我们从全产业链、从整个体系的角度来审视煤电油气供应保障，全面查找不足，加快补上短板，更加均衡、更有质量、更高水平地做好相关工作。

一方面要加快推进天然气产供储销体系建设。天然气产供储销各个环节目前看都需要全面加强。

产的方面，现在最主要的问题是前期国内气田勘探开发投入不足，短期增产困难很大。2018 年前 4 个月，天然气消费同比增长 17.7%，而国内天然气产量只增长 4.9%。因此，一定要尽可能努力增加国内产量，在确保安全的前提下，组织气田满负荷生产，加快推进新气田开发建设。相关部门也在积极推动出台致密气、页岩气支持政策。

供的方面，2017 年，天然气对外依存度已接近 40%，从目前的供需形势发展看，未来还会不断上升。要不断优化进口气多元化布局，保证进口管道气稳定供应。有关企业要超前谋划 LNG 进口，及早采购，提前锁定资源。管网互联互通方面，国家层面已经确定了 11 项重点工程，相关企业和地方要加强协同配合，确保重点工程以及与此配套的项目顺利推进，实现 2018 年供暖季“南气北送”的预期目标。

储的方面，天然气供应保障最核心的是保冬季高峰期供应，储气能力至为重要。国家发展改革委、国家能源局已出台《关于加快储气设施建设和完善储气调峰辅助服务市场机制的意见》，进一步明确了 2020 年

前，供气企业要形成年合同销量10%的储气能力，县级以上地方政府要形成不低于保障本区域日均3天需求量的储气能力，城镇燃气企业形成不低于其年用气量5%的储气能力，鼓励不可中断大用户自建自备储气能力和配套其他应急措施。我们还将印发通知，强调各地和有关企业要加强统筹规划、合理布局，鼓励地方与企业合作合资建设储气设施。企业要全力以赴，具备条件的储气设施项目年内都要开工。

销的方面，2018年我们大力推行供用气合同全覆盖，到4月底绝大多数省区市已与供气企业签订供用气合同，四个尚未完成签约的省份，上周我们进行了约谈，我们请第三方征信机构全程参与，督促合同执行到位。两个1亿立方米调峰能力已落实到终端用户并形成清单，将根据预案等级启动条件严格执行。此外，还要充分发挥价格、税收等调节作用，引导合理消费，促进资源的优化配置和高效节约使用，实现可持续发展。

另一方面要把产供储销体系建设理念推广应用到煤电油气整体供应保障工作中。供需关系是市场经济的一对基本关系。每种商品从最初生产到最终消费，都涉及生产、供应、储备、销售环节。煤电油气供应保障都可以从产供储销体系建设入手，破解难题，推进工作。当然，煤电油气各有特点，发展状况、存在问题各自不同，产供储销体系建设工作的着力点也要各有侧重。推进产供储销体系建设是系统工程，要顶层设计，统筹推进，既包括煤电油气各自领域产供储销的统筹推进，也包括煤电油气等能源品种在产供储销互补、替代等方面的统筹推进。

不断提高石油天然气，乃至整个煤电油气供应保障水平的任务艰巨繁重，责任特别重大。我们将深入学习贯彻习近平新时代中国特色社会主义思想和党的十九大精神，学习领会习近平总书记重要批示精神和李克强总理等中央领导同志指示要求，会同有关部门、企业和相关方面，加强研究谋划，狠抓落地见效，努力提升煤电油气供应保障水平，为推动高质量发展、建设现代化经济体系作出应有的贡献。

（2018年5月17日赵辰昕在5月经济运行态势分析会上的发言）

工业生产提速和结构调整深入推进
支撑经济运行稳中向好

为准确把握经济运行动态，近日，国家发展改革委召开有关部门、行业协会和企业座谈会，并赴江苏、安徽省实地调研，在此基础上进行了分析。总的看，经济运行保持稳中向好态势，结构调整不断深化，企业效益和运行质量继续提升，但投资下行压力仍然较大，生态环境短板较为突出。

一、工业生产增速回升，质量效益持续改善

2018 年 4 月份，经济运行基本平稳，工业生产增速回升，企业转型升级加快推进，发展新动能不断壮大。

（一）机械电子等行业支撑带动作用进一步增强

4 月份，规模以上工业企业增加值同比增长 7%，增速同比提高 0.5 个百分点，比上月提高 1 个百分点。分行业看，能源原材料行业继续呈恢复性增长且增速大幅提高，其中，煤炭、电力、石化、有色金属行业分别增长 2.1%、8.2%、4.6% 和 5%，增速同比分别提高 0.7、0.6、2.6 和 4.4 个百分点；钢铁行业增长 3.6%，上年同期为下降 0.6%。机械、电子行业继续发挥支撑性作用，机械行业增长 10.1%，增速同比提高 0.6 个百分点，比上月提高 1.8 个百分点，其中汽车行业增长 11.9%；电子行业增长 12.4%。下游行业增速有所回落，纺织、轻工行业分别增长

4. 1%和6. 3%，增速同比分别回落0. 5和2. 5个百分点。

（二）产业结构调整步伐加快

4月份，高技术产业增加值同比增长11. 8%，装备制造业同比增长10. 3%，增速比全部规模以上工业高4. 8和3. 3个百分点。投资结构继续优化，1—4月，高技术制造业投资增长7. 9%，比全部制造业投资高3. 1个百分点。高耗能制造业投资仅增长2. 8%，仍保持较低的增长速度。传统产业自身的内部结构调整深入推进。煤炭协会反映，目前从事原煤生产的规模以上企业2433家，比去产能政策实施前的2015年减少1229家，产业集中度大幅提高，智能化开采得到更好的推广；国家能源集团、苏晋能源公司相继成立，煤电一体化进程明显加快；煤制油、煤制烯烃、煤制气、煤制乙二醇产能迅速扩大，煤炭由单纯燃料向燃料与原料并重转变取得明显进展。建材联合会反映，建材加工制品业对建材行业增长的贡献度明显高于基础材料产业，行业“双引擎”驱动格局基本形成。

（三）发展新动能不断壮大

一大批新产品产量继续高速增长。4月份，新能源汽车、工业机器人、智能电视、集成电路产量分别增长82. 2%、35. 4%、26%和14. 3%，3D打印设备、石墨烯等也呈现两位数增长。新产业发展态势良好。江苏反映，苏州市新一代信息技术、生物医药、纳米技术应用、人工智能四大“先导产业”发展态势良好。安徽反映，2018年以来新兴产业成长壮大态势明显，战略性新兴产业产值增长19%，继续保持高速增长态势。新业态、新模式继续蓬勃发展。1—4月全国网上零售额同比增长32. 4%，占社会消费品零售总额的16. 4%，比重同比提高3. 5个百分点。创业创新日益活跃，4月份新登记企业在上年较快增长的基础上再创新高，日均新登记企业超过2万户。

（四）质量效益持续改善

一季度，规模以上工业企业利润同比增长 11.6%，在上年高增长的基础上继续保持两位数增长；盈利能力有所增强，主营业务收入利润率 6.18%，同比提高 0.11 个百分点；每百元主营业务收入中的成本费用为 92.61 元，同比下降 0.13 元；资产负债率为 56.4%，同比降低 0.8 个百分点。1—4 月，全国一般公共预算收入同比增长 12.9%，其中国内增值税增长 18.4%，消费税增长 24%，均保持较快增长。江苏反映，当前企业生产经营情况总体向好，去产能工作成效显著，市场基本出清，企业订单有所增加。安徽反映，随着供给侧结构性改革持续推进，能源原材料行业利润大幅增长，企业生产经营质量明显提升。

二、需要关注的突出矛盾和问题

虽然经济运行平稳向好，但在投资、出口、环保等方面仍存在突出矛盾和问题，需要高度重视。

（一）投资平稳增长的制约因素有所增加，下行压力较大

受国际贸易摩擦加剧、部分行业产能过剩严重、要素保障难度加大、资源环境约束趋严等多种因素影响，在基础设施投资增速下滑的同时，制造业领域中许多企业避险心理增强，投资意愿不足。1—4 月，全国固定资产投资同比增长 7%，增速比 1—3 月回落 0.5 个百分点，同比回落 1.9 个百分点。多数行业反映投资下行压力较大，机械联合会对百家机械工业重点企业调研结果显示，33% 的企业预计全年投资将有所下降，44% 的企业预计持平，仅有 23% 的企业计划增加投资。江苏反映，2018 年以来全省工业新开工项目数低速增长，项目总投资大幅下降，投资增速周期性放缓是下一阶段的基本趋势。安徽反映，2018 年以来项目开工数、施工量明显减少，全省新开工项目数下降超过 50%。

（二）工业发展面临的资源环境约束更加趋严趋紧

江苏反映，当前全省生态文明建设仍处于艰苦攻坚期，全省单位国土面积耗煤量是全国平均水平的6.5倍，单位国土面积主要污染物排放强度是全国平均水平的4~5倍，13个设区市空气质量总体处于中等偏下水平，水环境质量总体处于轻度污染，全省重点环境风险企业超过5000家，长江沿线分布着700多家化工企业、110多个化工码头，年过境危化品运输量超过2亿吨。2018年以来，随着沿江地区产业结构调整、苏北部分地区化工园区停产整顿的深入推进，部分产业特别是化工等高污染、高能耗产业发展受到一定影响，徐州市受"去煤减化"行动推进等影响，工业用电量逐月下降，4月份降幅高达15.5%。

（三）出口不确定性因素仍然较多

近年来，国际竞争日益激烈，特别是近期中美经贸摩擦有所加剧，给工业出口带来较大的不确定性。4月份，规模以上工业企业出口交货值同比增长4.2%，增速同比回落6.6个百分点；其中，机械、电子、纺织、轻工行业出口交货值分别增长4.4%、4.2%、0.2%和1.8%，增速同比分别回落6.3、9.9、5.5和3.9个百分点。江苏反映，随着人民币汇率不断走强，出口企业汇率风险不断增加，2018年以来企业汇兑损失较大，给出口企业利润带来较大影响。

（四）资金、用工等生产要素对实体经济发展带来制约

融资难融资贵问题更加凸显。江苏反映，受金融监管政策影响，2018年以来信贷规模趋紧，投放要求更加严格，利率上行态势明显，不少企业融资成本上浮20%左右，而且金融资源进一步向国企集中，民营企业特别是中小企业融资更为困难；此外，目前企业发债利率超过贷款利率，导致企业直接融资也受阻。安徽反映，2018年以来银行放贷尤其对小微企业放贷更加谨慎，中小企业融资成本呈不断提高趋势。用工结

构性矛盾更趋复杂，高技能岗位“有岗无人”和低端用工“有人无岗”现象并存，“用工难”问题在江苏省各地区不同程度存在，“用工贵”现象在安徽省日益突出。

三、下一步走势预判

（一）从有利因素看

供给侧结构性改革极大地改善了钢铁、煤炭、水泥、电解铝等行业的供求关系，结构调整和新旧动能转换进程不断加快，供给体系质量不断提高，给工业经济稳定增长打下了坚实的基础。同时，国内消费拓展和升级空间仍然广阔，需求保持平稳的基础仍比较稳固，企业对发展前景的信心也较足。

（二）从不利因素看

投资一直处于较低水平，房地产对工业生产的拉动可能走弱，汽车、手机等前期拉动增长的重要工业品已进入成熟阶段，外需的不确定性也急剧上升。

多数行业协会认为下一步行业运行将保持平稳。电力联合会预计上半年全社会用电量增长略高于8%；铁路总公司预计上半年货运量增长6.9%；石化联合会预计上半年成品油表观消费量增长3.6%，其中柴油表现消费量增长2.5%，天然气表观消费量增长15%；机械联合会预计全年增加值增长7%左右；汽车协会预计全年汽车产销增速在3%左右；纺织联合会预计上半年增加值增长4%左右；轻工联合会预计全年增加值增长8%左右。

综合各方面情况判断，下一步工业生产仍将保持平稳增长，预计工业增加值增速将保持在6.5%～7%的合理区间。

四、相关政策建议

下一步，必须全面贯彻党的十九大和十九届二中、三中全会精神，以习近平新时代中国特色社会主义思想为指导，认真落实中央经济工作会议和政府工作报告各项部署，扎实开展工作，进一步提升产业发展层次和竞争力，不断提高经济发展质量。建议如下：

（一）加快中国标准与国际先进标准接轨，通过标准提高促进供给质量提升

一是支持企业参与国际标准制定，提升中国标准地位，提高在国际竞争中规则制定的话语权。采用国际和国外先进标准组织生产，提升产品竞争力，促进中国制造质量提升。二是全面构建钢铁质量持续改进体系，全面提高和改进普通产品实物质量的稳定性、可靠性、耐久性和一致性。研究修改建筑用钢标准，将钢结构用钢标准由Q345提高到Q420，提高钢结构轻量化水平；将现在普遍使用的三级和四级螺纹钢提高到五级螺纹钢，减少钢材使用、促进节能减排。三是大力推进绿色、高效、先进的建筑施工工艺，以非开挖管道施工技术取代开挖施工，以隧道机械化掘进施工技术取代爆破施工；提高建筑节能标准，推广应用低辐射镀膜玻璃、真（中）空玻璃等新产品。

（二）加快补齐机械行业短板，夯实工业基础

一是加快实施重大短板装备专项工程，尽快落实相关政策。二是对于铸造、锻压、热处理等招工难、学科逐步萎缩的一些基础行业和领域，研究出台进一步降低企业税费负担的措施，以缓解企业成本压力。对于持续困难的农机、机床等行业，在一定时期内实施一定比例的增值税先征后返政策。三是改进现行招投标工作机制，将宝贵的市场订单变成培育和提升国内装备制造业的最好资源，进一步明确以国内产品替代进口、

行业创新领先产品在重大工程项目设备招投标方面给予倾斜加分。

（三）多措并举进一步降低企业成本，提升企业活力

一是进一步完善所得税法中对资源保护、节能节水、安全生产等专用设备按投资额10%抵免应纳税额的政策，研究进一步提高抵免比例，扩大抵免范围，不仅仅抵免投资额的10%，也允许抵免设备运行费用，激励企业使用；完善现行的节能环保不动产建设只能分两年抵扣进项税的政策，改为与会计准则相一致的一次性抵扣；允许企业将贷款利息作为进项税进行抵扣；进一步提高个人所得税起征点。二是统筹研究解决实施“超限治理”新规后汽车、家电企业物流成本大幅上升问题。三是研究推广合肥美菱招聘新疆籍员工经验，协调信息和资源，将组织贫困地区居民外出打工、精准扶贫等工作与解决东中部地区企业招工难问题结合起来。

（四）进一步优化节能环保政策，避免“一刀切”

一是在执行环保审批和整治政策时坚持有保有压、区分对待的原则，对先进生产能力项目、关键产业链项目实施排污总量减量置换、达标排放及时复产等政策，防止“误伤”先进优质产能，避免因简单关停破坏产业链的完整性，同时允许现有项目的环保升级改造。二是进一步发挥地方的积极性，综合考虑产业结构、资源禀赋、重大项目布局等因素，从节能降耗的责任、压力、潜力、能力等维度，科学合理地分解、考核能耗“双控”目标。三是将可再生能源发电量在地方能源消费总量指标中予以扣减，并完善相应的统计和考核体系。

（国家发展改革委经济运行调节局汇总整理）

机械、电子等重点行业较快增长
支撑工业生产增速回升

2018年4月份，全国规模以上工业增加值同比增长7.0%，增速比3月份提高1个百分点，出现明显回升。对江苏、安徽等地区调研情况也表明，工业生产和用电量指标匹配度高，呈现持续回升态势。综合分析认为，占工业比重较大的一些重点行业增速较高，以及出口拉动作用，是支撑工业生产增速回升的主要因素。

一是机械、电子等行业保持较快增长，产业结构调整加快。4月份，机械行业规模以上工业增加值同比增长10.1%，增速比上月提高1.8个百分点，拉动全部规模以上工业增加值增长2.32个百分点；电子、医药行业增加值同比分别增长12.4%和9.9%，合计拉动工业增加值增长1.26个百分点，是支撑工业增速回升的主要力量。机械工业中，通用设备制造业、专用设备制造业、汽车制造业同比分别增长9.7%、13.2%和11.9%，电气机械制造、仪器仪表制造均增长9.0%，呈现良好增长态势。在实现高增长的基础上，产业结构也继续优化。4月份高技术产业增加值同比增长11.8%，装备制造业增长10.3%，均明显高于全部规模以上工业增速。1—4月累计，高技术产业和装备制造业在全部规模以上工业中的占比分别为12.7%和32.5%，比上年同期分别提高0.5和0.2个百分点。

二是主导产品产量增速较高，工业领域产能利用率回升。4月份，在统计的220种主要工业产品中，有158种产量实现同比增长，增长面达到71.8%，比3月份提高14.5个百分点。其中，一些新兴产品产量快速增长，如新能源汽车产量增长82.2%，工业机器人增长35.4%，智能电视增长26%，环境污染防治设备增长23.6%，锂离子电池增长22.3%。与技术改造和投资相关的一些产品产量也增长强劲，如气体分离及液化设备产量增长57.5%，挖掘机增长35.8%，电动叉车增长25%，数控金属切削机床增长17.6%。2018年一季度，全国工业产能利用率为76.5%，比上年同期回升0.7个百分点，其中通用设备制造业、专用设备制造业、电气机械制造业产能利用率分别达到80%、79.7%和78.5%，比上年同期分别提高3.6、5.5和0.3个百分点。

三是出口有所回升，对工业带动作用较为明显。以美元计，4月份出口总值同比增长12.9%，扭转了3月份下降2.3%的局面；1—4月累计出口增长13.7%，增速比上年同期提高5.6个百分点。1—4月，机电产品出口额4411亿美元，同比增长16.2%，占出口总值的59.2%，占比较上年同期提高1.5个百分点。其中，汽车出口额增长25.8%，手持无线电话机增长21.1%，集成电路增长30.9%。从出口交货值来看，1—4月全部规模以上工业出口交货值同比增长6.4%，其中，与工业增加值增长较快行业相对应，通信设备制造业出口交货值增长14.4%，医药制造业增长11%，汽车制造业增长7.7%，电气机械制造业增长6.9%。调研中联宝电子等一些外向型企业也反映，由于未来国际市场不确定性可能继续加大，企业纷纷加快了目前在手出口订单的生产和交货速度，防止出现损失。

四是地区增速出现差异，结构调整较快的省份增长更为明显。从地区情况来看，一些省份积极推进工业结构调整和转型升级，支柱产业带动作用明显，工业增加值实现了较快增长。4月份，东部地区北京、上海、浙江规模以上工业增加值同比分别增长15.7%、12.6%和11.4%，增速比上月和上年同期均提高3个百分点以上。中部地区增长较为平稳，江西、安徽分别增长9.0%和8.4%。西部地区重点省份增长势头良好，云南、贵州、陕西、四川分别增长12%、9.7%、9.6%和8.2%。东北地区的辽宁增长11.5%，负增长的局面彻底改变，稳步增长态势已经确立；

但吉林下降2.2%，1—4月仅增长0.4%，分化态势明显。对江苏、安徽等省调研时也了解到，发展新动能不断壮大，科技创新能力持续增强，新一代信息技术、生物医药、纳米技术应用等产业发展态势良好，2018年以来3D打印设备、工业机器人、光纤等产品产量均实现30%以上增长。

同时，工业领域也存在一些值得关注的突出问题。一是部分行业投资增长后劲不足。1—4月，汽车制造业投资同比增长6.5%，比上年同期下滑2.3个百分点；通用设备制造业投资仅增长2%，医药制造业、有色金属冶炼和压延加工业投资分别下降10.3%和4.6%。机械联合会调查结果显示，仅23%的企业2018年计划投资额将较上年有所增加。二是调研中发现，部分地区在环保压力下，对一些企业先行停产，再核查甄别是否是先进生产能力、是否符合要求，对企业生产经营造成影响。三是出口持续快速增长难度较大。近期国际贸易保护主义有所抬头，中美经贸摩擦升级，加上人民币汇率弹性增大，出口面临的不确定因素增多。不少企业将下半年的出口订单赶在上半年生产交货，上半年出口基本可以保持高位增长，但下半年继续快速增长有一定困难。

（国家发展改革委经济运行调节局汇总整理）

专家视点：通过转型升级实现我国炼油工业均衡发展

从全球来看，目前中国石油消费量仅次于美国，原油加工能力也位居第二，炼油技术基本跨入先进行列，炼油行业为我国国民经济发展起到了重要的保障作用。2020 年前后，我国一批新建的炼油能力将集中释放，能力过剩的压力进一步加大。中国炼油工业存在“不平衡、不充分”问题，其中不平衡问题大于不充分问题，主要表现为产品与市场不匹配问题、质量和环保问题、市场监管问题等，这些问题需要通过转型升级和改革来解决。

一、转变发展理念，创新发展模式

针对中国炼油工业发展中的不平衡问题，解决问题首先要转变理念，突破传统思维，发展路径要从规模扩张转向提质增效，从投资拉动转向技术改造、结构调整，从粗放型转向集约型；创新发展模式，由“生产+销售”转向“研发+制造+服务”，从靠加工制造创造价值转向加工、技术、服务等合一的综合解决方案，把技术创新和服务作为增加价值的重要手段；借助数字革命，发现产业创效增长点，集成炼化企业各种信息系统，形成综合优化管理平台，应用云计算、大数据、物联网等数字化技术建设智能化炼油厂。支付方式多元化、产品智能化、服务定制化成为油品销售“乘风借势”的主要方向。未来将逐步形成以“油-车-人-卡”为核心的成品油服务生态圈。

二、解决好产能过剩与增量的矛盾

一方面，炼油行业要认真反思，充分总结钢铁、煤炭等行业的发展经验，充分认识到炼油产能过剩的严峻性，避免再次走入类似其他行业的去产能之路。另一方面，政府需要加强顶层设计，将炼油产业作为深化供给侧改革的一个方向，加大炼油产业的预警和调控机制，在简政放权的同时切实加强地方政府的监管和服务。

三、加快供给侧结构调整，实现产业升级

调结构、促升级的主要思路是实施大型化、集约化、基地化发展；遵循炼油内在规律，调整装置结构；适应市场需求变化，调整产品结构。对于炼化一体化企业，遵从“宜油则油、宜烯则烯、宜芳则芳”原则，注重向“小炼油大化工转型”，利用裂解柴油回炼或者加氢转化等技术，将柴油转化为化工原料，降低成品油收率，提高原油生产乙烯和PX等主要化工原料的强度。燃料型炼厂向化工转型，不同企业要注意差异化发展，避免产品同质化，尽量生产与目标市场相匹配、具有自身竞争力的产品。

四、抓住替代燃料市场发展的机遇

一是推进先进生物燃料研发与生产，包括纤维素乙醇降低成本等。二是推动建设天然气加气站、电动车充电站和充电/加油一体站，为汽车提供多元化能源。三是开发生产汽车复合化材料，满足汽车轻型化发展的需要。四是适度介入新能源汽车的电池材料生产领域，取得技术优势。五是降低氢气生产成本，开展氢能利用研究，建设加氢站等示范项目。

五、重视节能减排、绿色低碳发展

一是生产过程清洁化，建立清洁、节约型市场运营体系，推广应用清洁生产技术，不断优化原料、工艺、设备，加强过程管控，实现节能、降耗、减污。二是实现污染治理高效化、环境风险可控化。加快催化裂化再生烟气脱硫、加热炉烟气、工艺排气以及电站排气中二氧化硫、氮氧化物、二氧化碳等处理技术的创新和应用；按照新标准升级污水处理厂，对装置、油库、加油站的污水加以综合治理；以减量化、无害化为原则，确保废弃物合规处理，推进污染土壤修复和生态恢复工作。三是实施绿色发展计划，优化炼油产能布局，探索区域优化能力和转型发展，努力实现大型化、一体化、园区化的集中发展、集中治理。

（根据中国石油化工集团公司经济技术研究院柯晓明在2018年5月经济运行态势分析会上的发言整理）

专家视点：天然气市场发展潜力与方向

综合分析我国天然气市场发展的外部环境，在经济增速有所放缓的情况下，“煤改气”的实施力度将会持续、油气价格有助于市场需求释放、天然气政策中发展方向明确，天然气市场具备爆发式增长的可持续性条件。然而受到市场本身因素以及资源、设施的限制，未来我国天然气市场需求增量难以超越2017年，但仍会保持快速增长的趋势。

一、天然气市场发展预测

（一）2020年前我国天然气市场将持续快速增长

采用消费系数法等研究方法对我国天然气市场需求量进行预测：预计2020年我国天然气市场需求量将达3093亿立方米，占能源消费总量比例为8.6%，2017—2020年年均增长253亿立方米，年均增长率为10.2%；预计到2025年我国天然气市场需求量达3962亿立方米，占能源消费总量的比例达到10%，2020—2025年年均增长174亿立方米，年均增长率为5.1%。

（二）工业燃料和发电是天然气市场发展的主要方向

预计到2020年，天然气在工业燃料中的需求量将达1100亿立方米，占天然气需求总量的比例达38%，占工业用能比例达5.5%；2025年天然气作为工业燃料的需求量将达1600亿立方米。预计到2020年天然气发电需求量将超过650亿立方米，占天然气需求总量的比例为22%，天然气发电装机容量达1亿kW，2025年天然气发电需求将达900亿立方米。在城市燃料方面，天然气需求量将会保持稳定增长的趋势，需求增量主要来自采暖和车船用气；天然气化工需求量则会缓慢增长。

（三）环渤海等地区是未来天然气需求量增长的主要区域

预计在2025年之前，环渤海地区将维持全国天然气需求量最大的地位，其次为长三角地区和东南沿海地区。2025年之前环渤海地区也将是全国天然气市场需求量绝对增量最大的地区，其中2017—2020年绝对增量为178亿立方米，占全国总增量的22.8%；2020年之前我国天然气需求量还将向中南部地区有所转移，占比由2017年的11.2%增长到12.2%。

二、相关政策建议

2035年之前，作为化石能源向非化石能源转变的过渡能源，天然气消费量将在全球范围内呈现持续增长的趋势。由于我国天然气消费量占能源消费总量的比例远低于世界平均水平，因此天然气市场需求量的发展潜力巨大。2017年受到多方因素的共同推动，我国天然气市场呈现爆发式增长，未来部分推动天然气市场增长的因素将会减弱。受资源和基础设施的制约，2020年前我国的天然气市场将难以维持每年300亿立方米的增长规模，但仍将保持快速增长的趋势。

为了保持我国天然气市场的发展态势，建议主要从3个方面着手：（1）千方百计扩大天然气供应规模，在认真做好国产非常规天然气资源开发的同时，积极落实进口天然气资源；（2）毫不松懈地建设基础设施，管道要超前建设，LNG接收站要加大力度建设，地下储气库等调峰设施要鼓励建设；（3）科学合理地理顺天然气价格，居民价格与非居民价格并轨首当其冲，发挥价格在平衡供需关系的杠杆作用，减少行政干涉。

（根据中国石油规划总院杨建红在2018年5月经济运行态势分析会上的发言整理）

The analyses and thoughts
on economic operation
situation and trend

陆月

适应经济新要求和人民新期待
加强交通物流运行调节工作

交通物流是支撑国民经济发展的基础性、战略性产业，在促进经济社会发展、服务和改善民生、提高经济运行的质量和效益等方面发挥着重要作用。一直以来，交通物流都是经济运行调节的重要内容。借此机会，我跟大家交流一下对交通物流运行和发展的几点认识和看法。

一、交通物流与经济社会发展相互促进、相得益彰

（一）我国交通物流发展取得举世瞩目的成就

党的十八大以来，我国交通运输事业谱写了举世瞩目的辉煌篇章。目前，高铁已覆盖65%的百万人口城市，占世界高铁总里程的60%以上，高速公路覆盖97%的20万人口城市及地级行政中心，民航服务覆盖88.5%的地市，99.2%的乡镇和98.3%的建制村通上了沥青路、水泥路。我国在高速铁路、高速公路、沿海港口、内河航道、城市轨道、邮政快递等六个方面的规模都位居世界第一。中国路、中国桥、中国港、中国机场、中国高铁已经成为精彩中国的新名片。

现代物流业是复合型产业，通过利用信息技术改造、整合传统产业而形成。近年来，现代物流业规模快速扩大，平台化、网络化、智慧化发展的特征日趋明显。一批综合实力强、引领行业发展的标杆型物流企业不断涌现，“中国物流企业50强”进入“门槛”已达到28.5亿元，比

5 年前增长 40%。网络“节点”加快布局，各类物流园区超过 1200 家，园区互联互通初步显现。“互联网+”、大数据技术与物流业深度融合，“智慧物流”成为时代潮流，现代供应链创新应用不断推进，物流业展现出新的生机和活力。

（二）交通物流支撑引领经济社会腾飞发展

改革开放 40 年来，我国交通物流总体上经历了从“瓶颈制约”到“初步缓解”，再到“基本适应”，直到现在“适应引领”经济社会发展的历程。

一是支撑经济社会发展。交通物流基础设施的巨大投资不仅显著提高运输保障能力和社会物流效率，而且带动汽车、船舶、旅游、电商等相关产业发展，成为经济社会发展的“助推器”。2016 年，交通运输仓储邮政业增加值占 GDP 的比重为 4.5%，对国民经济的贡献率由 2012 年的 3.5% 提高到 4.3%。**二是保障和改善民生。**随着客运能力和服务水平的显著提高，人民出行日益顺畅、便捷，出行满意度和幸福感逐年提升。习近平总书记提出的“四好农村路”、开好“慢火车”为农村地区带来了人气、财气。6 亿农民“出门硬化路、抬脚上客车”的梦想正在成为现实。**三是促进区域协调发展。**交通物流的发展为不同地区间人员、物资的流动提供了便利，密切了城市间的联系，推动形成重要的都市圈、城市群，有力促进了新型城镇化发展，成为推进东、中、西部区域协调发展的重要力量。目前，交通设施联通较好的京津冀、长三角、珠三角三大城市群，以 2.8% 的国土面积集聚了 18% 的人口，创造了 36% 的国内生产总值，成为带动我国经济快速增长和参与国际经济合作的主要平台。**四是支撑全面开放新格局。**习近平总书记提出“一带一路”倡议以来，沿线国家的交通物流基础设施互联互通进程明显加快。海上以重点港口为节点，陆路以中欧班列为主要载体，“六廊六路多国多港”大格局逐步成型，有力推动了不同国家、不同文明间的交流互鉴、共同繁荣。

（三）经济社会大发展反过来又促进了交通物流的跨越式发展

经济社会的快速发展带来了巨大的客货运输和物流需求，推动交通物流规模快速扩大。2017 年，全社会客运量达到 185 亿人次，比 1978 年增长 6.3 倍，其中铁路、民航客运量分别增长 2.8 倍和 238 倍。私家车出行大幅增加，高速公路小客车流量连续多年保持 10% 以上增速。全社会货运量达到 471 亿吨，比 1978 年增长 18.3 倍，其中铁路、水运和民航货运量分别增长 2.4 倍、14.4 倍和 109 倍。港口货物吞吐量和集装箱吞吐量连续十几年位居世界第一，全球港口吞吐量排名前 10 的港口中，我国占据 7 席。快递业务量连续多年保持两位数高速增长，2017 年已突破 400 亿件，成为新经济发展的助推器。全国社会物流总额达到 252 万亿元，比 5 年前增长 40% 以上。与此同时，智慧交通和智慧物流蓬勃发展，交通设施装备水平和行业科技水平显著提升。

二、强化交通物流运行调节，保障经济社会平稳运行

交通物流直接关系国计民生，须臾不可大意。运行局承担交通与物流的运行调节工作，多年来与交通运输、铁路、民航、公安、商务、海关等相关部门和研究机构、行业协会、重点企业建立了稳定的工作机制，强化统筹协调和协作配合，全力抓好“三项工作”，持续推进“两个重点”，较好地保障了经济社会的平稳运行。

（一）全力做好监测分析，夯实运行调节工作基础

交通物流运行态势是反映经济运行的“晴雨表”和“风向标”。做好交通物流监测分析，不仅可以把握行业发展动态，而且可以透过行业分析宏观经济运行的情况和趋势，提早发现一些苗头性、倾向性、潜在性问题。经过多年的工作实践，我们基本建立了监测分析的工作框架，并不断充实完善。对铁路运输坚持旬分析，及时掌握重点物资需求变化；

对国内主要港口和国际航运市场开展月监测，把握国内外贸易市场变化。针对公路货运统计难度大的问题，通过重点物流服务平台，利用大数据技术分析公路运输流量、流向的变化，为研判经济运行态势提供支持。2004 年，我们会同国家统计局和中国物流与采购联合会，建立了社会物流统计报表制度，以成本监测为核心分析物流运行情况，现在每个月都在中央电视台发布物流运行数据。此外，我们每个月还组织召开重点企业座谈会，了解运行中的“活情况”，及时发现存在的突出问题。

（二）全力做好春运组织，不断增强人民出行获得感

春运承载着亿万人民群众阖家团聚的美好愿望，是一项重要的民生工程。党中央、国务院高度重视春运工作，在中央经济工作会议和中办国办每年发的做好“两节”工作的通知中都提出明确要求。国家发展改革委每年都把春运作为开年的一件大事来抓，会同十几个部门，在春运前 2 个月就开始谋划部署，会商安排。在过去相当长一段时期，运力短缺，“一票难求”问题十分突出，春运的主要目标是保障人民“有车坐、走得了”，重点在运力挖潜、保障学生农民工等重点群体出行、需求错峰调节等方面下功夫。近年来，随着我国经济的持续发展和交通设施的日趋完善，运输总量矛盾逐渐缓解，春运工作的重心和手段随之不断调整，我们逐步把服务品质提升、运输方式衔接、道路安全保畅、文明出行引导摆在更加突出的位置，努力打造“平安春运”“便捷春运”“诚信春运”“温馨春运”，在保证旅客“走得了”的基础上更要让大家“走得好、走得满意”，不断增强人民群众的安全感、获得感和幸福感。

（三）全力做好重点物资运输保障，确保生产生活平稳有序

货物运输连着生产和消费，是保障生产要素稳定供应的重要环节。电煤运输、东北粮食和新疆棉花外运、农耕化肥调运、重点工业品和口岸物资运输等保障工作都直接关系国民经济的平稳运行，是运输综合调节工作的重点。特别是近几年，随着煤炭去产能工作的深入推进，煤炭

资源地与需求地的逆向分布更加明显，带动煤炭运输格局发生较大调整，保障任务更加繁重。此外，国家大力推进粮食收储制度改革，冬春时节东北粮食阶段性外运需求很大，又正好与煤炭运输碰头，导致东北地区一到冬季就出现时段性运输紧张。每年，我们都会联合运输部门针对重点物资供需形势变化，提前分品类制定运输总量平衡方案，坚持重点时段日监测、旬调度，及时协调“货物争嘴”、需求激增等突出问题和结构性矛盾，综合发挥多种运输方式的能力，确保满足正常的生产生活需要。

（四）持续推进物流降成本，提升实体经济运行效益

降低实体经济成本是供给侧结构性改革的重要任务，而降低物流成本是降低实体经济成本的重要内容。物流成本一般可以分为三个层面，一个是物流企业的运营成本，统称物流企业成本；一个是制造和商贸企业的物流成本，称为企业物流成本；还有一个是经济运行中的物流成本，一般称为社会物流成本。大家经常提到的社会物流总费用与 GDP 的比率实际上是衡量经济运行中的物流成本，这个不能与物流企业的运营成本相提并论。按照国务院领导的批示要求，我们牵头开展了物流成本大调研，对国内外的物流成本结构进行了比较分析，并参与起草了推动物流降本增效的政策措施。联合交通运输部大力推动多式联运发展，强化不同运输方式的衔接和合理分工，充分发挥综合运输效能，促进运输效率的提升和成本的降低。推动物流业与制造业的融合联动发展，着力引导制造企业强化物流成本核算，创新供应链管理，降低企业物流成本，助力实体经济振兴。

（五）持续推进信用建设，提升行业治理能力

信用是市场经济的“基石”。交通物流行业特别是公路物流行业，市场化程度高，市场“小、散、乱、差”等问题比较突出，违法失信行为多发，对信用建设的需求尤为迫切。在社会信用体系建设部际联席会议统一部署下，我们围绕“人的出行”和“物的流动”两个方面，大力推

动行业信用建设。在出行领域，会同有关部门出台了《关于加强交通出行领域信用建设的指导意见》，在春运等重点时段强化信用手段，优化出行环境。2018 年 5 月 1 日起，限制特定严重失信行为人乘坐火车、飞机的规定正式实施，6 月 1 日发布了限制名单，取得很好的社会反响；近期我们还将联合有关部门，开展交通出行领域严重失信问题的专项治理，对具有严重失信行为的主体提出警示，督促其作出守信承诺，集中解决存量失信问题。在物流领域，2017 年，国家发展改革委等 20 个部门共同签署了联合惩戒备忘录，指导行业协会成立骨干物流服务平台信用联盟，对严重失信的运输企业和个人，所有平台拒绝为其提供信息服务，初步形成了市场化的联合惩戒机制。后续，我们还将出台配套的行业“红黑名单”管理办法，建立常态化的联合奖惩机制，逐步形成“一处失信、处处受限”的信用环境，促进行业治理能力的现代化。

三、以交通物流的高质量发展提升经济运行的质量和效益

今后一个时期，我们将坚持以习近平新时代中国特色社会主义思想为指导，深入学习贯彻党的十九大和十九届二中、三中全会精神，紧紧围绕提升经济运行的质量和效益，以交通物流的高质量发展，促进产运需高效衔接，降低实体经济运行成本，满足人民日益增长的美好出行需要。

（一）以产运需衔接为主线进一步提高要素保障质量

进入新时代，我国经济增长速度、发展方式、产业结构和布局都发生很大变化，必将带动交通运输在需求规模、结构、流向上有重大调整。运输是连接生产和需求的纽带，直接影响着供需衔接的质量。新时期的生产要素保障，必须紧紧抓住产运需衔接这根主线，不断提高运输供给弹性、提高物流效率、降低物流成本，既要确保“保得住”，还要努力“保得好”。为此，要充分发挥不同运输方式的组合效率和比较优势，大

力发展多式联运，提高不同运输方式间的转换效率，使多式联运成为最有效率和效益的物流方式，成为市场的主动选择。这样既提高了要素保障质量，又优化了运输结构，也为打赢蓝天保卫战提供了支持，是一举多赢的重要工作。我们可以依托几个重要品类，针对各自的产运需特点，建设多式联运系统，提高要素保障的质量。重点推动解决一些“联不上”“联不好”的共性问题，为构建国家多式联运大系统扫除障碍。

（二）以运输物流降本为抓手进一步提高经济运行质量

近年来，我国社会物流成本大幅下降，物流总费用与GDP的比率从“十二五”时期的18%左右降低到2017年的14.6%，但14.6%仍然很高，2017年全社会物流总费用高达12万亿元，每降低一个百分点，都是千亿级的成本节约，过高的社会物流成本会直接影响经济运行的质量和效益。近几年国务院先后出台了一系列政策措施，持续推进交通物流领域的简政放权和减税降费，有效改善了营商环境，减轻了物流企业的运营成本。但降低物流企业“显性成本”的空间毕竟有限，需要我们站在经济运行的大视角上，探索交通物流降成本更多的路径。

我们调研中发现，煤炭、粮食等大宗物资运输规模大、单位附加值低，物流成本占比很高，存在巨大的降本空间。拿煤炭来说，2017年超过35亿吨的原煤产量，以每吨平均降低50元运输成本计算，一年就能节省1700多亿元的物流费用。下一步，我们要结合生产要素保障，系统性地研究优化大宗物资运输线路和物流组织方式的方案，降低产运需衔接的成本。今天几位专家演讲当中都讲到物流降成本的建议，对大家提出的宝贵建议，我们将充分吸收借鉴。

（三）以服务人民为中心进一步提高交通出行质量

党的十九大报告提出要坚持以人民为中心的发展思想。我理解，以人民为中心就是要把人民关心关注的问题作为工作的出发点和落脚点，让发展的成果更好地惠及人民，让人民更有获得感。

近几年，老百姓富了，私家车多了，但是路也越来越堵了。节假日道路拥堵已成为影响人民出行满意度的突出问题。有关机构监测显示，2018 年春运高峰时段，全国高速拥堵 10 公里以上的路段曾经一度超过 50 个，最大拥堵长度超过 50 公里。治理道路拥堵就是坚持以人民为中心的具体实践。近期，我们会同有关方面研究治堵的长效措施，加快推进高速公路不停车收费发展；利用大数据技术对路网状况作出预测预警，引导大众合理安排出行线路；探索通过发布道路拥堵情况推动地方加大治理工作力度，逐步减轻拥堵程度，提升人民的出行体验。

除了拥堵，春运中还存在其他一些难点问题，比如互联网“抢票”、农村道路安全等。这些是交通出行中的问题在春运这个特殊时段的集中体现，在春运 40 天内难以根本解决，必须在日常工作中研究解决办法，实现春运问题的“常态化解决”。与此同时，我们将会同有关部门认真总结春运工作中的一些好经验、好做法，将其推广应用到暑运、节假日运输组织等工作中，努力满足高峰时段的出行需要，提高人民的出行质量。

（2018 年 6 月 11 日赵辰昕在 6 月经济运行态势分析会上的发言）

实体经济生产稳定增长
多种因素造成需求有所放缓

2018年以来，我国工业生产保持较高增速，出口较快增长，结构调整和转型升级不断深入，企业经营质量和效益持续改善，实体经济运行总体稳定，但多种因素造成投资和消费增速有所放缓。

一、工业生产和效益平稳较快增长

（一）工业生产增速较快，中游行业支撑作用明显

1—5月，规模以上工业增加值同比增长6.9%，增速同比提高0.2个百分点，其中5月当月增长6.8%，同比提高0.3个百分点，保持了较高的增长水平。分行业看，1—5月上游能源原材料行业增势稳定，电力、石化、有色金属行业分别增长10.5%、4.9%和4.3%，增速同比分别提高2.4、1.8和3.3个百分点；钢铁、煤炭行业分别增长3.4%和2.8%，上年同期分别为下降2.7%和1.3%。钢材产量不断提高，5月份全国日产粗钢261.7万吨，创历史最高水平。机械、电子行业同比分别增长8.4%和12.8%，合计拉动工业增加值增长2.9个百分点，发挥了重要的支撑作用。

（二）实物量指标快速增长，制造业用电量增速较高

据中电联统计，1—5月全社会用电量同比增长9.8%，增速同比提高3.5个百分点，其中制造业用电量增长7.6%，提高0.4个百分点。制造业中，通

用设备制造业、专用设备制造业、汽车制造业、电气机械器材制造业、计算机通信和其他电子设备制造业用电量同比分别增长 10.7%、9.9%、19.1%、10.8%和 15.1%。全社会货运量 188.6 亿吨，同比增长 7.0%，其中铁路货运量增长 7.2%，公路增长 8.0%。5 月份物流业景气指数为 56.1%，较上月回升 1.5 个百分点；其中业务总量指数为 56.1%，新订单指数为 54.5%，库存周转率指数为 52%，较上月分别提高 1.5、1.6 和 0.6 个百分点，显示出物流市场供需活跃，仓储环节去库存明显，物流效率有所提升。

（三）出口保持较高增速，高技术产品出口增长明显

以美元计，1—5 月出口额同比增长 13.3%，增速同比提高 5.1 个百分点。受中美经贸摩擦影响，3 月份出口额同比下降 2.9%，但 4 月和 5 月均增长 12.6%，增速同比分别提高 4.6 和 3.9 个百分点，对于经济增长的拉动作用依然明显。其中，机电产品、高新技术产品出口分别增长 15.9%和 20.1%。从具体产品看，集成电路、汽车、手持无线电话机出口额同比分别增长 31.3%、24.1%和 20.2%，陶瓷制品、纺织品、塑料制品出口额增速也均在 10%以上。从国别看，对巴西、俄罗斯出口额同比分别增长 37.9%和 20.5%，对澳大利亚、美国、德国出口分别增长 16.4%、13.6%和 10.7%。

（四）企业利润较快增长，质量效益持续改善

1—5 月，规模以上工业企业利润同比增长 16.5%，在上年同期增长 22.7%的基础上继续保持两位数增长。其中，5 月份利润增长 21.4%，较 4 月放缓 0.8 个百分点。企业盈利能力有所增强，主营业务收入利润率为 6.36%，同比提高 0.31 个百分点；每百元主营业务收入中的成本费用为 92.59 元，同比下降 0.35 元；资产负债率为 56.6%，同比降低 0.6 个百分点；产成品存货周转天数为 16.6 天，同比减少 0.2 天；应收账款平均回收期为 45.5 天，同比持平。

（五）转型升级稳步推进，结构调整步伐加快

1—5月，高技术产业增加值同比增长12.0%，装备制造业同比增长9.3%，增速比全部规模以上工业高5.1和2.4个百分点。高技术制造业投资增长9.7%，比1—4月提高1.8个百分点，比全部制造业投资高4.5个百分点。1—5月，新能源汽车产量同比增长85.8%，起重机产量增长41.1%，工业机器人增长33.7%，电站汽轮机增长25.5%，智能电视增长23.2%，电子元件增长20.9%。机械联合会反映，国机集团等重机企业主动清理闲置设备，减员增效、优化资产；农机行业通过调整产品结构、加速形成产业集群等方式促进行业转型升级，取得明显成效。

二、一些矛盾和问题对经济运行的影响需妥善处理

（一）消费需求放缓趋势有所加剧

5月份，社会消费品零售总额同比增长8.5%，增速比上月回落0.9个百分点，同比回落2.2个百分点，已连续两个月放缓。由于7月1日起将降低进口关税，汽车类商品出现延期消费现象，5月当月零售额同比下降1%，而汽车类商品占限额以上单位商品零售额的30%左右，对整体消费增速的下拉作用明显。5月份规模以上工业企业产品销售率为97.8%，同比回落0.7个百分点，比上月回落1.1个百分点。相应的，与消费关系密切的轻工行业5月当月工业增加值增长4.4%，增速同比回落4个百分点；纺织业增加值同比下降1.5%，拖累整个纺织行业仅增长0.8%，增速同比回落4.7个百分点。

（二）基础设施投资增速明显放缓

1—5月，基础设施投资（含电力）同比增长4.9%，增速同比回落11.8个百分点。交通运输、仓储和邮政业投资同比增长7.5%，增速回

落7.6个百分点。其中，铁路运输业投资下降11.4%，水上运输业投资下降10%，装卸搬运和仓储业投资下降9.6%。据交通运输部反映，2018年以来普通国省道投资下降8%，西部地区农村公路投资也明显下降。由于上年同期多个特高压项目投资、新一轮农网改造升级项目加快推进造成同期基数较高，而当前在建项目减少，1—5月电力、热力生产和供应业投资下降17.7%。此外，由于地方政府债务约束收紧等因素，2018年以来，占全部固定资产投资十分之一左右的公共设施管理业投资仅增长8.6%，增速同比回落16.6个百分点。

（三）部分行业产能过剩问题仍较为严重

建材联合会反映，2017年水泥行业产能利用率只有64.9%，效益增长依赖于以“错峰生产”为基础的价格稳定。近期，由于下游需求不旺，部分地区企业不再遵守“错峰生产”，区域水泥价格“跳水式”下跌，产能过剩矛盾愈发突出。中石化反映，截至2017年年底，全国炼油一次加工能力约8.15亿吨，实际加工量5.68亿吨，产能利用率不足70%；地方政府推进大型炼化一体化项目规划建设的积极性较高，预计到2020年全国炼油能力将超过9亿吨。而随着新能源汽车逐渐普及和乙醇汽油的推广应用，未来炼油产能与成品油消费的不匹配会进一步扩大。钢铁协会反映，受钢价回升、企业效益好转驱动，“地条钢”等一些非法、落后产能冒头，对市场平稳运行造成恶劣影响。

（四）资金压力增大加重企业生产经营负担

2018年以来金融市场资金面有所趋紧，企业获取融资和资金周转难度增大。钢铁协会反映，虽然去产能取得极大成效，但金融机构仍将钢铁行业视为“两高一剩”行业，4月末会员钢铁企业贷款余额为12688亿元，其中长期借款同比下降1%，占比为28.2%；短期贷款下降3.1%，占比为71.8%，而利息支出同比增长了20.1%。有色金属协会反映，4月末规模以上有色金属企业应收账款同比增长13.3%，增幅比主营业务收入高1.8个百分点。调研时一些企业也反映，目前发债利率已经超过贷款利率，导致企业直接融资受阻，影响了资金周转和后续投资。

（五）能源原材料价格持续上涨导致行业利润分化明显

2018年以来国际油价大幅上涨，5月23日布伦特原油期货价格收于79.8美元/桶，为2014年11月以来最高值，比年初上涨19.8%，同比上涨47.4%。5月份国内工业生产者购进价格指数同比上涨4.3%，涨幅比上月提高0.6个百分点。一些中下游行业由于市场竞争激烈，难以提高产品价格，利润空间受到大幅挤压。2018年以来，机械、轻工行业利润同比分别增长3.9%和6.8%，电子、纺织行业利润分别下降5.3%和0.2%，均远低于全部规模以上工业企业利润增速。轻工联合会反映，1—4月塑料制品行业主营业务收入同比增长6.7%，而实现利润同比下降4.7%。船舶协会反映，由于钢材价格较快上涨，2018年1—5月份船舶行业80家重点监测企业利润总额同比下降66%。同时，国内成品油价格出现“五连涨”，公路、水路、民航等领域运输成本出现不同程度上升，多家大型航运企业和航空公司已陆续宣布加征燃油附加费，企业物流成本随之上升。

此外，5月份东部地区规模以上工业增加值同比增长6.2%，增速低于全国平均增速0.6个百分点，比上月回落0.3个百分点，同比回落2.2个百分点，反映出生产波动性问题值得关注。6月15日，美国政府发布了加征关税的商品清单，将对从中国进口的约500亿美元商品加征25%的关税；6月16日，国务院关税税则委员会决定对原产于美国的659项约500亿美元进口商品加征25%的关税。中美经贸摩擦将对我国经济运行和一些产业产生影响，尤其是对出口比重较高的东部地区一些企业形成重大影响，需密切关注、妥善应对。

三、相关对策建议

下一步，要抓住实体经济运行中存在的突出矛盾和问题，及时出台针对性措施，巩固经济稳中向好态势，具体建议如下。

（一）促进基础设施投资稳定增长

一是加强项目动态管理，进一步完善“五年规划、三年滚动、年度计划”体系，努力形成重大建设项目“竣工一批、启动一批、储备一批”的梯次结构。二是进一步加大天然气储气设施、沿海 LNG 接收站、清洁能源跨区通道、北煤南运通道、城市停车场、地下综合管廊等短板领域投资力度，围绕雄安新区、粤港澳大湾区等发展规划，谋划好全局性、战略性重大基础设施项目。三是继续深化投融资体制改革，推动支持基础设施项目融资的金融创新；统筹使用中央预算内投资、车辆购置税、水利发展资金等各类中央财政性建设资金，为基础设施项目提供资金保障。

（二）妥善应对中美经贸摩擦推动产业转型升级

一是加强自主研发能力建设，持续推进产业转型升级，进一步提高高新技术企业购入设备、器具允许当年费用化的上限和研发费用加计扣除比例。二是加大对冲击较大行业的帮扶，研究设立新材料推广应用政策性长期贷款专项，促进新材料产业化应用，鼓励国内企业采购国产机电产品、零部件等替代进口产品。三是研究对受冲击较大行业实施援企稳岗行动，如发放岗位补贴、阶段性降低社会保险费率等，实施大规模职业技能培训专项计划。四是利用好对美国相关进口产品征收关税的有利时机，大力发展我国农业、医疗器械等产业，增强国际竞争力。

（三）完善促进消费的体制机制

一是提高居民消费能力。加快推进提高个人所得税起征点等工作，研究将子女教育等方面的支出纳入个人所得税抵免范围；研究进一步增加居民财产性收入渠道。二是增加高品质产品和服务供给。大力实施增品种、提品质、创品牌战略，加强标准引领，通过完善和提升标准来提高供给质量。三是进一步提升文化体育消费水平。实施全民阅读计划，鼓励有条件的地区补贴居民文化消费；扩大文化类产品准入，减少消费禁区；加快推动公共体育场馆免费或低收费开放补贴政策向社会场馆和中小场馆延伸拓展。

（四）巩固好重点领域去产能成果

一是进一步加大监督检查和问责，严防“地条钢”死灰复燃，严禁借产能置换、批小建大名义新增产能。二是严格执行产能置换有关规定，特别是对于跨区域置换、原油违规产能利用产能置换取得市场准入资格等情形，进行更加严格的审核。三是强化多部门协同，实现排污许可、矿山整治、质量监督、标准提升等手段的统筹使用，对无效、落后、违规产能一追到底。

（五）着力解决实体经济企业融资难题

一是引导银行加强对企业各类数据的分析整合，将数据作为发现价格、评估风险、配置资源的重要平台，改变企业信贷管理中的信息不对称状况。二是深化银行贷款管理制度改革，适当下调企业信贷准入门槛；拓宽抵押物范围，积极开发应收账款融资等产品，探索创新“知识产权质押+保险公司担保”新产品和服务模式；引导银行实施更加灵活的贷款期限管理，增加3年或5年期限的小微企业贷款。三是完善政府支持的融资担保体系，重点发展一批政府出资为主、经营规范的融资担保机构；整合社会信息数据，建立中小企业综合信息服务平台。

（六）稳定上游能源原材料产品价格

一是统筹处理好去产能、环保督查与稳供应的关系，推动主要能源原材料供需动态平衡。二是加强舆论引导，科学分析工业品价格上涨的原因和走势，及时发布供求信息，有效引导社会预期。加强价格监督检查，重点打击恶意囤积、哄抬价格以及合谋涨价、串通涨价、操纵市场等违法违规行为。三是综合采取降低企业税费负担、降低用能和物流成本等措施，大力降低实体经济企业成本，减轻成本推升价格的压力。

（国家发展改革委经济运行调节局汇总整理）

国家发展改革委安排部署
2018 年全国能源迎峰度夏工作

为做好 2018 年能源迎峰度夏供应保障工作，国家发展改革委近期印发了《关于做好 2018 年迎峰度夏期间煤电油气运保障工作的通知》，6 月 22 日又召开全国电视电话会议，进一步部署了相关工作，各地区相关部门、交通运输部、应急管理部、国家能源局和煤电油气运有关协会、重点企业参加了会议。

2018 年前 5 个月，全社会用电量同比增长 9.75%，增速同比提高 3.4 个百分点。迎峰度夏期间，用电量将继续保持较高增速，初步预测全国用电负荷峰值将突破 10 亿千瓦，比上年峰值高出 7000 万千瓦以上，日最高发电量有可能超过 235 亿千瓦时，比上年峰值增长 11%。预计 2018 年迎峰度夏高峰时段将出现供应缺口，最大电力缺口 1500 万千瓦，主要发生在京津唐、河北南、山东、江苏、浙江、湖北、湖南、江西、广东等地，如果出现极端天气情况，缺口可能还会扩大到 2600 万千瓦。前 5 个月全国统调电厂日均电煤消耗 518 万吨，已接近上年 7 月夏季用煤高峰月日均消耗 533 万吨的水平。预计 2018 年 7 月下旬日最高消耗有可能达到 640 万吨左右，比上年增长 10%。据主要供气企业反映，迎峰度夏期间，天然气用气峰值预计将达到 6.2 亿立方米左右，已接近 2016 年冬季高峰用气量。综合分析，2018 年以来电力、煤炭、天然气等能源消费需求显著增加，迎峰度夏期间供需形势更趋复杂，存在增速高、峰值高、保障难度高、结构变化大和外部约束多等主要特点。

针对 2018 年迎峰度夏出现的复杂形势和快速增长的能源需求，国家发展改革委要求各地各有关方面全面贯彻党的十九大和十九届二中、三中全会精神，以习近平新时代中国特色社会主义思想为指导，认真落实中央经济工作会议和政府工作报告各项部署，以供给侧结构性改革为主线，把提高供给体系质量作为主攻方向，重点在“破”“立”“降”上下功夫，做到“先立后破”，全面做好迎峰度夏能源保供各项工作。

首先，做好“立”的工作。一是增产量。煤炭要在确保安全的前提下提高产能利用率、努力增加产量，2018 年有序释放 3 亿吨先进产能，根据市场需求新增煤炭产量。天然气要在挖潜增产的同时抓紧开工建设一批新产能，电力要千方百计增加高峰出力，做好应对全国高峰电力 10 亿千瓦、日最高发电量 235 亿千瓦时的准备。二是增长协（中长期合同）。煤炭要新增 2 亿～3 亿吨有运力保障的长协，增加运输方、社会征信机构参与的三方或四方长协，增加明确基准价、浮动价、区间价的“三价”长协。天然气供需双方要全部签订已落实 2635 亿立方米资源的合同，早签供暖季合同，实签有量、有价、有浮动机制的合同，点签相对独立的供暖季合同，以气定改，循序渐进推进“煤改气”。电力要从原有的计划转换为中长期合同，市场交易要签有量、有价、有调整机制、有可中断条款、有补偿机制的中长期合同。三是增储备。逐步形成 1 亿吨煤炭可调节储备和 1 亿吨产能储备，2018 年推动形成 160 亿立方米可动用的天然气储气设施能力和 300 亿立方米可中断用户的调峰储备能力，抓紧以合同方式确定 1 亿千瓦的调峰和应急备用发电机组。四是增调峰。在 330 个工作日核定产能范围内调节煤炭产量，建立完善煤炭可调节库存制度，科学调控煤炭进口，建立完善“有控有进”的动态调节机制。建立完善天然气 1 亿立方米/日的调峰用户清单，划分等级，必要时分级启动。分等级、分层次、精细化编制有序用电方案，尽快形成 1 亿～2 亿千瓦的可中断用电负荷。

其次，结合能源行业实际做好“降”的工作。一是减成本。采取切实措施引导煤炭价格回归并稳定在绿色区间，确保一般工商业电价平均降低 10% 的目标实现。二是减事故。始终把安全生产放在首位，认真加强安全隐患排查和挂牌督办，重大隐患要限期整改，确保能源设施处于良好运行状态。三是减排放。坚决落实打赢蓝天保卫战的有关要求，减少煤炭消费比重，推进煤炭清洁利用。因地制宜推进北方地区冬季清洁取暖，宜电则电、宜气则气、宜煤则煤、宜油则油，有序推进“煤改气”“煤改电”。加快实施煤电超低排放改造。四是减弃清。增发增供风、光、水、核等清洁电力，减少弃水弃风弃光，减少发电用气用煤需求。

最后，按照问题导向原则做好“破”的工作。一是破“僵尸企业”。继续做好筛查，制订处置时间表，通过兼并重组、依法破产等多种途径，统筹推动资产、债务处置和职工安置。二是破无效供给。按照严格要求和不搞“一刀切”的原则，有序引导煤矿逐步提升或淘汰退出，依法依规淘汰关停不符合要求的煤电机组，加快推进燃煤自备电厂规范治理。三是破违法违规。要按照追究责任、处理人员、办理手续、恢复生产“四个同步、四个到位”要求，对违法违规行为坚决严肃查处。四是破低效审批。推动深化“放管服”改革，对违法违规行为处理到位、具备相关条件的煤矿项目，加快办理手续。

（国家发展改革委经济运行调节局汇总整理）

专家视点：物流行业降本增效推动经济高质量发展

从降成本角度看，2017 年社会物流总费用与 GDP 比率为 14.6%，该比率每降低 1%，就相当于节约 8000 多亿元成本，也相当于增加了企业的利润。因此，保证经济高质量发展，必须把重点放在降本增效、调整结构上，不断缩小我国物流行业与发达国家之间的差距。

一、我国物流成本的现状与降本增效空间

2004 年，国家发展改革委、国家统计局、中国物流与采购联合会三家开始组织开展物流成本核算。从数据来看，1991 年以来，我国物流业降本增效取得显著成效，社会物流总费用与 GDP 的比率从 1991 年的 24% 降到 2017 年的 14.6%，2018 年一季度下降到 14.5%，社会物流总费用与 GDP 的比率在不断下降，呈现出经济运行向好的态势。

尽管我国社会物流总费用与 GDP 的比率在逐步下降，但相较国际发达国家来讲，仍处于较高水平。以 2015 年数据为例，我国社会物流总费用与 GDP 比率为 16%，高于发达国家水平 7 个百分点左右，高于新兴经济体 5 个百分点。

从物流成本内部构成来看，我国也有一定的不足。美国运输环节成本占总成本比重为 63.2%，我国为 53.9%；美国保管环节成本占总成本比重为 32.8%，我国为 33.1%；美国管理环节成本占总成本比重为 4%，我国为 13%。通过对比可以看出，美国的运输环节占比较大，体现出物

流的本质，货物在最大程度上是一直在移动的。当前，我国体现出的问题是管理环节成本占比过高，货物停滞的时间较长，整体物流运输系统还没有流畅运作起来。

从降成本角度看，2017 年社会物流总费用与 GDP 比率为 14.6%，国内生产总值为 82.71 万亿元人民币。折算下来，通过降低物流成本，物流成本占 GDP 的比率每降低 1%，就相当于节约 8000 多亿元成本，增加了企业的利润。从效率角度上看，假设企业有 1 亿元的流动资本，在我国只能做 2.5 次周转，按照 2.5 亿元的产值乘以 6% 的工业产品利润率，可以产生 1500 万元的利润，发达国家可以做到 9～10 次周转，按照 9 亿元的产值乘以 6% 的工业产品利润率，产生 5400 万元利润，企业效率差距也会导致利润差距加大。

二、落实高质量增长与降本增效政策的措施

（一）调整经济结构，优化产业布局

从国家层面，一是要大力发展服务业，提高第三产业比重。二是调整优化产业布局，统筹优化重大生产力布局，通过产业转移降低上下游产业之间的逆向分布程度。

（二）推进物流资源整合，加快供应链发展

从供应链的角度，单个企业降本增效幅度有限，但供应链整体的降本增效还有很大的空间。通过大力发展供应链，整合社会物流资源，促进多业联动和产业融合，加快资金周转效率，有效提高物流整体运行效率，降低物流成本。

（三）营造宽松发展环境，降低企业经营负担

从政府层面，要为企业创造一个宽松的发展环境，通过简政减税降

费措施，为物流企业“减负”，促进项目“落地”。企业普遍反映，审批手续过程中花费的成本要远大于税收成本。

（四）完善物流统计，把握物流发展规律

引导企业加强成本核算理念，推动作业成本法在企业中的应用，鼓励企业基于作业成本法开发一套企业物流成本核算体系，夯实物流成本核算的微观基础。

（根据中国物流信息中心何辉在2018年6月经济运行态势分析会上的发言整理）

专家视点：发挥多式联运对物流降本增效的重要作用

从运输方面解决多式联运发展滞后的问题，对物流降本增效有很大收益。目前，我国多式联运发展滞后突出表现在铁路作用尚未充分发挥。欧美公铁、公水联运实践表明，相比单一公路运输，多式联运运输可以有效提高运输效率约 30%，减少货损货差约 10%，降低运输成本约 20%，减少高速公路拥堵 50% 以上，促进节能减排 1/3 以上。

一、多式联运发展的障碍

（一）基础设施衔接不畅

我国基础设施衔接不畅的突出问题是港口区不支持铁路进港，如武汉铁水联运、上海海铁联运等。武汉的阳逻新港是内河最大集装箱港，距离武汉的铁路集装箱中心站 60 公里，每箱公路短驳需要花费 1000 多元；上海洋山港是全球最大集装箱码头，距离铁路集装箱中心站 40 多公里，每箱公路短驳费用 700 元左右。基础设施衔接不畅导致了运输成本增加，运输效率降低，造成了交通拥堵。

（二）枢纽场站数量少、功能弱

我国缺乏内陆多式联运枢纽，尤其是公铁联运枢纽。铁路集装箱中心站规划的 18 个已建成 12 个。联运功能区规模小，除去仓储部分，最大面积仅有1000亩。此外，还面临专业化、流程化、公路接驳设计考虑不足等问题。

（三）运输装备标准化不足

我国的货运车型有2万多种，集装化、厢式化程度低，平板车、栏板车、仓栅式半挂车占比达到80%，35~40米长的商品车运输车、17.5米低平板半挂车等非标车型车辆泛滥，影响了整体市场秩序和运输效率。

（四）信息资源互联共享不足

我国多式联运信息系统及平台建设严重滞后，数据交互共享不足是非常严重的问题。跨方式、跨部门（运输、港口、海关、检验检疫、口岸）、跨国境之间信息交互共享严重不足，海关多式联运监管中心建设尚未形成成熟的框架体系。

（五）法规制度严重缺失

我国缺乏规范多式联运经营的法律法规，没有出台过一条专门针对多式联运运输的法律法规。缺乏统一的多式联运规则，各种运输方式在票据单证、货类品名、特种货物界定、包装与装载、安全管理、货物交接、定价计费、保险理赔、责任识别等方面的规定不一致，很难做到一单到底、一票结算。多式联运领域标准规范体系亟待建立。

二、多式联运发展对策建议

（一）进一步提升多式联运的国家战略地位

建议进一步提升多式联运的国家战略地位，强化顶层设计。

（二）改善多式联运发展的政策环境

目前我国发展多式联运投资需求较大，需要切实的政策和资金支持。一是多式联运基础设施投资政策。二是多式联运装备标准化升级专项政策。

（三）加快多式联运枢纽场站及集疏运通道建设

一是加快港口疏港铁路和疏港公路项目建设。二是推动铁路货运枢纽外联高等级公路、大型综合物流园区引入铁路专用线项目建设。三是加快内陆多式联运枢纽（重点是公铁联运场站、无水港）建设。

（四）推进运输装备标准化升级改造

一是大力推广应用集装箱、厢式半挂车等标准化运载单元和标准货运车型车辆。二是研究发展大尺寸、大容量内陆集装箱。

（五）鼓励引导多式联运组织模式创新

一是大力发展集装化、厢式化多式联运，积极推进驮背运输、半挂车水陆滚装联运。二是加快发展铁路双层集装箱运输。三是鼓励探索发展集装箱箱管、半挂车车管、标准托盘等循环共用，及设备租赁共享服务。

（六）规范公路和铁路货运市场环境

一是严格公路超限超载运输治理。二是积极推进铁路货运市场化改革。三是逐步推动中欧班列市场化运营。

（七）推动建立健全多式联运法规制度

一是积极推进多式联运立法进程。二是积极构建多式联运技术标准体系。三是加快建立多式联运服务规则。

（根据中国外运长航集团有限公司谭小平在2018年6月经济运行态势分析会上的发言整理）

The analyses and thoughts

on economic operation

situation and trend

柒月

有效防范应对突发事件
保障经济安全平稳运行

重大突发事件是经济运行面临的现实威胁。各类突发事件不仅直接造成人民群众生命财产损失，也可能导致生产要素和公共服务突然中断或严重不足，影响和破坏正常生产生活秩序，对经济平稳运行造成冲击。应急工作是经济运行调节的重要内容之一，是保障经济运行安全稳定可持续必须高度重视和认真做好的重要工作。2003 年以来，“非典”、低温雨雪冰冻灾害、汶川地震、舟曲泥石流、甲型流感等历次重大突发事件的应对，运行局都第一时间参与其中；协调解决影响经济平稳运行的突出矛盾，保障煤电油气运供应的许多工作都属于应急管理的内容。这里结合工作实际，谈一谈认识和体会。

一、对防范应对突发事件保障经济平稳运行的几点认识

党的十九大报告强调，当前，国内外形势正在发生深刻复杂变化，我国发展仍处于重要战略机遇期，前景十分光明，挑战也十分严峻。习近平总书记指出，公共安全连着千家万户，确保公共安全事关人民群众生命财产安全，事关改革发展稳定大局。2018 年年初，习近平总书记提出“增强忧患意识、防范风险挑战要一以贯之”，要求各方面要高度重视防范应对风险挑战。为落实好习近平总书记的要求，保障公共安全，有效应对经济运行面临的挑战，必须高度重视防范和应对突发事件造成的风险。

（一）经济运行面临的突发事件种类和风险前所未有

具体表现为“三增”。**一是传统风险威胁增加。**随着工业化城镇化的发展，人口分布和相应的生产、生活更加集中，对公共基础设施和社会服务的依赖性大幅增加，自然灾害、事故灾难等传统突发事件影响面扩大、破坏链延长，对经济运行的威胁影响更加突出。**二是非传统风险不断增多。**现代社会非传统风险快速积累，许多突发事件的防范应对没有历史经验可以借鉴。比如，特高压输电网、长距离油气输送管网、大型水利工程等重大基础设施在经济社会发展中发挥巨大作用的同时，也带来了路径依赖、风险高度集中的新问题；比如，互联网、人工智能、生物技术的快速发展和广泛应用，在带来益处的同时也带来新的潜在风险。**三是外部风险影响增大。**我国已经深度融入全球化，经济、能源领域等受外部风险传导的影响激增，当前以美国特朗普政府为代表的反全球化思潮和贸易保护主义，加剧了世界经济发展的风险和不确定性；我国能源对外依存度不断攀升，客观上导致长期安全稳定供应的风险在加大。

（二）防范应对突发事件的难度前所未有

具体表现为“三难”。**一是突发事件种类多分布广，防范难。**我国是自然灾害最严重的国家之一，各类生产安全事故点多面广，交通、能源、通信等基础设施系统庞大且分布广泛，特别是有些危险源与人员密集区相互交叉，自然、人为甚至偶发因素都可能引起较大影响，“黑天鹅”事件不断出现，防范难度更大。**二是经济社会各种系统高度复杂，处置难。**自然、经济和社会之间的相互作用关系更为复杂，呈现出自然和人为风险、传统和非传统安全、既有和新生社会矛盾相互交织的特点。突发事件的关联性、衍生性、复合性不断增强，“蝴蝶效应”特征更加明显，风险识别、协同处置、事后恢复的难度明显高于以往。煤电油气运要素之间相互依赖、紧密交织，应对不当就可能造成风险快速传导。**三是经济平稳运行对安全的要求越来越高，保障难。**现代社会对能源、信息高度依赖，社会公众对公共资源供应的连续性、恢复的快速高效有很高的期望值。比如像北京、上海等大城市、特大城市，电力供应即使局部出现问题都有可能带来较大的经济损失和社会影响，如果长时间或大面积停电，则可能使经济社会失序，后果难以估量。

（三）有效处置突发事件具备的条件前所未有

我们也要增强自信，具体表现为“三有”。**一是有政治优势。**党的十八大以来，在以习近平同志为核心的党中央坚强领导下，我们成功应对重大挑战、抵御重大风险、克服重大阻力、解决重大矛盾，凸显了我国政治制度等方面的优势，增强了我们战胜困难的信心。**二是有综合国力。**改革开放四十年为我们积累了雄厚的物质基础，快速发展的技术为我们提供了更为先进的手段，突发事件应对所需要的很多资源比过去要充裕得多、丰富得多。**三是有经验积累。**近年来，我们成功应对了一系列突发事件，积累了宝贵的经验，向发达国家也学习借鉴到很多成熟经验，经济运行中应急管理的机制日渐成熟完善，对突发事件内在机理和演化规律的认识不断深化，预防处置突发事件的能力越来越强。

二、经济运行防范应对突发事件要处理好的几对关系

应急管理一般意义上分为预防准备、监测预警、应急处置、事后恢复四个阶段。在当前形势下，经济运行调节在每个阶段都面临着两难、多难的问题，工作中特别需要把握好以下四个关系。

（一）要处理好常态与非常态的关系，更加重视常态预防

长期以来，经济运行调节主要关注当期问题、解决当前矛盾。在非常态下，无论是重特大自然灾害的应对还是紧急条件下的能源要素保障，我国应急动员、资源调配的体制优势充分体现，基本能够做到快速、高效，取得实效。但从许多问题的形成原因看，既有自然灾害、短时期供

需失衡等直接原因，也有很多是长期矛盾积累的结果。因此，为最大程度消除风险或者把突发事件不利影响降到最小，还需要统筹谋划、远近结合。既要立足当前实际需要，聚焦最迫切的问题；更要着眼长远，重视并积极参与常态下的风险防控、规划布局、预警预测，做到防患于未然，常态防范与非常态应对紧密结合。我认为，常态下持之以恒的努力，会减少和降低非常态应对的概率；非常态应对经验教训的总结，会增强和提升常态化防范的能力和水平。

（二）要处理好安全与效率的关系，二者不能偏废

安全是底线，也是红线，安全是效率的前提。长远看，安全和效率的目标是一致的；但在一定条件下，安全与效率有时呈现的是负相关的关系。比如，我曾经在黑龙江的煤城鸡西工作，当时有的地方一旦发生煤矿安全事故，当地所有的煤矿都会全面停产整顿，此类问题直到今天仍有发生。从局部看，这种做法短时间是安全了，但是产能利用率就会大幅降低又会引发供应紧张，进而带来一系列后续的连锁反应和影响。再比如，有些地方在没有落实气源的情况下，“煤改气”盲目快速地推进，成为造成2017年天然气供需矛盾的原因之一。因此，绝对化的安全、绝对化的效率都是不可取的，都是非理性的思维。必须统筹兼顾，实现安全与效率的匹配，既不必片面追求安全，也不能为效率忽视安全。

（三）要处理好指导协调和落实责任的关系，实现“1+1>2”

无论是自然灾害还是其他突发事件，绝大多数的影响都是局部的，属地管理具有天然的优势，因此我们应急的体制是属地为主，抗灾救灾强调中央统筹指导、地方就近指挥，煤电油气运保障责任也在地方。工作中，要特别注意划清责任边界，既不能“大包大揽”，做干不了也干不好的事，让本应负责的主体产生依赖；也不能当“甩手掌柜”，单纯的压任务、要结果。我认为中央和地方要协同配合，要形成激发各方积极性的良性机制，充分了解一线的情况和基层反映的问题，及时完善政策，

做好协调支持，为落实主体责任创造条件。比如，芦山地震灾后恢复重建就实现了由此前中央直接安排部署向地方具体负责的转变，形成了一套与过去举国体制互为补充、互相完善的灾后恢复重建新机制，很好地提高了地方应对灾难的治理能力和发展能力，对我们后续许多工作都具有借鉴意义。

（四）要处理好全力以赴和科学应对的关系，尊重客观规律

对于突发事件的预防处置，社会各方很容易达成共识。但用力的集中、政策的叠加反而可能会造成新的问题。这样的事例也不少，比如灾害发生后各类救援力量集中进入造成交通堵塞等；比如事故发生后盲目施救也可能造成更大的伤亡。在处理经济领域的问题时，更要尊重市场规律，敬畏市场，打破政府行政命令的思维定式，要更多依靠市场化、法治化的办法化解风险、疏解矛盾，一定要注意和防范化解风险不当造成新的风险或更大的风险。

三、提高防范应对突发事件能力要把握的几个方面

习近平总书记指出，必须把防风险摆在突出位置，“图之于未萌，虑之于未有”，力争不出现重大风险，或在出现重大风险时扛得住、过得去。对经济运行调节工作来说，就是要切实增强忧患意识和责任意识，坚持底线思维，密切跟踪研判经济安全、产业安全、能源安全等各类风险隐患，及时发现苗头性倾向性潜在性问题，提出政策建议，完善各类预案，妥善处置应对各类突发事件。

（一）强化预防准备，着力提升基础能力

习近平总书记强调，以防为主、防抗救相结合。长远看，全社会风险防范和危机应对能力与经济社会发展的水平密切相关，实现长久安全需要重要基础设施更加坚韧、需要全社会风险意识普遍增强、需要产业

技术支撑有效有力、需要经济运行机制高效协调。因此，我们在日常运行调节工作中要更加注重提高煤炭供给体系的质量、注重推进天然气产供储销体系建设、注重完善电力运行调节机制，通过我们的努力，让煤、电、油、气、运都能够实现供需平稳，关键时候我们有预案能够顶得上；要更加注重应急体系规划编制实施，大力发展应急产业，增强应急管理基础能力；努力实现经济运行调节从以满足需求为主向供需双向调节转变，由事后被动处置向事前事中主动调节转变。

（二）强化规律研究，提高监测预警水平

预判风险所在是防范风险的前提，把握风险走向是谋求战略主动的关键。随着我国经济转向高质量发展阶段，一些传统的经济指标包括实物量指标所代表的内涵需要重新审视，需要在新的背景下进行分析，同时要加强大数据等技术手段的运用，积极发掘可能存在的关联关系，从而更好把握经济运行的内在规律，准确判断当前形势和发展趋势。同时，还要加强对风险传导规律的研究。比如夏季要测算高温天气对电力需求峰值的影响，冬季要测算持续寒潮对天然气需求的影响、对煤炭需求的影响等，要做到定量化分析。重大自然灾害发生后，要第一时间掌握周边煤电油气运重大基础设施的情况，评估其影响，强化预警能力。

（三）强化协同配合，增强危机应对能力

重大突发事件具有重大、紧迫、低概率等特征，强化协同配合、集中各方资源是有效应对的必然选择。有效应对突发事件是对调度、协调、利用各方资源能力的考验。刚才向大家介绍了国家应急资源信息服务系统，就是要在国家层面搭建一个多元化、多方参与的平台，建立“共建、共享、共用”的机制，整合分散化的资源信息，实现统筹协调和高效利用，我们希望通过向大家的介绍，引起各相关协会和有关方面的重视，大家积极参与其中，帮助我们吸引更多的资源在这个平台上运行。煤电油气运的保障更是如此，在当前能源对外依存度持续攀升的情况下，不

仅要健全完善国内机制，还要加强跨国的合作互助，充分利用国内国际两个市场、两种资源，保障能源安全。

（四）强化远近结合，科学做好事后恢复

在经济运行调节工作中，面临紧急情况，往往需要采取一些临时性措施，以求在较短的时间内缓解矛盾。事态缓解后，这些临时性措施需要重新进行评估，哪些可以转化为长效机制，哪些应该适时退出。这时，要把握好短期恢复与长远发展并重，既要总结经验形成长效机制，也要避免将短期行为长期化，影响市场在资源配置中发挥决定性作用。

改革开放四十年的历程告诉我们，越是经济发展的重要关口，越是要重视防范经济、社会、自然等方面潜在的重大风险，越是要强化应对各类突发事件的能力。我希望，在做好经济运行态势监测、分析的过程当中，我们都要增强危机意识、树立底线思维，针对各自领域存在的风险隐患和薄弱环节，明确目标，落实责任，增强防范应对突发事件的能力，为决胜全面建成小康社会、夺取新时代中国特色社会主义伟大胜利、实现中华民族伟大复兴的中国梦、实现人民对美好生活的向往贡献我们应有的力量。

（2018 年 7 月 13 日赵辰昕在 7 月经济运行态势分析会上的发言）

供给侧结构性改革成效显著
经济发展质量持续提升

供给侧结构性改革是习近平新时代中国特色社会主义经济思想的重要内容，是当前和今后一个时期经济发展和经济工作的主线。党的十九大报告中明确提出，必须坚持质量第一、效益优先，以供给侧结构性改革为主线，推动经济发展质量变革、效率变革、动力变革。习近平总书记在中央经济工作会议上强调，结构性矛盾的根源是要素资源配置扭曲，要彻底解决问题，根本途径是深化要素市场化配置改革，要重点在“破”“立”“降”上下功夫，把供给侧结构性改革推向深入。李克强总理在《政府工作报告》中对供给侧结构性改革各项重点工作做出了明确部署，并多次在国务院常务会议上对相关政策措施进行研究。在以习近平同志为核心的党中央坚强领导下，各地区、各部门着力深化要素市场化配置改革，扎实推进去产能、去库存、去杠杆、降成本、补短板等各项重点工作，推进中国制造向中国创造转变、中国速度向中国质量转变、制造大国向制造强国转变，取得了显著成效。

一、大力破除无效供给

随着供给侧结构性改革的不断深化，特别是去产能的深入推进和“僵尸企业”的出清，市场决定要素配置的机制逐渐形成，错配的资源得到释放。

（一）深入推进去产能，行业供求关系明显改善

2016年以来，累计压减粗钢产能1.2亿吨，退出煤炭产能5.8亿吨，淘汰停建缓建煤电产能6500万千瓦，2017年还取缔了1亿多吨“地条钢”产能。钢铁、煤炭、煤电等行业产能利用率明显提升，2018年一季度，煤炭、钢铁行业产能利用率分别达到71.2%和76.9%，同比提高5.8和3.2个百分点；1—5月火电设备平均利用小时达到1776小时，同比提高99小时。供求关系改善推动产品价格合理回升，从2015年年末至2018年6月末，钢材综合价格指数由56.37点回升至115.80点，秦皇岛港5500大卡市场煤价由370元/吨回升至670元/吨。企业效益明显向好，1—5月，在上年高基数的基础上，规模以上工业企业利润同比增长16.5%，其中煤炭、钢铁行业分别增长14.8%和89.8%。

（二）将处置“僵尸企业”作为重要抓手，认真做好分类处置

针对“僵尸企业”占用大量土地、资金等宝贵资源，造成要素配置扭曲，导致劣币驱逐良币的情况，有关方面不断加大处置力度。截至目前，各地已处置“僵尸企业”4652家，占12545家“僵尸企业”的37.1%；国务院国资委已处置中央企业下属“僵尸企业”和特困企业1228家，占2041家“僵尸企业”和特困企业的60%。“僵尸企业”出清能力进一步提高，目前清算与破产审判庭达到97个，比2016年增加49个，破产审判能力明显增强。依法破产结案数量大幅增加，2017年全年依法结案6257件，比上年增加2884件。

（三）积极稳妥去杠杆，推动金融更好地服务实体经济

市场化债转股稳步推进，截至目前，各类实施机构与109家企业签署市场化债转股框架协议，协议金额1.72万亿元；落地实施金额0.35万亿元，资金到位率20.2%，呈持续上升趋势。非金融企业部门杠杆率稳中趋降，国际清算银行数据显示，截至2017年年末非金融企业部门杠杆

率已连续6个季度环比下降。从工业领域看，5月末规模以上工业企业资产负债率为56.6%，比上年同期下降0.6个百分点；市场化债转股协议实施后一般可降低企业资产负债率4～15个百分点，已落地的云南锡业、宝武集团、中船重工等项目降低了企业财务负担，化解了资金链断裂的风险，提振了企业发展信心。

与此同时，房地产去库存稳步推进。截至2018年5月末，商品房待售面积5.64亿平方米，比2016年2月末下降1.75亿平方米。

二、大力培育新动能

破除无效供给为新动能发展创造了条件、留出了空间，近年来创新驱动持续推进，产业转型升级明显加快，一些基础设施等领域短板得到了补齐和加强。

（一）创新驱动发展势头不断增强，新动能不断发展壮大

新主体新成果不断涌现，1—5月全国新登记企业265万户，同比增长12.3%；发明专利申请量达到62万件，同比增长35%，授权量达到17.7万件。新产业增速加快，1—5月高技术制造业、装备制造业增加值同比分别增长12%和9.3%，分别比规模以上工业整体增速高5.1和2.4个百分点；战略性新兴服务业、高技术服务业营业收入均保持较高增速，大数据、云计算、人工智能、物联网、虚拟现实等新兴产业快速发展。适应消费和产品升级的新产品增长较快，1—5月新能源汽车、工业机器人、智能电视产量分别增长85.8%、33.7%和23.2%。新业态新模式蓬勃发展，1—5月网上零售额同比增长30%；完成快递业务量178.5亿件，增长28.3%。

（二）制造强国建设深入实施，产业转型升级成效明显

国家制造业创新体系建设加快推进，批复建设集成电路等7个国家

制造业创新中心。工业强基工程有序展开，制造业与互联网深度融合发展，智能制造持续实施。产业重组整合加快推进，企业集中度和现代化水平进一步提高，宝钢集团和武钢集团重组为宝武钢铁集团，沙钢兼并抚顺特钢和大连特钢，神华集团和国电集团重组为国家能源集团；截至2017年年末，煤炭企业参股、控股电厂权益装机容量3亿千瓦，占全国火电装机的27.1%，煤电一体化进程明显加快；从事原煤生产的规模以上企业由2015年的3662家减少到2433家，户均产量提高8万吨左右，现代化煤矿数量明显增多，智能化开采得到推广。

（三）突出重点补短板，各领域任务顺利推进

一批软硬短板同步加强，取得了积极成效。中央和省级专项扶贫资金逐年增长，2017年突破1400亿元，易地扶贫搬迁、产业扶贫、教育扶贫、健康扶贫重点工程全面启动。灾后水利薄弱环节建设加快，中小河流治理、小型病险水库除险加固等建设全面实施。截至目前，172项重大水利工程已开工建设124项，在建投资规模超过9700亿元。西成、渝桂等一批铁路重大项目建成运行。截至2017年年末，高速公路通车里程达到13.6万公里。中央预算内投资用于“三农”比重连续5年超过50%，年均总量超过2300亿元；高标准农田加快建设，其中2017年完成建设约0.8亿亩。

三、大力降低实体经济成本

降成本是提高企业竞争力、改善企业发展外部条件、增强经济潜在增长能力的重要抓手。2016年以来，国家两年累计降成本超过2万亿元，2018年又推出一大批新举措，推动降成本落地见效，1—5月规模以上工业企业每百元主营业务收入中的成本为84.49元，同比减少0.31元，呈持续下降态势。

（一）持续加大减税降费力度

落实和完善全面推开营改增政策，简并增值税税率，2016 年和 2017 年累计减税超过 1 万亿元；2018 年继续深化增值税改革，将制造业等行业增值税税率从 17% 降至 16%，将交通运输、建筑、基础电信服务等行业及农产品等货物的增值税税率从 11% 降至 10%，预计全年可减税 2400 亿元。推出一系列支持创业创新和小微企业发展的减税措施。取消新型墙体材料专项基金、地方水利建设基金、地方水库移民扶持基金，持续降低重大水利工程建设基金的征收标准，取消或停征一批行政事业性收费，放开具备竞争条件的涉企经营服务收费政府定价，降低部分项目收费标准，规范行业协会商会收费和其他经营服务性收费，加强价格监督检查和反垄断执法。

（二）有效降低企业融资、人工、用能、物流等生产要素成本

取消或暂停部分商业银行基础金融服务收费，引导银行降低市场调节价收费，合理扩大债券市场规模，降低融资成本。降低工程质量保证金预留比例上限，减少建筑业企业资金占用。延长阶段性降低企业职工基本养老保险单位缴费比例、失业保险、工伤保险费率以及企业住房公积金缴存比例等政策的期限，降低人工成本。推进输配电价改革，大力推进电力市场化交易，取消一批电价附加和基金，下调天然气输配价格，降低用能成本，2018 年将降低一般工商业电价 10%。取消政府还贷二级公路收费，开展高速公路分时段差异化收费试点，规范铁路、港口和航运领域经营服务性收费，推进多式联运发展，深化货运无车承运人试点，降低物流成本。

（三）着力降低制度性交易成本

行政审批事项大幅减少，非行政许可审批彻底终结，各部门设置的职业资格大幅削减。商事制度明显简化，工商登记由“先证后照”改为

“先照后证”，前置审批事项大幅压减；全面实施“多证合一”改革，扩大“证照分离”改革试点，企业创设成本大幅降低；统一社会信用代码制度改革基本完成。全面推行“双随机、一公开”监管，信用监管长效机制逐步形成。推行“互联网+政府服务”，推出“一窗受理、一站服务”等便民举措，取消、简化一大批不必要的证明和烦琐手续；开展优化税收营商环境试点，纳税和财税优惠的办理时间进一步压缩。

两年多的实践证明，供给侧结构性改革符合现阶段中国经济发展实际，能够有效解决经济运行中的很多现实难题，对实现经济稳中向好发挥了关键作用，是实现高质量发展的根本举措。国家发展改革委将继续全面贯彻党的十九大和十九届二中、三中全会精神，以习近平新时代中国特色社会主义思想为指导，认真落实党中央、国务院关于供给侧结构性改革的各项部署，加快推进建设现代化经济体系，扎实推进“三去一降一补”等各项重点任务，不断把供给侧结构性改革推向纵深。

（国家发展改革委经济运行调节局汇总整理）

2018年6月份工业生产增速有所回落需高度关注实体经济企业融资大幅下降等问题

2018年6月份工业生产总体平稳，工业增加值增速有所回落，一些重点行业仍保持较快增长，产业结构调整和优化升级持续推进。但企业融资大幅下降、贸易摩擦影响向中部传导等问题需要密切关注。

一、工业生产总体平稳，质量效益持续提升

（一）大部分工业行业增速较为平稳

6月份，规模以上工业增加值同比增长6%，增速比上月回落0.8个百分点。分行业看，电力行业同比增长9.4%，增速比上月回落3.1个百分点；烟草行业由上月同比增长12.6%转为下降1.2%，两个行业合计拉动全部工业增长的百分比较上月下滑0.59个百分点，是造成工业增速回落的主要原因。其他能源原材料行业增势较为稳定，煤炭、石化、钢铁、有色金属行业同比分别增长2.7%、5.0%、5.2%和3.8%。机械、电子行业仍发挥着重要的支撑作用，同比分别增长8.3%和10.9%，合计拉动全部工业增加值增长2.9个百分点。轻工、纺织行业同比分别增长5.0%和1.4%，增速较上月均提高0.6个百分点，增长态势平稳。

（二）技术水平和增长质量不断提高

6月份，高技术产业、装备制造业增加值同比分别增长9.9%和

8.3%，增速比全部规模以上工业高 3.9 和 2.3 个百分点。汽车制造业、专用设备制造业、医药制造业增加值同比分别增长 14%、11.5% 和 10.6%。1—6 月，高技术制造业投资同比增长 13.1%，对制造业投资增长的贡献率达到 30.9%。船舶协会反映，我国骨干船企在高技术、高附加值船舶领域取得良好成绩，先后承接了 9.6 万立方米超大型乙烷运输船、8.4 万立方米超大型液化气船、豪华客滚船等多个高技术船舶。有色金属协会反映，2018 年以来有色金属单位产品能耗稳步下降，铜冶炼、锌冶炼综合能耗同比分别减少 18.4 和 13.9 千克标准煤/吨，降幅分别达到 7.6% 和 1.7%。

（三）用电量、货运量等实物量指标较快增长

6 月份，全社会用电量同比增长 8%，增速同比提高 1.5 个百分点。其中工业用电量增长 6.6%，增速提高 1.2 个百分点。通用设备制造业、汽车制造业、计算机通信和其他电子设备制造业用电量分别增长 9.4%、25.9% 和 12.2%。6 月份，全社会货运量 43.5 亿吨，同比增长 6.3%。铁路大宗物资运输优势进一步发挥，完成货运量 3.3 亿吨，同比增长 10.1%，占全社会货运量的比重达到 7.6%，完成货物周转量占比达到 13.6%。6 月份制造业 PMI 为 51.5%，比上半年均值高 0.2 个百分点，总体保持扩张态势。其中生产指数和新订单指数分别为 53.6% 和 53.2%，比上半年均值高 0.6 和 0.4 个百分点；两者差值比上年同期收窄 0.9 个百分点，显示出订单驱动生产趋势更为明朗，供需增长态势均衡。

（四）工业企业利润保持快速增长

1—5 月，规模以上工业企业利润同比增长 16.5%，在上年同期增长 22.7% 的基础上继续保持两位数增长；其中 5 月当月利润增长 21.4%。企业盈利能力有所增强，主营业务收入利润率为 6.36%，同比提高 0.31 个百分点；每百元主营业务收入中的成本费用为 92.59 元，同比下降 0.35 元；资产负债率为 56.6%，同比降低 0.6 个百分点；产成品存货周

转天数为16.6天，同比减少0.2天；应收账款平均回收期为45.5天，同比持平。纺织联合会反映，1—5月规模以上纺织企业产成品周转率为18.5次/年，同比加快3.4%；总资产周转率为1.4次/年，与上年同期持平，企业经营效益和运行质量持续改善。

二、企业融资大幅下降等问题需要关注

虽然当前工业运行总体平稳，但融资大幅下降造成实体经济资金紧张、中美经贸摩擦负面影响开始向中部地区传导等问题仍需要密切关注。

（一）企业融资大幅减少，融资难度增加

上半年社会融资规模增量为9.1万亿元，比上年同期少2.03万亿元，其中6月份比上年同期少5902亿元。6月份非金融企业及机关团体新增贷款中，短期贷款比上年同期少154亿元，中长期贷款少1796亿元，票据融资增加4544亿元，企业获取融资难度增大，融资成本上升。温州民间借贷综合利率维持在16%左右。钢铁协会反映，5月末会员钢铁企业银行借款余额同比下降3.7%；1—5月会员企业财务费用同比增长9.6%，其中利息支出增长21%。机械联合会反映，1—5月机械企业财务费用同比增长10.1%，其中利息支出增长15.5%；应收账款同比增长11.3%，对企业流动资金的压力明显增大。

（二）贸易摩擦的不利影响开始由东部向中部地区传导

4月4日，美国政府宣布将对我国出口的500亿美元商品加征25%关税。受此影响，东部沿海地区一些出口占比较大的行业企业加紧组织生产，争取提前交货以规避损失。随着前期订单完成、后期订单减少，6月份东部地区工业增加值同比增长4.1%，增速比上月回落2.1个百分点，比4月份回落4.3个百分点。其中，广东省工业增加值增速从4月份的8.8%连续回落至6月份的2.7%，江苏省从6.8%回落至1.8%，浙江省

从 11.4% 回落至 6.5%，上海市从 12.6% 回落至 2.1%。6 月份中部地区工业增加值增速也比上月回落了 0.5 个百分点，其中湖南省因与广东省产业关系密切，工业增加值增速比上月回落了 3.1 个百分点，贸易摩擦的不利影响呈现出由东部向中部地区传导的趋势。

（三）行业需求减少与投资下滑的关联度极高

2018 年以来，一些行业需求减少与投资增速下滑互为因果，影响相互叠加。1—6 月电力、热力生产和供应业投资下降 17.3%，铁路运输业投资下降 10.3%，普通国省道投资同比下降 13.2%。机械联合会反映，2018 年以来发电设备、农机等行业市场需求减少，变压器、换流阀等输变电产品价格下降幅度达到 30% ~50%。同时，由于主机企业订单减少，部分配套、协作企业被迫停产转产，产业链断裂，主机配套件的生产供应、质量保障等能力下降甚至缺失；高端产品缺乏市场支持，企业为规避风险而减少研发投入和改造投资，造成自主创新能力不强、产业短板难以补齐。建材联合会也反映，市场需求不足对行业的影响在不断扩大，1—6 月全国水泥、平板玻璃产量同比分别下降 0.6% 和 0.9%，行业产能过剩的矛盾更加突出。

（四）去产能企业资产、债务处置难度大

煤炭协会反映，去产能企业资产处置办法刚刚出台，企业的大量低效、无效资产在处置过程中面临多种复杂问题，处置难度大。去产能企业普遍负债多，且多为统借统贷、集团担保，若直接转嫁到集团公司将导致集团资产负债率明显上升，加大企业融资难度。一些股份制煤矿因股权多元、债务构成复杂，处理难度较大。近期有关部门出台的金融机构债务处置办法，煤炭企业普遍反映弄不懂，落实起来难度大。

三、相关政策建议

下一步，要认真落实党中央和国务院决策部署，围绕稳就业、稳金融、稳投资、稳外贸、稳外资、稳预期，统筹协调开展工作，出台针对性措施解决制约工业平稳增长的矛盾和问题，保持实体经济运行平稳，对就业形成稳定支撑。具体建议如下。

（一）采取针对性措施缓解工业企业资金紧张

一是适时进一步定向下调存款准备金率，向工业企业特别是中小企业释放信号、提振信心。二是引导金融机构加大信贷投放力度，对已批准的贷款尽快放贷；允许一定程度的续贷行为，改善工业企业流动性；下调再贷款利率，引导银行下调对工业企业贷款利率上浮幅度。三是多措并举拓宽银行补充资本金的途径，加快发行优先股、二级资本债等资本补充工具、提升信贷投放能力。

（二）促进民间投资和制造业投资稳定增长

一是进一步加大减税力度，研究进一步降低制造业增值税税率；进一步提高高新技术企业购入设备、器具允许当年费用化的上限和研发费用加计扣除比例，降低企业研发成本。二是对企业进行技术升级、环保改造等符合国家要求和产业发展方向的投资，加大信贷支持力度，通过差别化授信等方式支持优质企业资金需求。三是完善政策环境提振投资信心。科学制定环保标准，坚持有保有压、区分对待的原则，避免“一刀切”关停；保障民间投资和制造业投资用地需求。

（三）对受贸易摩擦冲击较为严重的行业加大支持力度

一是密切跟踪对美出口重点行业和大户企业情况，及时了解运行情况，并吸纳部分重点企业参与应对政策研究。二是针对重点行业出台支持政策，研究取消所有进口机电设备关税减免政策，鼓励国内企业采购国产机电产品和零部件；适当加大高品质棉花进口，保障国内棉花供给；通过政策性银行支持帮助企业开拓“一带一路”沿线和非洲等地市场；研究设立新材料推广应用政策性长期贷款。三是研究对受冲击较大行业实施援企稳岗行动，通过发放岗位补贴、引导企业与劳动者集体协商等措施，稳定企业用工，通过政府购买服务等多种形式开展职业技能培训。

（四）做好去产能资产债务处置工作

一是区别对待、分类处置，严格按照市场化、法治化原则处置去产能企业债务，有效发挥债权人委员会作用，通过债权银行和借款企业平等协商的方式，减免去产能企业债务本金和利息。二是支持债权银行打包转让不良资产，提高资产处置效率。三是落实好债务处置损失“尽职免责”，打消相关工作人员思想顾虑；同时积极稳妥推进资产债务处置的损失核销，及时化解金融风险。

（国家发展改革委经济运行调节局汇总整理）

专家视点：对加强新时代应急管理工作的建议

当代社会极其复杂，财富高度集中，人口密度大，风险传播快，人抗风险心理脆弱，从而风险耦合作用增强，应急处置不当极易造成重大损失、恶劣影响。针对应急管理存在的问题，面临的挑战，以及我国应急管理大势，做好当前工作并谋划好长远，必须贯彻落实总体国家安全观，按照《国务院机构改革方案的说明》做好应急管理工作。

一、新时代应急管理的特点

从安全风险本身看，突发事件的防灾、减灾、救灾与灾后恢复（以下简称“防减救恢”）及其风险的监测、评估、预报、消减（以下简称“测评报消”）模式出现了新规律，主要表现为：突发事件后果的灾难性、突发事件风险的快速传播性和突发事件的偶发突发性。而且，这样的特点越来越显著。

安全风险的新规律在安全生产方面的表现尤其明显。对2004年到2014年间的82次特别重大生产安全事故直接经济损失进行统计分析，结果表明，2004年特别重大生产安全事故的平均直接经济损失仅为35.1万元/人，到2014年就达到186.3万元/人。虽然在统计时间内特别重大生产安全事故直接经济损失按年有所波动，即便考虑这些年的价格因素，事故直接经济损失的增长趋势仍然十分明显。按照增长趋势进行回归分析，可预测到2020年，特别重大生产安全事故的平均直接经济损失为

647.5 万元/人。

从社会环境看，党中央、国务院高度重视应急管理工作，社会对突发事件的防灾、减灾和救灾工作有新期待，人民对突发事件的防灾、减灾和救灾的成效有新愿景，社会大环境中的突发事件及其风险呈现出新特点，即：突发事件风险的震荡放大效应增强、风险的交织耦合作用增强以及突发事件造成的邻避效应的危害作用增强。

因此，在当前乃至很长一段时间内，我国突发事件发生的风险仍处于较高水平。应急管理工作必须适应新时期新特点新规律，任务艰巨、责任重大。

二、对加强新时代应急管理工作的建议

（一）贯彻落实总体国家安全观

总体国家安全观是唯物辩证法在国家安全领域的生动实践，人民安全是国家安全的宗旨，人民的安全感、幸福感是检验国家安全的根本标准。从事应急管理工作必须贯彻落实总体国家安全观，坚持以人民为中心、生命至上的价值观，以史为鉴、保障长治久安的历史观，以人为本、人是决定因素的世界观，抓核心点、安全发展的辩证法，齐抓共管、全面落实责任的方法论。

（二）坚持正确的应急管理理念

理念是理想、信念、管理的综合，决定思考问题的角度和方式方法，理念决定思路，思路决定出路。应急管理工作者必须树立正确的应急管理理念。做好应急管理工作，在信念层面是必然的要求，在法律层面是必需的责任，在工作层面是必须的职责，在道德层面是对员工的义务，在公德层面是对社会的承诺。站在中华文化和传统的视角，做不好应急管理工作，发生突发事件、造成了重大损失和不良社会影响，造成对他

人伤害是不仁，给国家造成影响是不义，违反法规和制度是非礼，对自己家庭影响是失智，违背了自己承诺是背信。

（三）总结吸收国内外应急管理可借鉴的经验做法

欧美等工业化国家应急管理科技水平比我国高，全民应急管理意识比我国强，应急管理工作比我国细，一些应急管理的经验和做法值得我国学习和借鉴。比如，美国部门应急管理职责分工明确、重视专业队伍应急能力建设，俄罗斯重视国家应急管理体系的一体化建设，日本重视应急管理法律法规体系建设和全民安全教育等。

（四）扎实做好组建应急管理部后相关工作

一是制定国家应急管理发展规划，包括应急管理法律法规标准体系规划，应急管理信息化发展规划，应急管理科技创新发展规划，应急管理体系中长期发展规划等。二是规划建设国家应急管理专网，实现监测预警、风险感知、信息联动以及应急资源的天空、地面和地下空间的全覆盖，实现自然灾害、事故灾难、突发公共卫生事件、突发社会安全事件和其他突发事件的“防减救恢”一体化及其风险的“测评报消”一体化，实现应急资源的“用储备能”一体化，实现应急管理体系的行政、行业、民政、物信一体化。三是做精做细做准各部门转隶工作。

（根据中国安全科学研究院张兴凯在2018年7月经济运行态势分析会上的发言整理）

专家视点：构建智慧安全城市

中国城市正处于高速扩张阶段，随着城市建设规模的不断发展，人口、财富、产业聚集使城市面临各种公共安全挑战。通过建设智慧安全城市，借助先进的管理理念、公共安全科学技术、全方位的数据汇聚与挖掘能力，构建全方位、立体化的城市公共安全网和创新应用模式，将助力提升城市安全发展与安全管理的科学化水平，提升城市安全监管效能，强化城市安全保障能力。

一、城市公共安全的复杂性需要智慧的应对

城市的发展面临很多不可控的风险，怎样集中应对城市安全方面的一系列挑战，国际上普遍采用体系化的公共安全管理模式。世界多个重要城市，如伦敦、纽约、新加坡等均已构建各自的城市安全信息化体系。各国安全体系各有特点，如美国侧重城市基础设施安全，欧盟侧重信息基础设施优化和公共安全管理智能化，而日本则侧重环境、地质和重点人群安全及监测。

借鉴世界主要城市在构建城市安全信息化体系中的成功经验，并结合我国各地智慧城市建设的实际情况，我们提出智慧安全城市的概念。智慧城市的建设内容一般包括智慧政务、智慧民生、智慧治理、智慧产业等，其既可以作为智慧城市建设的一项主要任务同步开展，也可以单独进行规划、设计和建设。建设内容包括：智慧应急管理、智慧消防安全、智慧环境安全、智慧生产安全、智慧生命线工程安全、智慧人防、

智慧城管、智慧健康与卫生、智慧综治与维稳、重大活动保障等。

智慧安全城市的建设目标，是利用先进的管理理念、公共安全科学技术和信息化技术，构建城市公共安全管理和风险主动防控新模式；开展风险隐患的全方位物联网监测、评估与精细化治理，提高全方位的公共安全数据汇聚与挖掘能力、智能分析能力，用数字化、网络化、智能化的建设模式，打造全方位、立体化的城市公共安全网；形成良好的公共安全管理和服务运营模式，助力提升城市安全发展与安全管理的科学化水平，提升城市安全监管效能，强化城市安全保障能力。

二、智慧安全城市建设框架

根据智慧安全城市的建设内容，并借鉴我国智慧城市建设的技术框架，智慧安全城市的建设框架包括一个城市安全运行管理中心、城市安全大数据平台、城市安全公共服务平台和 N 项智慧安全应用。

城市安全运行管理中心。整合网络融合与安全中心、数据资源中心、运营管理中心、应急指挥中心、网格化城市管理中心等多个中心的职能，集应急值守、信息汇总、指挥调度、会商决策、安全态势分析等功能于一体。服务于政府领导、城市安全相关职能部门、相关城市公共服务企业（供水、供气、热力、电力、交通、通信、金融等）、社会组织或机构、社会公众等。

城市安全大数据平台。为智慧安全城市的各类智慧应用提供数据支撑。城市公共安全大数据来源于政府的不同部门，包括应急管理、公安、卫生、自然资源、水利、气象、环保、交通、城管、住建、政法、旅游、人防、民政、农业、市场监管等部门，及市政、能源、通信、金融等行业，跨部门跨行业特征明显。从数据的采集、管理、挖掘分析和应用等方面考虑，城市公共安全大数据包括：城市公共基础（市情）数据、部门业务数据、社情民意数据、物理环境数据、城市运行数据、人的行为（活动）数据、突发事件应急处置数据、公共安全知识数据、应急预案与典型案例数据等。

城市安全公共服务平台。为智慧安全城市的各类智慧应用提供统一的应用服务支撑。主要包括城市运行规律分析服务、安全态势分析服务、综合风险分析服务、安全运行监测预测预警分析服务、趋势影响分析服务、决策建议分析服务等。

城市安全专项智慧应用。依托城市安全运行管理中心、城市安全大数据平台和城市安全公共服务平台的支撑，建设城市安全专项智慧应用。主要包括：应急管理、消防安全、环境安全、生产安全、生命线工程安全、人防、城管、公共健康与卫生、综治与维稳、重大活动保障等。各地可结合城市自身的发展现状和公共安全面临的主要威胁，分轻重缓急，逐步开展各专项应用的建设。

（根据清华大学公共安全研究院黄全义在2018年7月经济运行态势分析会上的发言整理）

专家视点：对应急产业发展的探索与建议

应急产业是为突发事件预防与应急准备、监测与预警、处置与救援提供专用产品和服务的产业，具有覆盖面广、跨度大、产业链长、上下游带动性强等特点。随着人民生活水平的提高，以及一系列支持应急产业发展政策措施的出台，发展应急产业、提高公共安全管理水平已成为广大人民群众和政府的共同诉求。

一、应急产业发展现状及存在问题

（一）应急产业发展现状

一是我国应急产业呈现集聚效应。在地域分布上，主要集中在京津冀、长三角、珠三角等经济发达地区以及包括重庆、四川、云南、贵州等自然灾害严重的西南地区、西北地区，呈现出以环首都经济圈、长江三角洲、珠江三角洲等为中心，由沿海到内陆、从东向西、由多到少、由强到弱、呈扇形分布的规律。

二是涌现出了一批应急重点企业。近年来，随着我国应急产业发展力量不断壮大，涌现出一批技术水平高、服务能力强、拥有自主知识产权和品牌优势、具有国际竞争力的大型企业集团，如新兴际华、航天科工等一批实力雄厚的综合性中央企业集团，在全国处于行业领先地位，发挥引领作用。在预防准备、监测预警、救援处置等领域，也涌现出了一批专项特色突出、市场占有率高的企业，如贵州詹阳动力、湖北华舟重工等。

三是应急科技创新条件日益完善。截至 2016 年，我国国家重点实验室约 470 个，其中公共安全与应急领域国家重点实验室共有 25 个，包括建筑安全与环境、煤矿安全技术、能源工程安全与灾害等领域。截至 2014 年年底，我国已有国家工程研究中心 346 个，其中，公共安全与应急领域相关的有 14 个，主要包括国家信息安全、压力容器与管道安全、大坝安全、救灾应急装备、应急交通运输装备、消防等领域。

（二）存在问题及不足

一是体系不健全。应对突发事件的核心产品尚不明确，应急产业布局尚不清晰，大中小微企业协同发展格局还需要进一步形成。二是市场不成熟。企业对政府需求不清楚，政府对优势技术和产品了解不深；各主管部门、各级政府间缺乏共享，企业间缺乏合作。三是自主创新能力不强。应急产业科技资源分散，企业技术创新动力不足，核心装备技术研发支撑条件不够，技术创新成果产业化和市场化的渠道不畅通。四是应急服务跟不上。我国应急产业仍以应急产品的生产制造和销售为主，尚未拓展到服务领域，应急培训演练、教育及社会化救援等比较缺失。五是标准体系缺失。产品的标准化、试验和检测体系及企业的资质评价认证体系缺失，相关应急产品和服务难以兼容，影响产业健康发展。六是产业配套政策滞后。政府采购和服务购买政策没有落地，国家和地方的储备机制没有建立，鼓励产业投入机制尚没有实施，对于引导产业健康发展的力度不够。

二、新兴际华集团的探索与实践

一是整合内部资源，发展应急产业。新兴际华集团将应急产业作为集团主业，牵头成立应急领域唯一国家技术创新联盟，筹建应急研究总院，成立应急产业有限公司。二是打造新兴际华“安全谷”，建立应急产业示范园。将“安全谷”打造成综合性实战化应急培训演练基地、应急产业国家科技创新高地、国家级应急物资综合保障平台、国家级应急产品展示中心、国家级应急双创孵化平台。三是汇聚高端资源，培育应急产业。推动中国专业应急志愿者体系建设，建立中国应急产业标准体系，建设应战应急一体化的军民融合储备基地。

三、对加快应急产业发展的建议

一是健全应急产业管理体系，完善应急行业法规政策，为促进应急科技发展提供体系支撑。二是推广应急产业标准规范，加快标准化体系建设进程，助推应急产业科技创新。三是加大财政支持力度，完善应急产业金融服务，为科技创新提供有力的资金保障。四是推动应急产业科技协同创新，促进产学研深度合作，发挥科技创新在应急产业发展中的核心与引领作用。五是加强人才队伍建设，提高应急产业科技支撑力量，全方面推进应急产业发展。六是加强国际合作，促进应急产业国际化发展，加速我国应急产业科技创新。

（根据新兴际华集团徐建华在2018年7月经济运行态势分析会上的发言整理）

The analyses and thoughts
on economic operation
situation and trend

捌月

持之以恒高质量
做好经济运行态势分析

跟踪分析、准确研判经济运行态势，是履行宏观调控职能、做好经济运行调节工作的前提和基础。当前，我国经济已由高速增长阶段转向高质量发展阶段，正处于转变发展方式、优化经济结构、转换增长动力的攻坚期。要做到在国际国内纷繁复杂的形势中拨云见日，保持经济平稳健康运行，推动实现高质量发展，迫切需要提升科学分析研判经济运行态势的能力。这里，围绕持之以恒高质量做好经济运行态势分析，谈几方面看法。

一、做好经济运行态势分析要持之以恒、集腋成裘

（一）持之以恒做好态势分析，才能科学认识规律、把握规律、运用规律

我们党之所以能够领导和推动我国经济建设不断取得新进展新成就，一个重要的原因就在于对社会主义市场经济规律不断加深认识、准确进行把握和自觉加以运用。经济规律是客观存在的，但对经济规律的认识、把握和运用，则来自实践和对实践经验的不断总结完善。做好态势分析，就是要通过持续性地跟踪、总结和研判，不断加深对经济规律的认识，提升对经济规律把握的能力和运用的水平。经济规律具有社会性，它产生的基础是一定的经济条件，有些条件消失了，相应的规律也就失去了

作用，让位于新的经济条件下的经济规律。在经济日新月异、飞速发展的今天，持之以恒的态势分析尤显重要。比如在我国经济由高速增长阶段转向高质量发展阶段的进程中，新技术新模式新业态新产业不断涌现，经济条件在不断发生变化，只有持之以恒做好态势分析，才能不断认识、把握和运用新规律、指导新实践，促进经济健康平稳运行。

（二）持之以恒做好态势分析，才能正确发现问题、抓住症结、找准原因

当前，经济全球化与逆全球化相互激荡，经济转型升级期新旧动能相互激荡，供给侧结构性改革期各种结构性问题相互激荡，影响经济发展的各种周期相互激荡，经济运行面临的复杂性前所未有，矛盾风险的关联性前所未有，稍有不慎，就可能“风起于青蘋之末、浪成于微澜之间”。要保持经济平稳健康运行，一定要善于通过持之以恒的态势分析，及时发现问题、抓住症结、找准原因。既要通过跟踪观察，发现细微迹象，捕捉苗头性、倾向性、潜在性问题；也要通过比较、分析、甄别、确认，找到关键、抓住症结；更要通过追溯、推演、验证，找准原因。

（三）持之以恒做好态势分析，才能有效提出对策、快速反应、防范风险

只要我们积极作为，办法总比困难多。面对经济运行中各类风险和挑战，只要我们对问题发现得及时、对症结抓得准、对原因分析得透，就一定能找到有效应对之策。持之以恒的态势分析就是寻找对策的有效途径。一方面，要尊重实际、尊重规律，一切从实际出发，实事求是，这样提出的对策才能对准症结、有的放矢；另一方面，要始终保持对各类问题的敏锐性和警惕性，不放过任何细微迹象，随时针对即将暴露或已经暴露的问题快速反应，妥善防范，做好应对。

二、做好经济运行态势分析要取法乎上、精益求精

我想要重点把握好六个“度”。

（一）学懂弄通做实习近平新时代中国特色社会主义思想和党的十九大精神，提升态势分析的高度

做好经济运行态势分析，一定要上接天线、登高望远。其中最核心的一条就是要学懂弄通做实习近平新时代中国特色社会主义思想和党的十九大精神。只有这样，才能切实提高站位，真正加深对当前我国经济所处方位、面临形势、发展方向的正确把握，在观大势、谋大局、干实事中做到“不畏浮云遮望眼”；才能自觉从建设现代化经济体系、实现高质量发展等全局和战略角度来思考分析经济运行中存在的问题，研究提出解决问题、推动发展的对策建议，助力我国经济行稳致远。

（二）注重拓宽信息获取的方式和渠道，扩大态势分析的广度

宏观经济运行是一个非常复杂的系统，涉及方方面面，一般的统计数据、行业数据，往往难以反映全面。只有努力拓宽信息获取的方式和渠道，尽可能充分地获取信息，扩大态势分析的广度，才能做到下接地气、精准研判。一方面，要继续健全完善传统信息获取渠道，通过多种方式更加全面、精准地了解和掌握不同地区和行业有关运行情况，避免遗漏和片面；另一方面，要积极创新方式方法，探索利用物联网、云计算、移动互联网等新技术新手段，建立健全集数据采集挖掘、态势分析评价、信息预测预警等于一体的经济运行大数据平台，为分析研判运行态势提供可靠数据支撑。

（三）努力拓展观察分析问题的视角，增加态势分析的维度

研判经济运行态势，不能孤立地看、片面地看、静止地看，而是要

善于从多个维度，整体、全面、动态地观察分析、综合研判，具体到每个维度，又要科学、缜密地观察分析每一个变量。比如总量和结构的维度。既要看社会商品、劳务的总供给以及消费、投资、出口的总需求情况，看总供给和总需求是否平衡；也要考察经济内部各种结构关系，看结构是否优化。比如宏观和微观的维度。既要看经济增速、物价水平、就业规模、国际收支以及财政收支、货币供给、利率水平等宏观指标是否合理，把握经济运行的总体状况和基本趋势；也要看各种微观指标，管中窥豹、见微知著，及时发现运行中存在的问题。比如国内和国际的维度。随着我国经济深度融入世界经济，国内经济形势已成为国际国内各种因素相互影响、共同作用的结果。这就要求我们具有全球视野，把国内经济放在国际环境大背景、大趋势下去审视，要关注美欧日等主要经济体运行情况，关注他们宏观经济政策调整可能对我国带来的影响，关注世界产业和科技发展趋势，关注国际金融市场和大宗商品市场。当前中美经贸摩擦负面影响逐步显现，美欧日有可能签订零关税协定，需要更加关注相关动态及影响。既要立足国内观察自身运行态势，也要把国内经济放到国际大环境下去审视和把握。在中美经贸摩擦情况下，我们要密切关注、认真研判，既看挑战、也抓机遇，做到未雨绸缪、沉着应对；也要看到我国作为世界第二大经济体对全球经济产生的“外溢效应”，通过进一步扩大对外开放和共建“一带一路”，更好发挥在世界经济增长中的稳定器和动力源作用。比如纵向和横向的维度。要通过纵向的“瞻前顾后”，横向的“左顾右盼”，构建一个参照系，从而做出更加科学客观的判断。比如变和不变的维度。经济运行指标无时无刻不在发生变化，要善于从变化中及时发现问题。但经济运行内在的基本规律不会变，经济发展的基本趋势一旦形成短期内不会变，要在变化中看到这些不变的因素，在经济运行出现正常波动时保持战略定力、坚定发展信心。

（四）加强重点问题分析，拓展态势分析的深度

做好经济态势分析，不能只是蜻蜓点水简单罗列数字或现象，也不能遍撒胡椒面平均用力，要加强对重点问题的分析，强化态势分析的深度。一要深入调查研究，通过采取综合调研、解剖麻雀、蹲点调查等方式全面了解掌握情况，尽可能摸清吃透；二要善于发现问题，对各类信息去粗取精、去伪存真、由此及彼、由表及里，抓住“牛鼻子”，找准症结和原因；三要能够提出建议，要善于从影响经济运行全局的重点领域和关键环节，提出针对性对策建议，力求达到“一子落而满盘活”的效果。

（五）坚持定性与定量分析相结合，提高态势分析的精度

任何事物都是质和量的统一体，经济运行也不例外。定性分析主要是通过直觉、经验、推演，对经济运行的总体或某个经济现象的基本特征和态势作出判断。定量分析主要是通过数据分析、模型构建等方式，对初步的定性分析结果进行验证和量化。做好态势分析，一定要注重定性分析与定量分析的有机结合，从而使分析结果有理有据，务实管用。我们看到有启发的分析成果，往往是定性定量分析结合得好的成果。

（六）加强日常监测研判，提升态势分析的密度

经济运行态势瞬息万变，需要时刻跟踪、及时研判。多年来，我们坚持开展煤电油气运的日、旬、月监测，每月组织召开经济运行态势分析会，每季度根据全委安排开展经济形势调研，平时还根据要求开展各种专题调研，形成了相对完整的工作体系。

三、做好经济运行态势分析要善用成果、用之不竭

经济运行态势分析的目的在于成果运用。强化成果运用，既是对成

果的检验和校核，更能够通过运用激发研究分析的热情，提升分析研究的能力和水平，从而使源头活水不断，达到用之不竭的效果。强化成果运用，要注重发挥好几个作用。

（一）充分发挥好参谋助手的作用

我们做好经济运行态势分析的主要目的是向党中央、国务院准确反映经济运行情况及存在的问题，及时提出有效对策建议，切实发挥好参谋助手作用。在这个过程中，要以高度的责任担当和严实的工作作风，做到“不唯书、不唯上、只唯实”，从实际出发发现和反映问题，实事求是提出对策建议，真正为党中央和国务院提供可靠决策支撑。

（二）充分发挥好推动工作的作用

经济运行调节工作经常面临解决突发性和应急性问题，有时难免还存在一些“兵来将挡、水来土掩”“只抓当前应急、缺乏长效应对”的情况。通过切实做好经济运行态势分析并加强成果运用，能够让我们更加及时、敏锐和科学地发现和应对经济运行中存在的问题，更加自如地认识、把握和运用经济运行中存在的规律，更好促进工作水平提升。

（三）充分发挥好交流借鉴的作用

我们做经济运行态势分析的信息、数据主要来自地方、行业，形成的很多成果应该也有必要及时通过多种渠道反馈给地方和行业。这样既有助于大家了解宏观经济运行情况，能够从全局和宏观层面来分析研判本地区、本行业运行态势；也有助于上下游行业、相关地区间相互了解情况，加强信息共享，强化互学互鉴，达到“水涨船高、共同提升”的目的。

（四）充分发挥好预期管理的作用

宏观调控离不开预期管理，预期稳，市场才能稳，大局才能稳。特别在当前世界经济复杂多变、中美经贸摩擦的背景下，更要强化预期引导，及时、有针对性地将一些态势分析成果通过各种有效方式对外发布，引导各方理性认识我国经济运行的实际情况，坚定发展信心。当然，对于发布的信息，要做到真实、客观、有依据、有说服力，这样才能真正赢得社会理解，缓解市场焦虑，更好达到预期引导的效果。

（2018 年 8 月 16 日赵辰昕在 8 月经济运行态势分析会上的发言）

工业生产平稳和制造业投资回升对实体经济形成有力支撑

2018年7月份工业生产继续保持平稳增长，制造业投资连续回升，实物量指标和进出口保持较快增长，表明我国经济增长有较强韧性。但中美经贸摩擦的不利影响逐步显现，消费持续放缓等问题需要密切关注。

一、工业生产稳定和民间投资回升促进了实体经济平稳运行

尽管当前国内外环境更趋严峻复杂，但7月份用电量、货运量等实物量指标仍实现了较快增长，制造业投资增速加快，进出口保持较高增速，实体经济继续平稳运行，为实现经济社会发展目标奠定了基础。

（一）工业生产连续29个月保持6%以上增速

7月份，规模以上工业增加值同比增长6%，增速与上月持平。其中，制造业增加值同比增长6.2%，高于工业0.2个百分点；高技术产业增加值同比增长11.3%，较6月加快1.4个百分点；战略性新兴产业同比增长8.1%，加快1.1个百分点。分行业看，石化、有色、建材、电子、纺织、轻工、烟草行业增加值增速较6月份有所加快，其中烟草加快9.9个百分点、电子加快2.6个百分点、纺织加快1.4个百分点；煤炭、电力、冶金、机械、医药行业增加值增速较6月份有所回落，其中煤炭回落3.5个百分点、机械回落2.2个百分点、冶金回落0.5个百分点。

（二）实物量指标保持一定速度的增长

7月份，全社会用电量同比增长6.8%，增速较6月小幅回落1.2个百分点，主要是受上年7月基数较高影响。用电结构继续优化，二产中汽车制造业、通用设备制造业、计算机通信和其他电子设备制造业用电分别增长14.7%、8.2%和9.5%，均保持较高增速。8月上中旬，全国调度发电量同比增长9.7%，继续维持高位运行。7月份，铁路货运量同比增长8.7%，货物周转量增长9.6%。

（三）制造业投资、民间投资增速持续回升

1—7月，制造业投资同比增长7.3%，比上半年和一季度分别加快0.5和3.5个百分点，呈逐月回升态势。高技术制造业投资增长12.2%，继续保持较高增速。分行业看，计算机通信和其他电子设备制造业、金属制品业、专用设备制造业的投资增速高于整体增速，分别增长17.0%、14.9%和12.2%。房地产开发投资同比增长10.2%，较1—6月提高0.5个百分点。2018年以来民间投资增速均高于投资总体增速，1—7月民间投资同比增长8.8%，增速比上半年提高0.4个百分点，比上年同期高1.9个百分点，表明我国经济增长韧性较强。

（四）进出口均保持了较快增长

以美元计价，7月出口同比增长12.2%，增速较上月加快1个百分点；进口同比增长27.3%，较上月大幅加快13.2个百分点。其中，对美出口增长13.3%、进口增长11.8%，与4月以来各月增速均基本持平，保持稳定增长。主要工业品出口保持良好增长态势，电子、机械、轻工出口交货值同比分别增长10.4%、10.1%和4.2%，较6月均有所回升。这一态势在中美经贸摩擦背景下能否继续保持仍需持续跟踪分析。

（五）工业企业利润保持高速增长

1—7 月，规模以上工业企业利润同比增长 17.1%，增速比 1—6 月放缓 0.1 个百分点；其中 7 月份利润增长 16.2%。主要行业利润大都保持较高增长水平，冶金、石化、建材等重点行业尤为突出，分别增长 85.1%、48.2% 和 45.7%。企业盈利能力有所增强，主营业务收入利润率为 6.46%，同比提高 0.4 个百分点；每百元主营业务收入中的成本费用为 92.63 元，同比下降 0.38 元；资产负债率为 56.6%，同比降低 0.5 个百分点；产成品存货周转天数为 16.7 天，同比减少 0.1 天。

二、经济运行中需要密切关注和妥善处理的一些问题

在影响我国经济发展的深层次矛盾与中美经贸摩擦不利因素叠加的情况下，当前经济运行面临消费持续放缓、失业率小幅上升等矛盾和问题，需密切关注。

（一）中美经贸摩擦影响逐步显现

一是对工业生产的影响开始由东部向中西部传导。4—7 月，东部地区规模以上工业增加值分别增长 8.4%、6.2%、4.1% 和 4.7%，回落态势较为明显。7 月份，中部地区和西部地区工业增加值增速比上月均回落 0.6 个百分点。外部冲击影响从出口占比较大的东部向处于产业链上游的中西部梯次传导的趋势加快形成。二是美国加征关税清单所涉及的部分行业生产有所回落。500 亿美元清单主要涉及信息和通信技术、机械、医药等行业。7 月份，机械、医药行业工业增加值同比分别增长 6.1%、8.6%，较上月分别回落 2.2、2.0 个百分点。三是相应行业用电增速也有所回落。7 月份，专用设备、电气机械和器材、医药制造行业的用电增速分别为-0.7%、2.0% 和 2.8%，较 6 月增速回落 4.6、5.6 和 2.9 个百分点，较 5 月回落 13.9、13.6 和 10.2 个百分点。

（二）消费放缓趋势仍在延续

7 月份，社会消费品零售总额同比增长 8.8%，较上月回落 0.2 个百分点，同比回落 1.6 个百分点。一是食品和用品类消费增速放缓明显。限额以上单位商品零售中，粮油、食品类增长较上月大幅放缓 3.5 个百分点至 9.5%，服装鞋帽类放缓 1.3 个百分点至 8.7%，化妆品类放缓 3.7 个百分点至 7.8%，日用品类放缓 4.5 个百分点至 11.3%。二是房地产相关消费较为低迷。其中，家电类大幅放缓近 14 个百分点至 0.6%，家具类放缓近 4 个百分点至 11.1%，建筑及装潢类放缓 1.8 个百分点至 5.4%。三是重点零售企业零售额同比下降。据中华全国商业信息中心数据，全国 50 家重点大型零售企业零售额同比下降 3.9%，增速低于上年同期 8.9 个百分点。初步分析，消费放缓和房地产的挤出效应、居民对未来收入增长的预期有关，也受“6・18”电商促销提前透支了部分居民消费因素影响。

（三）小微企业社保费用增支压力较大

2019 年 1 月 1 日起，各项社保费将改由税务部门统一征收，将为防止企业漏缴少缴社保、提高中央层面统筹社保能力奠定基础。《中国企业社保白皮书》相关数据显示，2017 年参保基数合规企业比重仅为 24.1%，民营企业和 50 人以下小规模企业尤为突出，合规缴纳占比不到 20%。有关方面初步测算，如各项社保费由税务部门统一征收并实现应缴尽缴，可增加社保费收入约 1100 亿元。应缴尽缴对小微企业影响更为明显，在资金面十分紧张、原材料成本大幅上涨、中美经贸摩擦压力不断加大的背景下，中小企业可能面临多重困难碰头的情况，社会舆论较为关注。

（四）失业率出现小幅上升

7 月份，全国城镇调查失业率为 5.1%，31 个大城市城镇调查失业率为5.0%，均较6月小幅上升0.3个百分点。初步分析，7月失业率上升有一定的季节性因素，主要与大学毕业生集中进入就业市场，部分还未正式就业有关。需要注意的是，2018年上半年，全国城镇调查失业率、31个大城市城镇调查失业率一直低于上年同期，但7月份分别较上年同期持平和上升0.1个百分点，可能与企业当前承担压力较大并对未来预期不乐观，进而调整生产、招工等有关。

（五）纺织业成本上涨压力较大

上半年，在规模以上工业利润大幅增长的情况下，纺织行业利润一度出现负增长，主要是成本上涨挤压利润空间。据纺织联合会调查，29.5%的企业认为成本上涨是现阶段面临的首要问题。一方面是原辅料成本有所增长。受原油价格上涨影响，截至8月上旬，PTA价格同比上涨41.3%；国内外棉花期货上涨带动现货价格跟涨，国内棉价一度达到2015年以来最高水平。另一方面是印染行业成本压力尤为突出，工业盐、液碱等大宗化学品价格较上年同期涨幅超过1.8倍。

针对经济运行形势特别是目前的困难和问题，中央明确要求财政政策在扩大内需和结构调整上发挥更大作用，把握好去杠杆的力度和节奏，保持流动性合理充裕，加大基础设施领域补短板力度，推进改革开放，下决心解决好房地产市场问题。有分析认为，随着政策落实到位，基础设施投资增速将止跌回升，加之制造业投资连续回升、房地产投资保持稳定，全年投资增速有望达到7%左右；消费可能进一步小幅放缓，但总体仍保持平稳增长，全年预计增长8%左右；进出口受中美经贸摩擦影响不确定性较大，但考虑到世界经济复苏态势趋于明显、经贸摩擦初期影响相对较小，应能保持两位数增长。总的看，我们有条件、有能力克服困难，完成2018年经济增长目标。

三、相关政策建议

下一步，应在落实好党中央和国务院决策部署，全力做好稳就业、稳金融、稳外贸、稳外资、稳投资、稳预期工作的基础上，针对新情况新问题，不断完善相关政策并统筹协调推进，缓解制约经济平稳增长的突出矛盾和问题。

（一）做好应对中美经贸摩擦工作并研究支持企业发展政策

一是针对重点行业出台支持政策，研究取消进口机电设备关税减免政策，鼓励国内企业采购国产机电产品和零部件；加大高品质棉花进口，保障国内棉花供给；通过政策性银行支持帮助企业开拓“一带一路”沿线和非洲等地市场；研究设立新材料推广应用政策性长期贷款。二是对受冲击较大行业实施援企稳岗行动，通过发放岗位补贴、引导企业与劳动者集体协商等措施，稳定企业用工，通过政府购买服务等多种形式开展职业技能培训。三是密切跟踪对美出口重点行业和重点企业情况，并吸纳部分重点企业参与应对政策研究。

（二）通过深化改革释放消费潜力

加大改革力度，从改善收入分配、提升居民收入、优化消费环境、完善社保制度、培育新型消费等方面采取综合措施，缓解导致居民不能、不愿、不敢消费的制约因素，形成促进消费的长效机制。一要切实稳定房价，加大一、二线城市的住宅用地供应，平衡供需矛盾，逐步推开利用集体土地建设公共租赁用房。二要在优化财政支出、压减低效项目的同时，切实加大减税降费力度，保持企业特别是小微企业活力。三要对教育、医疗、养老等供给不足或存在垄断的领域，在加强事中事后监管的前提下，大幅放宽市场准入，引导社会投资进入。

（三）稳定小微企业社保收缴预期

按照统筹把握社保费用征收改革与确保企业负担不大幅增加的原则，一是在应缴尽缴的前提下，研究合理降低社保费率。二是针对小微企业研究过渡方案，给予2~3年过渡期，明确预期、逐步规范。三是研究外来务工人员自主选择在户籍所在地缴纳社保，既减轻其缴费压力，也有利于其返乡时享受社保，并缓解劳动力输出地的社保收支平衡压力。应力争2019年1月1日同步实施上述配套政策，并提前做好政策解读，稳定市场预期，避免恐慌心理。

（四）通过补短板发展经济稳定就业

一是针对较为紧缺的服务加大供给，增加就业岗位。如建设一批养老机构、幼儿园，大力发展家政服务业等。二是针对较为突出的短板加强项目储备，必要时尽快推出，缓解失业压力。如加快铁路北煤南运通道、天然气产供储销相关设施、城市轨道交通和地下综合管廊建设等。三是通过发展壮大新动能、促进传统产业转型升级、继续推进创新创业特别是返乡创业，创造更多就业岗位。

（五）优化环保政策避免“一刀切”

一是对先进生产能力项目、关键产业链项目实施排污总量减量置换、达标排放及时复产等政策，防止“误伤”先进优质产能。二是避免因简单关停破坏产业链的完整性，同时允许现有项目环保升级改造。三是进一步发挥地方的积极性，综合考虑产业结构、资源禀赋、重大项目布局等因素，从节能降耗的责任、压力、潜力、能力等维度，科学合理地分解、考核能耗“双控”目标。

（国家发展改革委经济运行调节局汇总整理）

专家视点：2018 年下半年经济增长态势更加明确

2010 年以后，中国经济增速持续回落。2012 年宏观经济政策的重点开始转向“稳增长”，但受国内外发展环境变化和经济转型升级活动的影响，经济下行压力始终较大。2017 年，随着“稳增长”政策效果的持续显现，中国经济增速换挡基本完成，中国经济进入新的增长平台。

一、中国经济已进入新的增长平台

（一）工业生产平稳

在市场需求增速下降的情况下，工业增长保持平稳，表明工业结构调整升级对工业增长的支持效果比较明显。从 7 月份高新技术产业、装备制造业、战略性新兴产业继续保持两位数增长可以看得很清楚。

（二）投资增长的基础继续改善

房地产投资预计将保持大体平稳的增长。新型城镇化、“一带一路”将推动基础设施投资继续较快增长。在市场需求恢复和去产能成效支持下，制造业投资增速预计稳中趋升。综合分析，2018 年全年投资增长在 6% 左右。

（三）消费增长趋稳

虽然 7 月份的消费增速比 6 月份有所降低，但幅度不大，主要是受短期因素影响。总体来看，保就业、稳收入等方面的工作力度正在加大，支持消费平稳增长的因素在增强。与此同时，消费结构升级活动持续活跃，消费对经济增长贡献最大的特征没有改变。近年来保就业的政策效果比较明显，就业形势总体平稳。综合就业与居民收入增长情况，预计2018年消费实际增长率为8%左右。

（四）进出口增长稳定

7月份出口形势比预期要好。原来预期受美国增加关税等因素影响，中国进出口数据会波动较大，但从7月份的出口数据来看，增速比6月份还有所提高。综合看，2017年以来中国出口形势总体向好，但仍然不容过度乐观。考虑到国际贸易形势好转，转型升级带来的出口竞争力提高等因素，预计2018年出口增速与上年大体相当。需要特别关注中美经贸摩擦及其发展。

二、认真做好当前经济工作

7月31日中央政治局会议指出，当前经济运行稳中有变，面临一些新问题新挑战，外部环境发生明显变化。要抓住主要矛盾，采取针对性强的措施加以解决。提出的措施安排针对性强，预期效果较好。

第一，保持经济平稳健康发展，坚持实施积极的财政政策和稳健的货币政策，提高政策的前瞻性、灵活性、有效性。财政政策要在扩大内需和结构调整上发挥更大作用。要把好货币供给总闸门，保持流动性合理充裕。要做好稳就业、稳金融、稳外贸、稳外资、稳投资、稳预期工作。保护在华外资企业合法权益。

第二，把补短板作为当前深化供给侧结构性改革的重点任务，加大基础设施领域补短板的力度，增强创新力、发展新动能，打通去产能的制度梗阻，降低企业成本。要实施好乡村振兴战略。

第三，把防范化解金融风险和服务实体经济更好结合起来，坚定做好去杠杆工作，把握好力度和节奏，协调好各项政策出台时机。要通过机制创新，提高金融服务实体经济的能力和意愿。

第四，推进改革开放，继续研究推出一批管用见效的重大改革举措。要落实扩大开放、大幅放宽市场准入的重大举措，推动共建“一带一路”向纵深发展，精心办好首届中国国际进口博览会。

第五，下决心解决好房地产市场问题，坚持因城施策，促进供求平衡，合理引导预期。加快建立促进房地产市场平稳健康发展长效机制。

第六，做好民生保障和社会稳定工作，把稳定就业放在更加突出位置，确保工资、教育、社保等基本民生支出，强化深度贫困地区脱贫攻坚工作，做实做细做深社会稳定工作。

随着相关政策措施落地和见效，预计经济短期下行压力会较快化解。流动性偏紧、基础设施投资增速下滑等现象在三季度会有较为明显改善。经济平稳增长态势比较明确。

（根据国务院发展研究中心宏观经济研究部张立群在 2018 年 8 月经济运行态势分析会上的发言整理）

The analyses and thoughts
on economic operation
situation and trend

玖月

2018年8月份工业生产略有回升投资下滑态势仍在延续

为准确把握经济运行动态，近日，国家发展改革委召开有关部门、行业协会座谈会，并赴广东、重庆实地调研，在此基础上进行了专题分析。8月份工业生产出现了小幅回升，制造业投资连续回升，实物量指标和进出口保持较快增长，经济运行继续保持总体平稳的发展态势。但当前外部环境更趋严峻复杂，国内长期积累的结构性矛盾较为突出，工业领域中行业、区域分化特征更为明显，中美经贸摩擦不利影响逐步扩大，企业应收账款较快增长、部分原燃料价格上涨势头加快以及固定资产投资持续低迷等问题需要密切关注。

一、工业生产增速略有回升

8月份工业主要指标总体稳定，用电量、货运量等实物量指标仍保持较快增长。

（一）工业保持平稳增长，行业和地区分化日益显现

8月份，规模以上工业增加值同比增长6.1%，增速较上月加快0.1个百分点。工业发展继续向中高端迈进，1—8月，高技术制造业、装备制造业和战略性新兴产业增加值同比分别增长11.9%、8.8%和8.8%，分别快于规模以上工业5.4、2.3和2.3个百分点；新能源汽车、工业机器人、集成电路产量同比分别增长56.0%、19.4%和13.4%。不同行业

和地区间分化加剧，电子、有色、煤炭、电力、建材行业增速较上月分别加快3.6、2.6、1.9、1.1和0.3个百分点，其中电子、有色、建材行业连续两个月环比加快；机械、冶金、轻工、纺织、石化行业增速较上月分别回落了2.1、0.6、0.6、0.1和0.1个百分点，机械行业已连续两个月环比放缓，其中汽车行业增加值仅增长1.9%，较上月回落4.4个百分点。分地区看，东、中、西部地区工业增加值增速均较上月有所回升，分别为5.5%、7.6%和7.2%，比上月加快0.8、0.7和0.8个百分点，东北地区增速再次出现回落，同比增长4.3%，比上月大幅回落3个百分点。

（二）实物量指标增长较快，需求结构持续优化

8月份，全社会用电量同比增长8.8%，增速比上月加快2.0个百分点。其中，工业用电量增长8.8%，增速加快4.3个百分点；高技术及装备制造业用电量快速增长，汽车制造业、金属制品业、计算机通信和其他电子设备制造业、通用设备制造业用电量分别增长18.9%、16.4%、13.1%和10.8%，而同期四大高载能行业合计用电量同比增长2.4%，增速较上月回落0.2个百分点。全社会货运量同比增长7.2%，增速较上月加快1个百分点。铁路货运增量效果明显，1—8月铁路货运量同比增长7.7%，比全社会货运量增速高0.8个百分点，其中8月份增长6.7%，且高附加值运输的集装箱日均装车同比增长27.1%。

（三）制造业投资增速持续回升，民间投资较快增长

1—8月，制造业投资同比增长7.5%，增速较1—7月加快0.2个百分点，连续5个月回升，比全部投资增速高2.2个百分点。其中，高技术制造业投资增长12.9%，增速加快0.7个百分点。分行业看，计算机通信和其他电子设备制造业、金属制品业、专用设备制造业、电气机械和器材制造业投资增速均高于整体增速，同比分别增长16.6%、14.0%、12.1%和7.9%。民间投资保持较快增长，1—8月同比增长8.7%，增速

虽较 1—7 月略微回落 0.1 个百分点，但仍较上年同期高 2.3 个百分点，较上半年提高 0.3 个百分点；占固定资产投资比重达 62.6%，较上半年提高 0.6 个百分点。

（四）消费增速小幅回升，新业态消费保持快速增长

8 月份，社会消费品零售总额同比增长 9.0%，增速较上月加快 0.2 个百分点，升级类商品、服务消费增长势头较好，内需消费结构稳步改善。限额以上单位商品零售额中，石油及制品类、日用品类、粮油食品类、金银珠宝类均是两位数增长；家用电器和音像器材类、文化办公用品类商品零售额增速分别较上月加快 4.2 和 3.6 个百分点。消费新业态继续较快发展，1—8 月实物商品网上零售额同比增长 28.6%，占社会消费品零售总额比重为 17.3%，比上年同期提高 3.5 个百分点。

（五）进出口增速略有回升，和抢时间进出口密切相关

8 月份，以人民币计价进出口总额同比增长 12.7%，增速较上月加快 0.2 个百分点。其中，出口增长 7.9%，加快 1.9 个百分点；进口增长 18.8%，虽略有回落，但仍保持高位运行。对美出口增长 11.2%，加快 6.2 个百分点，主要是受部分行业提前出口影响。有色金属协会反映，自美方加征关税后，对其他市场的铝材出口订单大幅增加。中国出口集装箱综合运价指数环比上涨 1.2%，其中北美航线运价走高，主要是由于货主加速合同履行。对美进口方面，机械工业联合会反映，主要工程机械企业已对所需零部件提前备货；汽车协会反映，征税实施前已加大在手订单的备库数量，这些都推升了进口增速。

二、需要关注的一些经济运行新情况新问题

在影响我国经济发展的深层次矛盾与中美经贸摩擦不利因素叠加的情况下，经济运行中出现了应收账款较快增长，汽车和部分轻工、纺织

消费品需求明显下滑等新情况新问题。

（一）工业企业应收账款增长较快

1—7月，全国规模以上工业企业应收账款净额13.9万亿元，同比增长11.5%，较上年提高2.1个百分点；应收账款平均回收期为46天，同比增加8天；应收账款净额和平均回收期增速均呈持续上升态势。机械联合会反映，1—7月机械工业应收账款总额已达4.7万亿元，同比增长12.6%，占全部应收账款比例超过1/3。建材联合会反映，1—7月建材行业应收账款同比增长14.6%，增速较上年同期加快5.5个百分点，其中建筑卫生陶瓷行业增长50%以上，混凝土与水泥制品行业应收账款净额占主营业务收入比值超过50%。广东反映全省规模以上民营工业企业应收账款同比增长22.4%，比上年同期高10.6个百分点，且大型企业通过银行和商业承兑汇票支付增多。江苏反映个别企业的承兑汇票比重高达90%。应收账款较快增长加大了企业资金周转压力、利息支出和税费负担，需高度警惕企业间资金拖欠导致企业尤其是中小企业信用风险上升问题。

（二）基础设施投资增速继续下滑拖累固定资产投资

1—8月基础设施投资（不含电力、热力、燃气及水生产和供应业）同比增长4.2%，增速比1—7月回落1.5个百分点。其中，水利管理业投资下降3.6%，降幅扩大2.9个百分点；公共设施管理业投资增长3.0%，增速回落1.3个百分点；铁路运输业投资下降10.6%，降幅扩大1.9个百分点。同期公共财政支出同比增长6.9%，远低于上年同期的14.5%。受基础设施投资增速下滑拖累，1—8月，固定资产投资同比增长5.3%，比1—7月回落0.2个百分点。重庆反映，受征地拆迁、资金筹措等因素影响，基础设施投资中新开工重点项目占比较低，1—7月全市工业投资也同比下降3.9%。深圳反映土地空间趋紧，严重制约其发展。

（三）上游原燃料价格上涨幅度加大

石化联合会反映，8 月份石油和天然气开采业出厂价格同比上涨 39.6%，化工产品上涨的品种占比超过 60%；进口 LNG 现货价格由 6 月份每百万英热单位 7～8 美元上涨至 10～11 美元，预计冬季用气高峰时段将达 13.5 美元甚至更高，而上年冬季用气高峰现货价格仅为 9.5 美元。纺织联合会反映，纺织行业最主要的化纤原料——对苯二甲酸（PTA）价格 8 月当月涨幅高达 40.2%；工业盐、液碱等大宗化学品价格较上年同期涨幅超过 1.8 倍。近期，电子信息产业的无源器件价格出现大幅上涨，电阻、电容等价格普遍上调 20%～30%，部分型号甚至上涨十几倍。另外，生物医药行业不少原料药产品价格刷新最高纪录。

（四）汽车产销量及部分轻工、纺织品消费持续下滑

据汽车协会统计，8 月份，我国汽车产销量同比分别下降 4.4% 和 3.8%，延续了 7 月份的双降态势。受基建投资下滑、“公转铁”和“公转水”运输结构调整、置换周期完成等影响，8 月份中型、重型货车销量同比分别下降 23.3% 和 20.3%。统计数据表明，8 月份汽车零售额同比下降 3.2%，降幅比上月扩大 1.2 个百分点。汽车行业分化日益明显，广汽、上汽、吉利等企业通过提升技术和管理水平，不断推出新款车型等措施，保持了销量和利润的增长，广汽预计全年产量和利润均可增长 10% 左右，而海南马自达、重庆长安因产品调整不及时等原因，销量和利润大幅下滑。1—7 月，轻工 19 个主要行业中采盐、电池、自行车等 8 个行业利润出现负增长。8 月份，纺织业规模以上企业工业增加值同比仅增长 2.6%，比上年同期和上月分别下降 3.5 和 0.6 个百分点。8 月份，通讯器材、家具、药品、服装鞋帽商品零售额同比分别增长 6.4%、9.5%、7.4% 和 7.0%，增速分别比上月回落 3.2、1.6、2.5 和 1.7 个百分点。

（五）中美经贸摩擦影响不断扩大

美国加征关税涉及的一些行业受影响不断加大。钢铁协会反映，8月钢材出口明显回落，同比下降9.6%，预计前三季度同比下降12%左右；机械、医药行业增加值持续回落。部分地区出口增速下滑。1—7月，广东省出口同比下降2%，其中来料加工贸易同比减少7.9%，深圳市出口同比下降2.8%。企业信心不足问题凸显。广东等地很多企业表示，尽管当前贸易摩擦的直接影响并不明显，但由此带来的信心不足问题导致部分企业在扩大再生产方面进退维谷，深圳市17%的被调查企业不敢接单。机械、石化、轻工、纺织、汽车、船舶协会均表示，2000亿美元清单涉及面很广，担心其对上下游行业的影响相互传导，中长期影响不可小觑；深圳市担心后续出口出现较大幅度下降。

三、相关政策建议

针对当前经济运行中出现的新情况新问题，建议不断完善相关政策并统筹协调推进，缓解制约经济平稳增长的突出矛盾和问题。

（一）多措并举缓解企业应收账款过快增长压力

加大制造业信贷投放力度，发展融资担保支持小微企业发展，缓解企业融资难、融资贵问题。多渠道推进应收账款融资，发挥供应链核心企业，特别是国有大型企业的信用优势，沿供应链流转、传递和延长企业信用，有效降低融资成本。搭建企业信用信息共享平台，强化守信联合激励和失信联合惩戒，依法依规查处企业欠账赖账等违法违规行为，给予诚信企业政策优惠和信贷便利。

（二）加大补短板力度稳定基础设施投资

加快推进合规项目落地进度，加快推进地方政府专项债券发行。进一步加大天然气储气设施、沿海 LNG 接收站、清洁能源跨区通道、北煤南运通道、城市停车场、地下综合管廊等短板领域投资力度。统筹使用中央预算内投资、车辆购置税、水利发展资金等各类中央财政性建设资金，选取经济社会效益显著、民营企业参与意愿强烈的项目，带动民间资金投入，为基础设施项目提供资金保障。

（三）稳定上游原燃料产品价格

统筹处理好去产能、环保督查与稳供应的关系，推动主要原材料供需动态平衡。不搞环保执法“一刀切”，给整改企业设定过渡期，加大对企业技术和环保改造的补贴力度。加强舆论引导，科学分析工业品价格上涨的原因和走势，及时发布供求信息，有效引导社会预期。加强价格监督检查，重点打击恶意囤积、哄抬价格以及合谋涨价、串通涨价、操纵市场等违法违规行为。

（四）研究进一步降低企业税费负担

尽快研究推出降低企业所得税、增值税、个人所得税税率等政策，在保证应缴尽缴情况下合理降低社保费率。将车辆购置税、消费税等下放地方，提高个人所得税地方分成比例，加快费改税力度，进一步清理涉企收费事项，加快推进“放管服”改革，减少涉企收费，降低制度性交易成本。

（五）综合施策释放消费潜力

把握消费升级新特点，营造更好的消费环境，面对中美经贸摩擦的不利影响，引导部分高质量商品出口转内销。推动电子商务深入发展，特别是鼓励电商进农村，完善农村消费环境。进一步扩大开放，降低消费领域部分进口产品关税。

（国家发展改革委经济运行调节局汇总整理）

火电利润水平
远低于太阳能和风力发电

2018 年1—5 月，电力生产行业规模以上企业利润总额为 870 亿元，同比增长 44%，增速远高于全部规模以上工业企业平均 16.5% 的增长水平，每千瓦时发电量平均利润为 0.033 元。其中火电行业每千瓦时利润仅 0.004 元，在发电行业中最低。

电力生产企业分行业利润依次为：风电企业，利润总额为 289 亿元，占全部电力生产企业的 33.2%，同比增长 47.9%，每千瓦时发电量平均利润为 0.195 元；水电企业，利润总额为 208 亿元，占 23.9%，同比增长 2.7%，每千瓦时发电量平均利润为 0.059 元；核电企业，利润总额为 115 亿元，占 13.3%，同比增长 4.5%，每千瓦时发电量平均利润为 0.109 元；太阳能发电企业，利润总额为 89 亿元，占 10.2%，同比增长 40%，每千瓦时发电量平均利润为 0.256 元；火电企业，利润总额为 80 亿元，占 9.2%，上年同期为亏损 38 亿元，每千瓦时发电量平均利润为 0.004 元；热电联产企业，利润总额为 62 亿元，占 7.2%，同比增长 50.4%。

与此形成鲜明对比的是，火力发电量占总发电量的比重远高于其他发电行业。1—5 月，规模以上企业发电量为 26361 亿千瓦时。其中火电 19914 亿千瓦时，占 75.5%；水电 3553 亿千瓦时，占 13.5%；核电 1063 亿千瓦时，占 4%；风电 1484 亿千瓦时，占 5.6%；太阳能发电 347 亿千瓦时，占 1.3%。

（国家发展改革委经济运行调节局汇总整理）

The analyses and thoughts on economic operation situation and trend

拾月

深入推进降成本
促进经济实现高质量发展

推进供给侧结构性改革，是以习近平同志为核心的党中央综合研判世界经济形势和我国经济发展新常态作出的重大决策。降低实体经济企业成本是推进供给侧结构性改革的重要任务。习近平总书记强调，要降低成本，帮助企业保持竞争优势；要在减税、降费、降低要素成本上加大工作力度。李克强总理在《政府工作报告》中也要求多措并举降成本，使企业轻装上阵，并提出了很多政策措施。国家发展改革委牵头推进降成本工作，运行局承担降成本部际联席会议办公室具体工作。结合这几年工作实践，谈一些认识和体会。

一、降成本是激发经济活力、保持国家竞争力、促进经济高质量发展的重要途径和内在要求

降成本是帮助实体经济应对经济下行、稳定经济增长的关键举措。企业是经济发展的基石，应对经济下行、稳定经济增长，必须稳定实体经济发展。在当前经济增长趋缓、原材料价格大幅上涨、中美经贸摩擦的大背景下，政府更应该感受企业的冷暖，要下大力气优化发展环境，实实在在帮助企业降本增效，渡过难关。

降成本是保持我国经济竞争力的重要途径。实体经济综合成本是决定国家经济竞争力的一个关键因素。正是基于这个原因，各国纷纷把降

低实体经济成本，作为激发经济活力，提升竞争力的重要手段。近年来，随着劳动力、资金、土地、能源等要素成本不断上涨，我国较发达国家和地区的综合成本优势正在不断减弱，以比较优势和后发优势为主的“投资拉动型”和“出口导向型”发展模式越来越难以为继。与此同时，美国大规模减税，并提出重振制造业，德、法、英、日等传统制造业强国也纷纷制定再工业化战略。东南亚、南亚、南美以及部分非洲国家也通过低成本优势，加大招商引资力度，积极承接中低端产业转移。当前我国制造业前有堵截、后有追兵，新的科技创新优势还没有完全建立，原有的低成本优势又逐步丧失。实体经济成本偏高，不仅会削弱我国中低端产业的国际竞争力，而且会妨碍我国高端产业竞争力的提高，还有可能助推国内经济发展“脱实向虚”，增加经济运行的风险。因此，必须千方百计保持必要的成本优势，增强我国实体经济企业的国际竞争力。

降成本是建设现代化经济体系的重要内涵和客观要求。党的十九大报告明确提出要建设“质量第一、效益优先”的现代化经济体系。现代化经济体系的核心目标，是通过高质量发展满足人民日益增长的美好生活需要。强调“效益优先”，意味着现代化经济体系是一个“讲成本”的经济体系，建设现代化经济体系必须提升全要素生产率，以最小的资源成本满足人民群众美好生活需要。因此，降成本是现代化经济体系“效益优先”的本质要求，是建设现代化经济体系的长期任务，需要常抓不懈、久久为功。

二、2016 年以来，降成本工作机制不断完善，工作力度不断加大，综合效应不断显现

在各方共同努力下，2016 年全国降成本超过 1.1 万亿元，2017 年超过 1 万亿元，降成本的综合效应逐步显现。

一是企业效益明显提升。在能源、原材料价格明显上涨的情况下，2018 年 1—8 月，每百元主营业务收入中的成本和费用分别为 84.39 元和

8.23元，比上年同期分别减少0.35元和0.02元。全国规模以上工业经济利润4.4万亿元，同比增长16.2%，主营业务收入利润率为6.43%，同比提高0.35个百分点。

二是企业经营状况有所改善。2018年8月末，规模以上工业企业资产负债率为56.6%，同比降低0.5个百分点。其中，国有控股企业资产负债率为59.3%，同比降低1.7个百分点。产成品存货周转天数为16.9天，同比持平。

三是企业活力有效激发。随着制度性交易成本降低，国内营商环境继续改善，社会投资创业热情持续上升。1—9月，全国新设企业501.2万户，同比增长11.1%；日均新增1.84万户。至9月底，全国实有市场主体1.06亿户，其中企业3362.8万户，占31.6%，比2013年年底提高了6.4个百分点。

四是经济竞争力稳步增强。根据洛桑国际管理学院公布的2018年世界竞争力报告，受益于软硬件基础设施的投资加大及营商环境提升，我国竞争力排名连升5位，位列全球第13、亚洲第3。

与此同时，随着降成本工作的持续深入，政府、企业、社会各界对于降成本的认识越来越统一，工作机制更加健全完善，降成本的方法和路径也越来越清晰明确，政策措施更加有针对性，为进一步提升降成本成效奠定了良好基础。

三、降成本工作虽然成效明显，但一些长期积累的问题尚未得到有效解决，一些困难和矛盾还比较突出

一是尽管减税降费力度很大，但企业普遍反映获得感不强。大企业管理较为规范，减税降费的效果主要体现在这些企业上，但这类企业数量很少，也往往不会主动发声。全面实行营改增和金税三期后，税收征管更加规范严格，中小企业较难继续规避税收，海量小微企业的实际负担减少十分有限甚至有所加重。与此同时，原材料、融资、人工等成本

上涨，在很大程度上抵消了减税降费的收益，中下游行业利润增速明显放缓，在舆论上表现为企业获得感不强。怎样让更多企业有明显获得感，必须深入研究并采取措施。

二是制度性交易成本仍然较高，政策“最后一公里”问题亟待解决。制度性交易成本是因为政府的不少制度政策“不合理、不透明、不配套、不及时”给企业带来的交易成本。近年来，虽然通过大力推进“放管服”改革有了一定改善，但还有不少企业反映行政审批的时间成本、机会成本和信息收集成本仍然很高。降低制度性交易成本仍有很大潜力可挖。

三是企业融资两极分化严重，中小企业融资难、融资贵问题仍十分突出。目前我国银行体系以大银行为主导，竞争不够充分，控制成本、提高效率动力不足。2018 年以来，受国内外金融形势变化、去杠杆力度加大等因素影响，民营企业和中小企业融资更加困难。刘鹤副总理日前接受采访时谈到，有些机构的业务人员认为，给国有企业提供贷款是安全的，但给民营企业贷款政治上有风险，宁可不作为，也不犯政治错误，这种做法必须坚决予以纠正。目前各种因素导致融资难问题较为突出，融资成本上升态势明显。

四是受多重因素影响，土地、能源、人工、交通物流等成本仍然偏高。土地使用制度改革滞后和城市建设用地错配，造成用地成本偏高；体制改革、管理制度滞后和技术创新不足，造成能源原材料成本难以合理下降；劳动力结构变化和发展阶段转变推动人工成本上升；产业结构偏重和运输结构不合理、物流组织效率较低，造成物流成本偏高。

五是企业的参与度不够，主动性和积极性还需进一步调动。不仅政府要推动降成本，企业自身也要加大挖掘自身潜力。目前主要由政府源源不断推出降成本的政策礼包，有的地方政府甚至大包大揽，形成一对一的救助式帮扶，容易让企业将降成本曲解为“政府为企业解困”，并形成等待更多礼包的心理。需要进一步引导企业眼睛向内，更好发挥主动性、积极性，参与感更强，形成合力，降成本效果才能更明显。

四、下一步工作考虑

要坚持远近结合、标本兼治，坚持外部减负、内部挖潜，坚持上下联动、互相借鉴，以“破”和“立”来实现“降”，不断把降成本工作推向纵深。

（一）持续深化税费改革，进一步减轻企业各类负担

要使企业有更多获得感，包括研究进一步降低增值税、所得税的可行性，通过结构性减税支持实体经济发展；包括以省级国税地税机构合并和统一挂牌为契机，构建高效统一的税收征管体系，提高纳税便利程度，降低企业办税成本；包括归并减免政府性基金，合理降低行政事业性收费；包括进一步清理规范经营服务性收费，深化收费目录清单制管理，加大对违法违规收费的监管力度，规范行业协会商会收费。

（二）加大简政放权力度，进一步降低制度性交易成本

包括进一步减少行政审批事项，简化审批环节。加强央地间“纵向贯通”和部门间“横向联通”，推进简政放权向“纵横联动、协同并进”转变；包括全面推开“证照分离”“多证合一”改革，完善工商登记便利化改革；包括推动公平竞争审查制度实施，强化竞争执法和竞争倡导，为民营企业创造更加公平、充分竞争的市场环境；包括加强社会信用体系建设，加快建立以信用承诺、信息公示为特点的新型监管机制；包括全面实现“双随机、一公开”监管，推进综合行政执法。建立健全下放的督查、检查机制，做好权力下放、对接与利用的第三方评估。

（三）以增加供给、定向支持等为重点，有效缓解融资难、融资贵问题

包括继续实施稳健中性的货币政策，保持流动性合理充裕，推动金融产品和服务创新，提高小微企业、“三农”等领域金融服务效率，降低

小微企业融资成本；包括合理扩大债券市场规模，拓宽企业融资渠道；包括积极引导企业在外贸和跨境投融资互动中使用人民币计价结算，降低汇率风险和汇兑成本；包括发挥政府融资担保基金对发展普惠金融的支持作用；包括支持民营企业发展，提高金融可及性。这些都要研究具体明确的措施，使政策真正落地。

（四）采取针对性措施，进一步降低人力、能源、土地、物流等成本

研究适当降低社保费率，确保总体上不增加企业负担。这在当前尤为重要，也是引导社会预期向好的具体措施。深化电力、天然气价格改革，进一步扩大电力市场化交易比例，全面完成降低一般工商业电价10%的任务。鼓励采取土地灵活出让方式，盘活储量用地和闲置地、荒废地。推进社会保险改革，适时研究修改社会保险法有关标准条款，研究改革住房公积金制度。加快发展多式联运，健全完善相关法规制度和标准规范，支持重点节点物流基础设施建设。

（五）建立健全激励和倒逼机制，进一步引导企业内部挖潜、降本增效

通过建立有效的激励约束机制，引导企业加强自身管理，练好内功，更多靠自身努力提升企业效率和市场竞争力。支持企业进行技术升级改造，全面提高产品技术、工艺装备、能效环保、质量效益和安全水平。鼓励有条件的地区通过事后奖补等手段，支持企业技术研发创新和改造升级。

（六）建立完善工作体系，进一步推进降成本长效机制建设

降成本不是短期工作，需要持续推进，包括不断完善降成本工作推进体系和工作机制，加强部门之间、部门地区之间的相互配合、信息沟通、协调会商，协同推进降成本工作。要建立动态跟踪制度，加强统筹协调，深入调查研究，加强对已经出台政策执行情况的效果评估，及时协调解决政策推进中的困难和问题，把降成本的成效体现在企业获得感

上。要加大降成本政策宣传力度，充分利用各种宣传渠道和手段向企业解读各项优惠扶持政策，为企业享受政策红利创造条件，并且要不断宣传、持续宣传、反复宣传。要对地方和企业的好经验、好做法及时进行梳理、宣传和推广，引导地方和企业相互学习借鉴，对标对表、共同提高。目前我们正在梳理各地、重点企业的降成本典型案例，以便交流借鉴。

（2018 年 10 月 22 日赵辰昕在 10 月经济运行态势分析会上的发言）

2018 年 9 月份投资、消费略有回升
多重因素导致经济下行压力增大

2018 年 9 月份固定资产投资、市场销售增速略有回升，产业结构优化调整不断深入，经济运行保持总体平稳。但工业增加值增速出现回落，部分原材料价格上涨挤压下游行业利润空间，中美经贸摩擦影响有所扩大，创新能力、高端供给仍显不足等问题较为突出，经济下行压力显现。

一、总体平稳和质量提升仍是当前经济运行的基本特征

当前经济运行保持在合理区间，产业结构持续优化，质量效益稳步提升，总体平稳、稳中有进的基本面仍在延续。

（一）原材料和信息产业生产保持较高增速

尽管 9 月份规模以上工业增加值增速回落，但电子行业仍保持 12.6% 的较高增速，冶金、医药、有色、纺织、建材行业增加值同比增速较 8 月份分别提高 3.4、1.6、0.9、0.7 和 0.3 个百分点，其中有色、建材行业已连续 3 个月环比提高。9 月份全国日均粗钢产量 269.5 万吨，创历史新高，比上月上升 4%。1—9 月，全国工业产能利用率为 76.6%，其中黑色金属冶炼和压延加工业、煤炭开采洗选业产能利用率分别达到 78.1% 和 71.4%，比上年同期分别提高 2.7 和 4.0 个百分点。

（二）工业产业结构和企业效益不断优化

1—9 月，高技术产业和装备制造业增加值同比分别增长 11.8% 和

8.6%，分别快于规模以上工业 5.4 和 2.2 个百分点；战略性新兴产业增加值同比增长 8.8%，占规模以上工业的比重达到 18.5%。1—8 月，规模以上工业企业利润同比增长 16.2%，主营业务收入利润率为 6.43%，同比提高 0.35 个百分点；每百元主营业务收入中的成本费用同比减少 0.37 元，每百元资产实现主营业务收入增加 2.1 元，企业经营效益和盈利能力均有提高。8 月末，规模以上工业企业资产负债率为 56.6%，同比降低 0.5 个百分点；企业亏损面为 17.6%，比 7 月末下降 0.3 个百分点。

（三）用电量、货运量等实物量指标增长势头良好

9 月份，全社会用电量同比增长 8.0%，增速同比提高 0.8 个百分点；其中制造业用电量增长 9.9%，增速提高 5.6 个百分点。高技术及装备制造业用电量快速增长，金属制品业、专用设备制造业、计算机通信和其他电子设备制造业、医药制造业用电量同比分别增长 16.8%、15.5%、13.4% 和 12.1%。9 月份，全社会货运量同比增长 8.1%，增速比上月提高 0.9 个百分点。货运结构调整效果初显，9 月份铁路货运量同比增长 9.7%，增速比上月提高 3 个百分点。铁路总公司表示，9 月份日均货运装车达到 18.04 万车，单日装车最高达到 19.5 万车，均刷新历史纪录；用于高附加值产品运输的集装箱日均装车 20994 车，首次突破 2 万车大关。

（四）制造业投资和民间投资增速持续回升

1—9 月，全国固定资产投资同比增长 5.4%，增速比 1—8 月提高 0.1 个百分点，呈现企稳回升态势。制造业投资同比增长 8.7%，比 1—8 月提高 1.2 个百分点，增速连续 6 个月提高，其中技术改造投资增长 15.2%。高技术制造业投资同比增长 14.9%，比 1—8 月提高 2 个百分点；化学纤维制造业、计算机通信和其他电子设备制造业、金属制品业、专用设备制造业投资同比分别增长 31.9%、18.3%、15.5% 和 13.9%。民间投资保持较快增长，1—9 月同比增长 8.7%，增速高于全部投资 3.3 个百分点；民间投资中制造业投资增长 9.5%，比 1—8 月提高 0.9 个百

分点。

（五）国内市场销售保持较快增长

9月份，社会消费品零售总额同比增长9.2%，增速较上月提高0.2个百分点。升级类商品、服务消费增长势头较好，限额以上单位日用品类、通讯器材类商品零售额同比分别增长17.4%和16.9%，比上月分别提高1.6和10.5个百分点；粮油食品类、烟酒类商品零售额增速比上月分别提高3.5和2.8个百分点。1—9月，旅游类住宿企业营业额增速比上年同期加快1.3个百分点；电影市场保持高速增长，截至10月4日全国总票房已突破500亿元，比上年提前47天。

（六）高技术产品和新兴市场带动出口较快增长

以美元计，9月份出口总额同比增长14.5%，增速较上月提高5.4个百分点；其中机电产品出口额同比增长14%，高技术产品出口额增长15.3%。主要出口产品中，集成电路、电动机及发电机出口额同比分别增长34.2%和23.7%，塑料制品、纺织品出口额分别增长19.9%和18.2%。对部分“一带一路”沿线国家出口增势良好，1—9月对乌兹别克斯坦、乌克兰、波兰、俄罗斯出口额同比分别增长45.8%、39.9%、18.8%和12.7%，对东盟、美国和欧盟的出口额分别增长17.3%、13%和11.6%。

总体上看，当前经济运行稳中有进、长期向好的基本面没有改变。结合座谈会各方面反映的情况综合判断，四季度经济运行将保持总体平稳的发展态势，多数行业协会认为2018年行业运行符合预期，全年工业增加值能够实现6.2%以上的较快增长。从要素支撑看，电力联合会认为2018年全社会用电量增速将超过2017年，略高于8%；铁路总公司预计四季度货物发送量仍将保持快速增长，全年将实现8%以上的增速；石化联合会预计石油和化工行业全年主营业务收入增长约10%。此外，机械联合会预计主要行业运行继续保持平稳，工业增加值、主营业务收入增速在7%左右，由于机械工业持续多年高速发展、基数不断扩大，实现这一增速已属不易。轻工行业预计全年主营业务收入增长7.5%左右。

二、经济运行中需要关注的一些情况及问题

行业协会和企业也反映，在当前外部环境变数增多、国内结构调整存在阵痛的大背景下，东、中部地区工业增加值增速下滑，原材料价格持续上涨，中美经贸摩擦影响扩大，创新能力和投入仍显不足等问题还需要高度关注，妥善应对。

（一）工业增加值增速下滑到6%以下，东部、中部地区下滑幅度明显

9月当月规模以上工业增加值同比增速下滑至5.8%，比上月回落0.3个百分点，是2016年3月以来最低值，结束了连续30个月保持在6%以上的局面。从行业看，机械行业同比仅增长3.9%，主要是汽车行业增速连续3个月大幅回落，已从6月份的14%下滑到9月份的0.7%；烟草行业同比增长1.3%，较上月回落6.1个百分点，汽车、烟草行业合计拉动全部工业增加值增长比上月降低0.26个百分点。从地区看，东、中部地区回落趋势加剧，尽管西部和东北地区工业增加值增速比上月分别提高0.2和0.4个百分点，但由于所占比重较低，难以支撑全国工业增长。而东部、中部地区分别增长4.8%和7.0%，比上月分别回落0.7和0.6个百分点。其中上海同比下降3.9%，已经连续2个月负增长；江苏、广东分别增长3.4%和4.3%，增速比上月下滑0.4和2.7个百分点。

（二）国际国内能源原材料价格持续上涨，企业成本负担加重

受国际大宗商品价格处于高位、环保限产使供给大幅减少等因素影响，9月份工业生产者购进价格同比上涨4.2%，而出厂价格仅上涨3.6%。钢铁协会反映，2018年4月以来钢材价格指数不断攀升，涨幅一度达到12.8%。建材联合会统计，1—9月全国通用水泥平均出厂价格同

比上涨22.9%。石化联合会反映，9月份石油和天然气开采业价格同比上涨41.2%，三季度化工产品价格上涨的品种占比超过60%。纺织行业化纤原料对苯二甲酸9月末价格同比上涨18.8%，涤纶价格涨幅高达30%，工业盐、液碱等印染原料价格涨幅超过1.8倍。原材料价格持续上涨大幅加重了下游制造业企业的成本负担，近期已有多个纺织产业集群发出停产停机倡议或涨价通知。

（三）中美经贸摩擦影响有所扩大，汽车等相关行业反应尤为明显

钢铁协会反映，我国有部分钢材通过欧盟、澳大利亚、加拿大、墨西哥、韩国、日本等国家和地区间接出口到美国，为取得关税豁免，一些国家和地区开始对中国钢材开展反倾销调查。汽车协会反映，美国加征关税清单基本覆盖了全部对美出口汽车产品，企业销售收益下降、进口元器件成本上升，福特等一些企业已经宣布停止在中国基地生产向美国本土出口的计划；零部件企业向高端化发展受阻，行业竞争力下降。轻工联合会反映，家具行业近36%的国际市场、塑料制品行业15%的国际市场将受到影响，轻工产品出口大省广东、浙江、江苏形势尤为严峻。纺织联合会反映，2017年美国棉花占我国棉花进口总量的43.8%，我国将棉花列入对美反制清单将造成国内高等级棉缺口扩大。

（四）创新能力和投入仍显不足，高技术领域短板突出

我国多个工业行业规模已居世界第一，但普遍存在自主创新能力薄弱，高质量、高附加值供给不足的问题。钢铁行业创新投入和载体分散，资金、设备、人才等创新资源重复配置，企业研发投入占主营业务收入比重仅1%左右，远低于发达国家2.5%以上的水平。有色金属行业仍处于生产基本金属的低端环节，在高端新材料环节与发达国家存在明显差距。机械行业部分高端装备核心技术缺失、产品规格单一，但面临研发经费投入不足、研发试验条件落后、专业技术人才短缺等方面制约。中芯国际公司反映，技术落后2～3代已经成为制约我国集成电路产业发展

速度和竞争力的重要瓶颈之一，企业难以负担持续投入巨资进行并行研发。

（五）金融市场波动加剧，制约消费增长因素增多

9 月份，汽车类零售额同比下降 7.1%，直接拉低限额以上单位商品零售增速约 2 个百分点。初步分析，前期刺激政策透支了部分市场需求，一些地区互联网金融企业违约导致消费者资金被套牢，近期股市大幅下跌造成财富缩水、消费者可支配资金减少，以及汽车金融受去杠杆影响出现萎缩等，是造成汽车消费大幅下滑的主要原因。另外，1—9 月商品房销售面积仅增长 2.9%，与之关系密切的建筑及装潢材料、家用电器类商品零售额分别增长 7.8% 和 8.2%，明显低于全部商品零售增速。

三、相关政策建议

下一步，要认真落实党中央、国务院决策部署，坚持以供给侧结构性改革为主线，做好稳就业、稳金融、稳外贸、稳外资、稳投资、稳预期工作，统筹协调推进并不断完善政策措施，促进实体经济平稳健康发展。具体建议如下：

（一）加强协调稳定上游原材料价格

鼓励上下游产业通过中长期合同建立联动机制，加强供需衔接稳定原材料价格。引导企业尽快适应环保要求不断提升的新形势，结合环保政策加快升级改造，更好适应高质量发展要求；加快发展危险废物处置等环保相关产业，提高处置能力。推动去产能企业资产债务处置和国有企业“三供一业”（供水、供电、供热和物业管理）移交，减轻企业负担，推动产品价格平稳下降。

（二）统筹扩大内需和开拓出口市场有效应对中美经贸摩擦

充分挖掘内需市场潜力，引导企业落实“增品种、提品质、树品牌”的“三品战略”，提升品牌产品与内需适应性，扩大内需消费。加强个人所得税抵扣政策解读，帮助消费者提高可支配收入。发挥电商平台作用，拓宽企业销售渠道，鼓励电商进农村，加强农村优质产品外销和农村消费升级。积极开拓多元国际市场，依托“一带一路”加快双、多边经贸合作与自由贸易区建设。

（三）加大对产业创新升级的扶持力度

围绕电子、装备制造等行业设立高端、关键共性技术平台，集中研发经费，重点研究基础性、前沿性难点技术问题。建立多种形式的产学研用合作机制，支持和鼓励行业龙头企业加大研发投入，引导各种主体投资中高端产业项目，加快高新技术材料和产品研发生产。完善高校和科研院所创新机制、成果转化激励机制，提升科技投入产出率。建立长期、稳定的政策环境，减少短期刺激性政策的频繁出台和退出，支持企业进行长期规划、升级改造和技术创新。

（四）加大民生和基础设施补短板投资力度

加快推进合规项目建设进度，进一步加大医疗设施、养老机构，以及天然气储气设施、沿海LNG接收站、北煤南运通道、城市停车场、地下综合管廊等短板领域投资力度。加强多式联运相关设施设备配套建设，推进港口集疏运体系建设，推动铁路入港入园，解决最后一公里运输瓶颈。继续深化投融资体制改革，研究设立固定资产投资专项基金，带动民间资金投入，为投资建设项目提供资金保障。

（五）通过专项贷款等方式加大对制造业融资支持力度

研究建立制造业发展专项贷款，专门用于支持制造业企业投资建设、技术改造和生产经营等的资金需求，增加中长期贷款比例。鼓励地方和金融机构结合实际通过“周转贷”、专项资金池等手段帮助制造业企业缓解资金困难。大力发展供应链金融，推动供应链核心企业对上下游中小企业应付账款予以确权，帮助中小企业获取融资，促进产业链平稳运行。通过产业基金、特种保险等方式，加大对首台套装备研发和应用的资金支持。

（国家发展改革委经济运行调节局汇总整理）

专家视点：降成本是供给侧结构性改革的核心

实体经济企业高成本是中国经济转向高质量发展面临的严重挑战，是中国经济运行的最大病灶，是中国收入分配关系不合理的最集中体现。降成本是供给侧结构性改革的核心和“牛鼻子”，是检验供给侧结构性改革的试金石。应将降成本放在供给侧结构性改革更加突出的位置，学术界和舆论界应更多关注“降成本”。

一、降成本是供给侧结构性改革的核心

伴随近年来中国经济的持续下行，实体经济的传统低成本竞争优势迅速弱化，企业综合成本快速走高、盈利能力降低。我国实体经济企业成本居高难下是不争的事实。

美国波士顿咨询集团（BCG）2015 年 8 月发布的《全球制造业的经济大挪移》分析全球出口总额排名前 25 位的经济体制造业成本竞争力指数。2004 年美国制造业的成本系数比中国高 13.5 个百分点，而 2014 年美国仅比中国高出 4 个百分点（以美国为基准 100，中国为 96），基本上每年缩小一个百分点。更令人震惊的是，到 2018 年美国制造的成本将比中国便宜 2% ~3%。

中国实体企业已经遇到“未强先高”“未富先贵”的问题，成为影响经济高质量发展的重大挑战。在全球产业分工转移新趋势下，特别是中美两个大国经济关系紧张的局面下，我国实体经济的发展面临着“两方面的挤压”新的挑战：一方面，发达国家高端制造回流，制造业综合成本降低，跨国公司制造业呈现向发达国家加速回流的趋势；另一方面，

东南亚等地区低端制造业崛起，全球制造业加快向东南亚、南亚、非洲等成本更为低廉的地区转移，“第二次孔雀东南飞”潮上演。

在经济转向高质量发展的新阶段，降成本是推进供给侧结构性改革的核心和“牛鼻子”，是检验供给侧结构性改革成败的“试金石”。

二、降成本的方式选择

（一）市场决定、政府作为

坚持让市场在资源配置中起决定性作用，调动各方面积极性；政府不能与民争利，在经济下行的特殊时期，要“放水养鱼”，让企业休养生息。需要注意的是，降低成本不是要保护落后产能和落后企业，降低成本不是要降低产品质量、压低工资福利。

（二）中央引领、地方参与

各地企业情况千差万别，对成本的诉求和承受能力不尽相同，中央要抓住企业成本高企的关键因素出统一政策加以化解，地方政府更要针对本地实际情况积极出政策，帮助企业降成本。

（三）政策发力、企业主体

把政府创造良好外部环境与企业改造升级结合起来，在加快出台降低实体经济企业成本政策措施的同时，更加注重引导企业提高技术、工艺和管理水平，增强企业对成本上升因素的消纳能力。

（四）综合施策、重点突破

综合施策理顺各方面的成本利润和收入分配关系的同时，更加注重降低实体经济的税费负担和融资成本，推动政府让利于企业、金融部门让利于实体部门。

三、降成本的路径选择

一是“加法”，即增加政策作用的新空间，为供给侧结构性改革提供必要的条件。主要措施包括：增加预算赤字额，适度提高赤字率，保财政支出；增加房地产税、遗产税等直接税，为降间接税腾出空间；加大国有股减持、划拨力度，补充社会保障基金，为降企业社会保险费提供条件。加法精准能从根本上提高降成本的可行性和效果。

二是“减法”，即通过“普惠性减税、普遍性降费”减轻实体企业税费负担。主要措施包括：尽快大幅度降低实体企业税收负担，不但要明显降低增值税税率和企业所得税税率，对某些行业要免征增值税；在三年内暂停征收（或取消）能源交通建设领域内的政府性基金；归并社会保险费，降低职工基础养老金和住房公积金缴费率；大力度清理规范行政事业性收费，公开收费目录和标准。减法到位才能让实体企业轻装上阵。

三是“乘法”，即为企业注入新的创新因素，发挥创新因素对降成本的放大效应。主要措施包括：推进大众创业、万众创新，加快创新载体和平台建设；推动“互联网+”行动计划，鼓励支持工业化与信息化融合发展，发展新业态、新模式；加强社会信用体系建设，加大守信激励和失信惩戒力度，增强全社会的信任度；引导企业加强技术、工艺和管理等创新，提高企业降本增效能力。乘法灵活才能从根本上激发企业的活力和效率。

四是“除法”，即破除各种增加交易成本的制度性限制和障碍。主要措施包括：改革商事制度，降低市场准入门槛，全面实施市场准入负面清单制度；改革投融资体制，简化审批环节和流程，全面实行阳光化网上透明作业；改革金融体制，引导资金价格下行，加快发展民营银行和产业投资基金。除法彻底才能真正为企业提供良好的营商环境。

（根据中国宏观经济研究院吴晓华在2018年10月经济运行态势分析会上的发言整理）

专家视点：降低实体经济企业成本的三个关键问题

要以更大的决心和更大的力度，增加各类改革和各项政策的针对性，更加明确指向促进实体经济发展，构建鼓励支持各类市场主体创造社会财富的制度体系和社会氛围，切实有效降低实体经济企业成本，实现解放供给约束、释放供给活力、激发供给动力、促进供给创新的改革目标，充分发挥中国经济依然存在的巨大增长潜力。

一、实体经济企业成本偏高的深层次原因

（一）管理体制改革滞后和技术创新不足，造成企业能源原材料价格难以合理下降

主要是现有能源供给体系导致交易成本过高，交叉补贴和政府性基金导致部门间收入分配关系没有理顺，节能技术创新支撑不足。

（二）发展阶段和要素市场化改革不到位，造成企业生产要素成本偏高

主要是劳动力市场分割、社保制度不完善和人口结构因素推高企业人工成本；金融结构不合理、传导机制不畅造成企业融资成本偏高；土地资源日趋紧张、土地使用制度改革不到位，造成企业用地成本较高；资源环境约束增强、环境成本内部化政策强化，造成企业环境成本压力陡增。

（三）财税制度不完善、社保制度设计不合理，导致税费负担重

主要是以流转税为主体的税收制度导致企业部门税负沉重，社保体系不健全将社会负担转嫁给企业，现行财政体系使地方主动降费难度大。

（四）简政放权不到位、行政垄断依然存在及政府规制体系不健全，增加了企业制度性交易成本

主要是行政垄断及行政权力使用不当，政府规制体系不健全。

（五）物流市场分割、交通管理水平不高及物流组织效率较低，造成企业物流成本高企不下

主要是税费负担较重、物流市场分割、铁路运输业垄断增加了物流业的交易成本；物流管理体制、运输结构等方面没有理顺部门间分配关系；依托新技术新业态创新服务供给模式不足导致物流业创新发展缓慢。

（六）企业管理制度不完善、技术手段不先进，造成内部管理成本虚高，管理型交易成本难以降低

主要是企业成本管理系统性不强，企业管理缺乏技术手段支撑，以及企业降低成本存在认识误区。

二、关于“降什么”“谁来降”“如何降”三大问题

一是关于“降什么”。由于企业成本是发展阶段、经济体制、资源禀赋、社会文化传统等多种因素综合作用的结果，降成本需要综合考虑，不能不顾实际地要求降低所有成本。虽然当前企业用工成本居高不下的矛盾十分突出，但当前我国收入分配总体上有利于资本、不利于劳动，降低企业用工成本与党的十八大提出的“两个同步”相悖，不宜出台有利于资方不利于劳方的政策。土地、能源和环境治理等成本是伴随资源

禀赋变化和发展阶段提高而引致的趋势性上升成本，是实体经济企业必须承受的“硬成本”，不能通过降低环保标准来降低成本。

二是关于“谁来降”。实体经济企业成本一定程度上反映了不同经济主体间的收入分配关系。在降低实体经济企业成本中，政府只能通过适度降低税费负担、引导资金流向实体经济、优化生产经营环境等来帮助企业降成本。企业是生产主体，可以通过改变生产投入结构、提高技术创新水平、改变生产组织方式、提高管理效率等内涵挖潜方式降低成本，应成为降低成本、提质增效的主力军。

三是关于“如何降”。降成本的目的是为企业减负增效，关键在增效、目的在增效，途径在于促进企业转型升级、提高盈利能力和市场竞争力。因此，出台降成本政策措施时，既要考虑为企业提供休养生息环境，也要注重引导企业转型升级和提高市场竞争力。降成本不能“一刀切”，而应正确认识和理解企业成本，明确不合理的企业成本及其成因，明确降成本重点，针对不同地区、不同行业、不同企业类型和处于不同发展阶段的企业制定针对性强的举措。

（根据中国宏观经济研究院经济研究所王元在 2018 年 10 月经济运行态势分析会上的发言整理）

The analyses and thoughts
on economic operation
situation and trend

拾壹月

以做好煤电油气运保障为抓手
促进经济高质量发展

2018年以来，我国经济增长总体平稳，国家发展改革委会同有关部门、地方和企业，扎实做好煤电油气运供应保障和产运需衔接各项工作，为经济社会平稳运行、保障群众生产生活提供支撑。随着天气变冷，供暖季从北向南陆续开始，能源保障迎峰度冬已经启动，春运工作已开始筹备。从运行实际和预测情况看，局部地区高峰时段仍存在较大保障压力。今天，我想结合迎峰度冬面临的煤电油气运形势，围绕以煤电油气运保障为抓手促进经济高质量发展，跟大家交流几点看法。

一、客观认识，能源需求较快增长充分显示我国经济发展的强大韧性

煤电油气既是保障经济平稳运行的要素支撑，也是反映经济运行态势的晴雨表和风向标。2018年以来，我国煤电油气消费快速增长。电力方面，前三季度全社会用电量5.1万亿千瓦时，同比增长8.9%，增速同比加快2.0个百分点，为2012年以来同期最高水平。其中，第二产业用电同比增长7.3%，是拉动全社会用电量增长的最主要动力。煤炭方面，前三季度电煤消费大幅增加1.1亿吨，为近年来少见。天然气方面，前三季度天然气消费同比增长18.2%，初步预计，今冬明春日用气量最高可能超过10亿立方米。煤电油气消费增速超预期虽然有天气、煤改气、

煤改电等因素影响，但最主要的原因是我国经济发展的韧性确实比较强。煤电油气实物量指标，是我国经济运行最有说服力的支撑，也是我们在经济运行态势分析时最应参考的因素。2018 年以来我国煤电油气实物量指标的超预期增长，与社会上有些人信心不足形成了强烈反差和鲜明对比，这些数据是实实在在的，而且和消费增长及消费升级等情况相互映衬，因此，我们有必要客观认识煤电油气的实际运行情况，从而准确分析判断我国宏观经济。

二、辩证看待，煤电油气运面临的压力和挑战正是经济可持续增长的潜力所在

随着需求快速增长，今冬明春煤电油气运还存在一些结构性、时段性、地区性矛盾，对此我们要辩证地看待。既要看到这种矛盾一定程度上构成制约经济平稳健康增长的短板，也要看到这些所谓的短板，恰恰是我国经济更可持续、更高质量发展的潜力所在。

一方面，清醒看待当前我国煤电油气运面临的困难和挑战。今冬明春，我国天然气、煤炭、电力、交通运输等领域还面临不少运行压力。**一是冬季高峰期天然气供需矛盾仍然存在。**2018 年以来我国天然气消费快速增长，除“2+26”城市所在 6 省市外，不少其他地区也在积极推进“煤改气”，量大面广。2018 年已落实的天然气可供资源量比上年实际供应量增加近 300 亿立方米，高峰期最大日供应能力为 9.5 亿～10 亿立方米，但按测算，如果要完全满足需求，仍存在超过几千万立方米/日的缺口。目前国际市场 LNG 现货价格是比较高的，这也给冬季天然气保供增加了一定风险。此外，中亚管道气进口稳定供应的问题，长输管道和“煤改气（电）”工程安全运行的问题，互联互通重点工程项目如期建成投产问题，冬季会否出现异常寒冷天气，都存在一定不确定性，加大了保供难度。

二是东北等部分地区煤炭供应仍然偏紧。2018 年以来，全国煤炭供

需虽保持总体平稳，但结构性矛盾突出。特别是东北地区，前期由于蒙东部分煤矿停产减产、外送电量陡升等原因，存煤快速减少，备冬储煤进展不及预期，严重影响了东北地区迎峰度冬能源供应保障。我们采取了一系列措施，使黑龙江、吉林、辽宁主力电厂存煤逐步回升到合理水平，可用天数已接近20天。但考虑到供暖期煤耗进一步增加、严控劣质煤进口、年底煤矿安全生产要求更高、铁路煤炭和其他货物运输更加繁忙等因素，今冬明春东北电煤保供依然面临较大压力。

三是局部地区高峰时段可能存在电力缺口。据气象部门预测，全国大部分地区冬季气温较常年偏高，但不排除局部出现雨雪冰冻灾害。预计今冬明春华北、华中电网电力供需偏紧，其中山东、江西等省份高峰时段可能出现一定电力缺口，贵州也可能存在电量缺口，如出现大范围极端低温天气，或电煤供应明显偏紧，缺口将进一步加大。

四是春运保障难度不容忽视。春运期间，高峰时段局部地区运输供需矛盾依然突出，部分铁路线路仍“一票难求”；私家车出行需求旺盛，道路保安全、保畅通面临较大压力；煤炭、粮食运输量大，“以客为主、客货兼顾”的难度较大；突发事件时有发生，上年春运期间海口车辆滞留、中东部强降雪都对应急应对提出更高要求。

另一方面，牢牢把握煤电油气运工作中的机遇和潜力。当前我国煤电油气运面临的困难和压力，在给保障经济平稳健康发展带来一定挑战的同时，恰恰从另一个角度反映了我国经济发展仍蕴含巨大的潜力。从要素保障方面讲，在时段性、地区性存在要素缺口的情况下，我国经济仍保持了平稳较快的增长态势，如果通过采取合理措施保障这些要素缺口，则经济增长特别是工业增长的动力将更加强劲。从能源领域补短板方面讲，为了妥善解决当前煤电油气运面临的问题，提升能源供应保障和系统调峰能力，需要加快建设油气管网、电网、储气设施、调峰机组等，这将产生新的投资需求，培育新的经济增长点，成为经济增长的潜力所在。从提高经济发展质量方面讲，煤电油气运供需偏紧，将倒逼各有关方面在节能减排和促进清洁能源多发满发上下更大功夫，进而促进我国能源结构更加优化，经济发展更加绿色。

三、补齐短板，为经济平稳运行和高质量发展提供有力支撑

在充分认识煤电油气运工作面临的短板和经济发展潜力的基础上，我们在工作中要积极补齐短板，释放潜力。坚持以习近平新时代中国特色社会主义思想为指导，全面贯彻党的十九大和十九届二中、三中全会精神，扎实做好能源迎峰度冬工作。

（一）扎实推进天然气产供储销体系建设，确保不出现“气荒”

要切实把习近平总书记“以防再现‘气荒’”的要求不折不扣落到实处，务必做到“五个强化”。**一是强化保供责任。**落实地方政府保障民生用气的第一主体责任，做到民生用气保障不留死角。**二是强化合同执行。**供气企业特别是三大油气公司按已签订合同履行冬季保供责任，城市燃气企业对下游用户坚决落实“以供定需”，有多少资源办多少事。**三是强化调峰预案。**用好已建成的160亿立方米储气能力，在冬季高峰期发挥最大作用。在已落实的每天2亿立方米用户调峰能力基础上，力争达到每天3亿立方米，遇到问题时有序动用，确保民生用气。**四是强化安全运行。**要严格执行用气计划，加强对长输管道的隐患排查、巡检维护，及时消除安全隐患。**五是强化储气规划。**上游供气企业10%、城镇燃气企业5%、地方政府3天的储气能力建设是硬任务。要加快储气设施统筹规划建设，并配套建设相应的气化能力、管道输送能力及管网互联互通设施。加快已建成储气设施投用，在入冬前能储尽储，入冬后有序用好。进一步加快符合条件的储气设施项目落地，利用好中央预算内资金支持政策。加快推进储气调峰能力交易市场化，鼓励成立专业化、独立的储气服务公司。

（二）统筹推进去产能保供应稳价格工作，确保冬季用煤需求

今冬明春全国煤炭保供要统筹做好两方面工作：**一方面，要重点做好东北地区发电供热用煤保障。**一是加快优质产能释放。加快办理建设煤矿手续和核增生产煤矿产能，尽快推动解决部分露天煤矿用地接续问题，加快推进煤矿联合试运转与竣工验收，持续增加有效供给。二是压实地方和电力企业责任。督促东北三省有关部门、电力企业加强与省外煤炭管理部门、生产运输企业沟通协调，多渠道采购，千方百计落实所需煤源。三是强化运力协调保障。铁路总公司已加强运力组织和调度协调，对东北地区电煤资源在计划安排、请车装车等方面重点倾斜、优先发运。四是加强电煤中长期合同履约监管。强化煤炭产运需三方合同意识，我们委托第三方征信机构加强合同执行情况的监督检查，对诚实守信、合同兑现率高的企业实施联合激励，对履约不到位的实施联合惩戒、通报约谈。五是推进煤炭可调节库存试点。通过加大宣传引导和政策支持，尽快形成一批具有一定规模的煤炭可调节库存试点，形成可操作可复制可推广的经验，为下一步推广实施奠定基础。**另一方面，要把去产能同优产能、保供应紧密结合起来。**继续把提高供给体系质量作为主攻方向，从总量性去产能转向结构性去产能、系统性优产能，指导地方统筹资源条件、供需实际、在建项目衔接、运力配置等因素，对“十三五”后期去产能任务进行认真论证、统筹安排。

（三）未雨绸缪，多措并举，确保电力平稳度冬

面对冬季可能出现的电力缺口，要积极采取多种措施予以保障。**一是推进应急调峰机组和调峰机制建设。**2018 年迎峰度夏期间，国家发展改革委、国家能源局专门组织认定湖北等 5 省区共计 19 台 876 万千瓦应急调峰储备机组，有效增强了供应偏紧地区的电力应急保障能力。下一步将根据需要，再认定一批应急调峰机组，允许愿意纳入应急调峰机组的停缓建机组在确认办齐开工必要支持性文件后，按程序正常建设，并

根据实际需要并网发电，切实增强系统调峰能力。**二是加大输配电网建设。**进一步梳理摸清跨省跨区输电通道和城乡配电网的薄弱环节，加快推进已核准跨省区通道建设，提升互济能力，实现更大范围资源优化配置。指导电网企业进一步加大城乡配电网投入力度，大幅减少"卡脖子"现象。**三是优化用电负荷曲线。**进一步加强电力需求侧管理，逐步完善技术平台，深入推进需求响应试点，引导用户通过市场化方式主动削减高峰负荷，鼓励发展电能服务商和售电公司，帮助电力用户参与电力市场，削峰填谷。**四是加强运行协调。**针对迎峰度冬期间东北煤炭偏紧、华北天然气偏紧、长三角煤炭消费总量控制难度大等问题，加强监测跟踪，及时发现问题，提前做好应对准备，优化电网调度，协调跨省区送电。**五是深化市场化改革。**在放开 4 个重点行业发用电计划的基础上，2019 年再选择一批行业全部放开。积极推进现货试点，协调电网企业支持现货试点和增量配电业务试点。推进风电光伏发电就近消纳试点，研究绿证交易，统筹做好清洁能源消纳。

（四）持续改进服务、提升质量，更好地满足春运出行需要

春运是一项民心工程，必须做好做实做出温度。11 月初我们召开了部分省区市春运工作座谈会，近期还将会同相关部门提早谋划安排。春运前，国家发展改革委将会同交通运输部、公安部、应急管理部、民航局、铁路总公司等有关部门和单位，印发做好春运工作意见，召开电视电话会议，全面部署有关工作。**一是强化安全责任和安全管理，保障平安出行。**突出整治安全隐患、突出抓好安全检查、突出查处违法违规行为，坚决遏制重特大安全事故。**二是强化运力保障和运输衔接，保障便捷出行。**铁路部门统筹高铁和既有线通道能力，最大限度增加客运能力；民航部门科学编排航班计划，增加飞行班次。强化运输衔接，加强城市公交、出租汽车调度，积极开展公铁联运、空巴联运，便利旅客"最先和最后一公里"出行。**三是加强拥堵治理和应急应对，保障顺畅出行。**针对道路拥堵，春运前利用大数据技术梳理拥堵路段和易堵收费站，推

动有关地方开展重点治理；春运期间加强路网运行监测，及时疏堵保畅，防范发生大面积拥堵。**四是提升服务品质，保障温暖出行。**借助科技提升服务质量和春运效率；坚持问题导向，补齐服务短板；深入实施春运志愿服务“暖冬行动”；持续开展“农民工平安返乡”，落实“军人依法优先”，做好重点群体服务。**五是强化信用建设和舆论宣传，引导文明出行。**对春运中的违法违规经营主体、严重失信旅客、优秀志愿者建立信用记录，推动实施联合惩戒和联合激励。精心组织策划，加强宣传报道，讲好春运故事，营造和谐温暖的春运氛围。

能源迎峰度冬和运输保障事关经济社会平稳运行和人民美好生活需要，科学做好煤电油气运保障工作，责任重大，任务艰巨。我们必须把思想和行动统一到习近平新时代中国特色社会主义思想和党的十九大精神上来，按照党中央、国务院部署，扎实推进，开拓创新，为经济社会发展提供更安全更稳定更可靠更高质量的支撑保障！

（2018 年 11 月 13 日赵辰昕在 11 月经济运行态势分析会上的发言）

经济运行中积极变化和制约因素交织 消费进一步放缓等问题需高度关注

2018 年 10 月份，经济运行出现一些新趋势和积极变化。工业生产、投资、出口以及实物量指标增速均小幅加快，经济运行中积极因素不断释放。综合判断，预计全年增长 6.6% ~6.7%。但消费增速持续放缓、社会融资规模不及预期等问题需要密切关注。

一、经济运行中积极变化和制约因素相互交织

一是消费需求进一步放缓。10 月份，社会消费品零售总额同比增长 8.6%，增速同比回落 1.4 个百分点，比上月回落 0.6 个百分点，基本处于 2003 年以来的最低水平。限额以上单位商品零售中，粮油、食品、日用品、药品等刚需商品以及家具、装潢材料等与房地产有关的商品销售增速基本稳定；汽车类产品零售额同比下降 6.4%，大幅下拉消费增速；烟酒、化妆品、金银珠宝等高弹性消费品增速明显回落；通讯器材类产品销售增速也有所回落。“双十一”期间，全网成交额同比增长 24%，增速同比回落 19 个百分点，增速明显下滑。说明消费数据顺周期性逐步显现，居民消费能力和意愿均有所减弱。

二是新增融资规模回落超预期。10 月份，新增社会融资规模 7288 亿元，比上月减少 1.48 万亿元，同比减少 4716 亿元，创 2016 年 7 月以来新低。其中，新增表内人民币贷款和新增表外融资分别比上月减少 7200 亿元和 2675 亿元，是下拉社会融资规模的两大主因。从人民币贷款来

看，经济环境偏紧、内外需走弱导致企业对未来生产经营活动的预期偏向谨慎，降低了企业的融资需求；商品房销售放缓、部分地区房价下跌也减少了居民的融资需求。从表外融资来看，受金融定价机制不完善等影响，表外融资向表内和债券融资渠道转移的效果并不理想。

三是PMI指数持续回落。10月份，PMI为50.2%，比上月回落0.6个百分点，创2016年8月以来新低。生产指数为52.0%，比上月回落1个百分点，从业人员指数48.1%，比上月回落0.2个百分点，均显示实体经济发展不容乐观。新订单指数为50.8%，比上月回落1.2个百分点；其中，进口和新出口订单指数分别为47.6%和46.9%，比上月分别回落0.9和1.1个百分点，表明内外需均存在较大压力。原材料库存指数为47.2%，比上月回落0.6个百分点，企业补充原材料库存的意愿进一步下降。

四是财政收入2018年首次负增长。10月份，全国一般公共预算收入1.57万亿元，同比下降3.1%；其中税收收入同比下降5.1%。其中，受下调制造业等行业增值税税率和增值税留抵退税影响，国内增值税同比下降2.8%，降幅比上月扩大1.6个百分点，为2016年4月以来最低；企业所得税下降10.1%，国内消费税下降61.6%，车辆购置税、城镇土地使用税、印花税也同比下降。财政收入负增长既表明减税措施力度大、有效果，也在一定程度上反映出经济的下行压力。

五是汽车产销大幅下降。近年来，中西部地区三至六线城市的购车需求是乘用车增长的主要动力，这部分消费者购买力偏弱，价格敏感度高，而且已经得到较为充分的释放。2018年以来，受高房价挤出效应、股市低迷影响居民财产性收入、流动性偏紧导致汽车金融收缩以及乘用车购置税优惠政策退出等因素叠加影响，这部分需求明显放缓，对中低端的国产品牌汽车影响尤为突出。10月份，汽车产销量同比分别下降10.1%和11.7%，销量已连续4个月下降；汽车经销商库存预警指数为66.9%，同比上升17个百分点，为三年来最高。

二、相关政策建议

当前，国内外经济形势仍然错综复杂，诸多因素对我国经济发展的制约可能在2019年年初更加凸显，需要密切跟踪形势变化，前瞻性开展工作，做好政策储备并适时出台。

（一）推进减税进一步降低实体经济成本

借鉴美国税制改革经验，出台整体性减税方案，发挥好“稳预期”的作用。进一步降低增值税名义税率，将16%和10%的两档税率适度下调。适度调低企业所得税税率，并适当放松企业成本费用扣除标准。合并教育费附加和地方教育附加，并适度降低费率水平。

（二）推进完善企业融资环境

改革和完善金融机构监管考核和内部激励机制，引导提升制造业企业贷款投放比例。鼓励地方政府设立应急转贷资金池，为中小企业提供低成本过桥资金；设立风险补偿资金池，对相关贷款提供一定比例的风险补偿；以财务投资人身份增资入股暂时遇到困难的本地民营企业并适时退出；加大对民营企业的直接融资支持力度。

（三）精准帮扶巩固外贸增长势头

针对受美方加征关税影响较为严重的近8000家外向型企业，建立“一企一策”的精准帮扶制度，加强出口信用保险支持，纳入人民币出口卖方信贷利率优惠政策支持范围。优化国际市场布局，加快推进自贸协定谈判，瞄准重点开拓国际市场，帮助企业用好已签署的自贸协定优惠政策。扎实推进跨境电子商务综合试验区建设，完善外贸综合服务企业发展政策。对因我国反制措施受到明显影响的进口领域，实施关税豁免审批程序，给予企业一定期限的“加征关税豁免”。

（四）大力支持制造业创新和转型发展

尽快启动制造业重大短板攻关，建立健全产业、科技、金融等跨部门协调机制，推进重点领域国产化替代。加大技改投资支持力度，支持企业智能化改造、节能环保改造和危险化学品生产企业搬迁改造。实施5G产业化和应用工程，加快组网试验，加快补齐5G芯片、高频器件等产业化短板。

（五）重点做好扩消费工作

研究制定创新流通发展推动消费升级政策措施。加快建设中高端消费载体。加强便民消费设施建设，建设社区便民服务中心，完善社区生活“一站式”服务功能，支持具备条件的农村地区建设特色商贸小镇。建设高效流通体系，推进供应链试点，总结推广城乡高效配送经验，完善电子商务发展环境。在较长时期内延续1.6升以下乘用车购置税减半政策，稳定汽车消费。

（国家发展改革委经济运行调节局汇总整理）

2018年各地区累计用电较快增长
10月份部分地区制造业用电负增长需关注

2018年1—10月，全国用电量同比增长8.7%，增速创6年来新高。分地区看，东、中、西部和东北地区分别增长6.9%、9.8%、11.4%和7.6%，增速分别提高1.3、2.3、2.7和3.5个百分点。

一、各地区用电较快增长，10月份沿海部分省份增速回落

1—10月，全国31个省份累计用电量均实现正增长，增速达到两位数的有10个，其中，前5位分别为广西（19.7%）、西藏（17.6%）、内蒙古（14.8%）、重庆（12.8%）和四川（12.7%）。中西部地区用电增速较高，除这5个地区外，其他如甘肃、安徽、湖北、湖南、江西、云南、青海等中西部省份用电增速也高于全国平均水平。东部地区仅有福建高于全国平均水平，东部其他地区和东北一些省份的用电量增速较低，其中，上海3.1%、黑龙江5.0%、广东6.1%、江苏6.2%、海南6.4%。

10月份，东部沿海一些地区用电增速明显回落，福建、上海、广东和江苏分别为-0.5%、0.1%、0.3%和2.1%。福建省2018年首次出现月度用电负增长，主要是受城乡居民生活用电下降11.7%影响。

二、制造业用电增长总体平稳，10月份部分省区同比出现负增长

1—10月，全国制造业用电同比增长7.3%，各地区制造业用电均有

不同程度增长。其中，东部、中部、西部和东北地区制造业用电量同比分别增长5.1%、8.0%、10.6%和8.9%。东部地区制造业用电量增速偏低，主要是京津冀、长三角等地区受大气污染治理、清理违法违规产能、安全检查督查等因素影响。分地区看，18个地区制造业用电量增速高于全国平均水平，其中，广西、内蒙古、四川、重庆、福建、湖南和西藏制造业用电增速高于10%。江苏、山东、广东、浙江、内蒙古、河北、河南和新疆8个地区制造业用电量超过1000亿千瓦时。

10月份，全国制造业用电同比增长5.3%，增速比9月份回落4.5个百分点，不同地区增速差异较大。在广西、山东、河北、四川等7个地区制造业用电增速高于10%的同时，9个地区制造业用电量出现负增长，分别是东部的海南（-0.2%）、浙江（-1.3%）、上海（-5.4%）、江苏（-5.9%）、北京（-10.3%）和中西部的湖北（-0.2%）、河南（-2.0%）、陕西（-4.5%）、新疆（-5.5%），需要密切关注，持续跟踪。

进入11月以来，全国各地发用电继续保持平稳增长态势。据国网调度数据，11月上中旬，华北、华东、华中、东北、西北、西南和南方地区发受电量同比分别增长7.6%、3.5%、6.6%、4.5%、6.7%、15.1%和7.8%。

（国家发展改革委经济运行调节局汇总整理）

专家视点：推动中国能源高质量发展转型的四大途径

党的十九大提出“两步走”新战略：到2035年基本实现社会主义现代化，到2050年建成富强民主文明和谐美丽的社会主义现代化强国。与邓小平同志提出的社会主义现代化建设“三步走”战略相比，不仅把基本实现社会主义现代化的目标提前了15年，而且强调到2035年确保生态环境根本好转，美丽中国目标基本实现。能源事关经济社会发展、国计民生和国家安全，其生产利用方式直接关系生态环境质量水平。在国际国内经济深刻调整、能源技术加快变革背景下，作为全球第二大经济体和最大能源生产消费国，我国必须加快能源高质量发展转型，重塑能源发展理念、供需模式、技术选择和体制机制，这是确保“两步走”新战略目标实现的重要前提。

一、我国能源高质量发展的潜力和机遇

（一）我国能源消费存量和增量规模巨大，能源高质量发展转型具有很大空间

目前，我国工业化、城市化正处在升级发展关键阶段，还有数亿人口从农村转移到城市，工业制造业规模将进一步壮大，汽车保有量还将增长一倍以上。通过大幅提升工业、建筑、交通节能低碳标准要求，能够从源头避免高碳“路径锁定”。同时，在能源科技创新日新月异，新一

轮工业革命方兴未艾的形势下，我国区域城乡梯级发展的特点，以及潜力巨大、层次丰富的市场需求，意味着在技术路线、生产制造、商业模式等各个环节都存在很大创新空间。

（二）我国能源技术持续进步，是全球能源技术创新前沿

我国电力、钢铁、电解铝等行业能效达到世界先进水平，一些先进企业能效达到世界领先水平。在百万千瓦超超临界二次再热火电机组、第三代核电、特高压输电等领域，我国已经步入世界先进行列，并实现“走出去”发展。在风机、光伏制造等领域，我国与国际先进水平差距明显缩小。在主要发达国家能源需求饱和的形势下，我国已经成为全球能源技术创新的最前沿。随着能源科技创新能力不断积累，特别是技术装备自主化水平持续进步，我国能源发展进入创新发展的新阶段。

（三）我国能源发展面临赶超跨越，甚至引领全球低碳发展的有利机遇

在前两次工业革命进程中，英国、美国等发达国家的崛起，都离不开能源资源的重要保障和能源开发利用技术的重大突破。我国已经不具备发达国家现代化进程中的有利外部环境，以较低人均碳排放实现全面现代化是我国的必然选择。作为世界制造业第一大国、建筑第一大国、汽车产销量第一大国，包括超低能耗建筑、电动汽车、高速铁路、新一代核电、智能电网、智慧能源、合同能源管理等先进技术和创新模式，在我国都有广阔的市场空间和应用前景，具有引领世界低碳发展的较大潜力。

二、我国能源高质量发展的对策建议

（一）着眼世界先进、全面提升能源效率

严格落实较紧的能源消费总量和强度“双控”目标约束，推动全社

会提高能源利用技术效率和经济效益。按照2035年达到世界先进、2050年达到世界领先要求，大幅提升各个领域节能标准要求。

（二）推动低碳能源替代传统化石能源

加快发展天然气、核电、可再生能源，在实现增量替代同时，逐步实现存量替代。切实解决清洁能源发展面临的政策障碍，建立适应可再生能源大规模融入的电力系统和电力机制，坚持集中式和分布式并重，推动风电等可再生能源加快发展。

（三）统筹能源革命与工业化城市化发展

转变以需定供的传统模式，以安全生产、生态环境、水资源约束等为红线，以结构优化、系统效率效益最大化为目标，促进能源开发、工业化和城市化发展转型。

（四）完善能源高质量发展政策机制

加强公众宣传和政策引导，推动全社会树立节约适度消费理念，促进消费理念和文化根本转型。深化供给侧结构性改革，转变大量生产、大量消费传统模式，推动科学供给满足合理需求、适度消费匹配柔性生产。以明确价格和政策引导信号为重点，完善能源开发利用价税费体系，理顺各类化石能源与清洁低碳能源比价关系。

（根据中国能源研究会周大地在2018年11月经济运行态势分析会上的发言整理）

The analyses and thoughts
on economic operation
situation and trend

拾贰月

坚持深化改革 扩大开放
高标准做好经济运行调节工作

2018年是改革开放40周年，不久前习近平总书记在深圳视察时强调，要不忘改革开放初心，认真总结改革开放40年成功经验，提升改革开放质量和水平。40年的实践充分证明，我国经济实力、综合国力、国际竞争力不断跃升，靠的是坚持不断深化改革、不断扩大开放。在经济运行调节工作中，我们也深深体会到，只有不断深化改革、扩大开放，经济运行调节工作才能与时俱进，不断适应经济社会发展需要。今天，我想围绕"坚持深化改革、扩大开放，高标准做好经济运行调节工作"，与大家交流几点想法。

一、改革开放引领经济运行调节工作攻坚克难、一路走来

1978年12月18日，党的十一届三中全会召开，拉开了改革开放的序幕，今天是2018年12月17日，整整过去了40年。在今天这个特殊的日子，我们一起来总结深化改革、扩大开放在经济运行调节工作中的作用，特别有意义。40年的经济运行调节工作说来话长，简短地说，我讲几个真实的故事。

第一个故事：煤炭订货会改革之路。煤炭订货会始于1952年，一直由政府直接组织，用的是典型的计划经济手段，由政府直接配置资源、决定价格，在短缺经济条件下，曾发挥重要作用。改革开放以后，随着我国经济由计划经济转向有计划的商品经济，并逐步转向市场经济，这

种计划手段与经济发展越来越不适应，造成要素配置扭曲，煤炭供需不仅无法实现平衡，反而更加失衡。2000 年以后，国家发展改革委（2003 年之前为国家发展计划委——编者注）牵头逐步推进煤炭订货会制度改革，不断缩小参会规模，政府不再提出具体价格水平，把原来的电煤计划分类转为煤电双方直接签订的电煤合同。2005 年年初改为重点煤炭产运需衔接会，签订近 8 亿吨合同；2007 年进一步改为煤炭产运需衔接电视电话会议。以此为标志，煤炭市场由企业自主衔接资源、协商定价的新机制得以确立并不断完善。煤炭市场化改革有效促进了供需平衡，我国煤炭从 1978 年的 6 亿多吨产量，发展到 2015 年近 40 亿吨的产量，为经济平稳运行打下坚实能源保障基础。

第二个故事：电力市场化改革的探索。我国在 21 世纪初就开始探索电力市场化改革，市场化改革的一个里程碑是 2002 年国务院 5 号文确定的厂网分开；2015 年中共中央、国务院 9 号文件开启了第二轮“电改”大幕，推进竞争性环节电价放开、发用电计划放开、配售电业务放开的“三放开”，使改革得到进一步深化。电力市场化改革十几年历程，无论是改革方案的出台，还是解决改革推进中出现的各种问题，都与加强对外合作、充分借鉴国际经验密切相关。2002 年国发 5 号文件出台前，国务院相关部门组织企业负责人和专家，先后赴日本、美国、德国、英国等发达国家考察，通过分析比较并结合我国实际，形成改革方案。本轮电力体制改革现货试点推进过程中，8 个试点之一的浙江省，向国际各研究机构公开招标设计现货市场建设方案，最终美国 PJM 市场研究团队中标。为促进清洁能源消纳，青海省借鉴葡萄牙先进经验，2017 年实现连续 7 天百分之百清洁能源供电，2018 年再次突破，达到 9 天。改革开放使我国电力工业竞争力不断增强，走出去步伐不断加快，国家电网公司 2008 年成功竞购菲律宾电网 25 年特许经营权，2010 年收购巴西 7 家输电特许权公司 100% 产权，2012 年收购葡萄牙国家能源网公司 25% 股份。可以说，正是得益于坚持扩大开放，积极参与国际合作，我国电力市场化改革才不断取得突破。

第三个故事：煤炭去产能的实践。2015年去产能开始前，我国有57亿吨左右煤炭产能，相对年均40亿吨以内的消费量来说，资源供应不存在问题。但50多亿吨的产能中，低效无效产能占相当一部分比例，一批环保、安全不达标的落后产能和“僵尸企业”无法形成有效供给，制约了消费需求的升级。2016年以来，我们一方面抓住“僵尸企业”牛鼻子，大力破除低效无效供给，累计退出30万吨以下小煤矿3000处以上、产能超过3亿吨；另一方面，通过实施减量置换培育和发展一批优质产能，大幅提升了清洁安全高效资源供给水平，2016年以来核准新建大型现代化煤矿49处、产能2.5亿吨。通过先进产能合理地增和落后产能坚决地退，煤炭供给体系质量不断提升，供给体系对需求结构的适应性和灵活性不断增强，煤炭行业逐步开始实现更高层次的供需再平衡。

第四个故事：去冬今春天然气供应问题及其连锁反应的应对。我国经济已由高速增长阶段转向高质量发展阶段，全面短缺的时代一去不返。但随着人民对美好生活的需要不断提高，高端需求越来越多。反映在要素保障方面，上一供暖季出现的天然气供应保障问题，说到底就是人民美好生活需要对天然气这种清洁高端能源的需求快速上升导致的阶段性问题。从运行调节上，我们面对的不仅仅是天然气供应问题，天然气供不应求，很快就导致电取暖大量增加，矛盾就传导到电力领域，2018年1月发用电量同比增长13%；天然气电厂无法出力，更多依靠煤电，从电力领域又快速传导到煤炭领域，每天发电耗煤增加70万吨，高的时候达到90万吨；从煤炭领域再快速传导到交通运输领域，煤炭运输大通道建设的紧迫性更加凸显。由供气矛盾引发的气、电、煤、运的快速传导对能源要素保障的综合平衡提出了更高要求，在此过程中，煤电油气运保障工作部际协调机制采取综合性措施统筹做好工作，在发挥市场决定性作用的同时，通过提升运行调节水平更好地发挥了政府作用，为煤电油气运这些基础领域、命脉行业供需再平衡提供了坚强保障。

四个真实的故事，正是改革开放引领经济运行调节工作不断前行的生动缩影。从这些故事中，**我们深深体会到，**经济运行调节工作实现从短缺到平衡，到高质量的再平衡，必须依靠不断深化改革，打破固有思维、打破垄断、引入市场竞争，通过市场引入新机制、新主体、新模式，激发活力。**我们深深体会到，**经济运行调节工作实现从短缺到平衡，到高质量的再平衡，必须依靠不断扩大开放，学习吸收国际先进经验和做法，积极参与国际交流合作，为破解难题，找到启示和借鉴。**我们深深体会到，**经济运行调节工作实现从短缺到平衡，到高质量的再平衡，要充分发挥市场在资源配置中的决定性作用，更好发挥政府作用，发挥好两个作用，把握好合理的度，必须依靠深化改革扩大开放。**我们深深体会到，**深化改革，既包含改革体制机制，破除制度藩篱，也包含用改革创新的思路，丰富运行调节的手段；扩大开放，既包含打开国门面向世界，加强引进与交流，也包含用开放包容的理念，拓宽运行调节的空间。

二、当前经济运行调节工作依然面临诸多困惑和难题，需要在改革开放中不断寻找出路

改革开放引领经济运行调节走过40年，使我们经验不断丰富，思路不断拓宽，能力不断增强。但也必须清醒地看到，随着我国社会主要矛盾已转化为人民日益增长的美好生活需要和不平衡不充分的发展之间的矛盾，在我国经济转向高质量发展的过程中，面临的发展环境越来越复杂，需要应对的难题和挑战越来越多，社会各方面的期望越来越高，做好经济运行调节工作的难度越来越大，不可须臾懈怠。

比如，随着去产能的深入，煤炭行业底数越来越清晰，供给体系质量和产能利用率不断提高。但目前随着环保要求的不断提高，煤炭减量消费替代措施越来越严格，煤炭在能源消费结构中的比重将越来越低；而我国“多煤、少油、缺气”的国情决定了煤炭作为主体能源的地位仍将长期保持，电煤需求可能仍会继续增长。在这种情况下，到底多大的产能规模和产能利用率才能满足我国经济社会高质量发展的需要并适应生态文明建设的要求，是摆在我们眼前的一个问题。

比如，随着电力市场化改革，市场交易从无到有，从少到多，2017年达到26%，2018年将超过30%。但电力既涉及国民经济命脉，又与民生息息相关，具有一定程度的公共属性。国际经验也充分证明，市场手段不是万能的，当市场手段失灵的时候，必须通过政府的宏观调控手段进行干预。电力市场化到底需要到什么程度，中长期合同、市场现货交易占什么比例合理，才能与我国经济社会发展水平相适应，都需要在实践中不断摸索。

比如，依靠体制优势，一年来，相关部门、地方、企业共同努力，天然气产供储销体系建设取得积极进展，当前的供暖季供气保障平稳有序。但如何探索构建市场化、长效性的平衡机制，特别是在天然气峰谷差越来越大的情况下，如何保持合理的调峰能力，既满足旺季需求，又避免淡季资源大量闲置，还需要持续发力。

又如，在交通物流领域，随着产业结构调整和运输能力提升，重要物资运输的综合协调保障如何从“保量”向“提质”转变，物流业在打造优良物流营商环境，降低制度性成本的同时，如何通过标准、统计、示范、宣传、评价等市场化手段，推动物流高质量发展，也要在工作中不断探索。

再如，在突发事件应对和应急管理方面，虽然经济运行中应急管理的机制日渐成熟完善，对突发事件内在机理和演化规律的认识不断深化，预防处置突发事件的能力不断提高。但经济运行面临的突发事件种类和风险前所未有，自然灾害与人为因素、传统领域与非传统领域、既有矛盾与新生矛盾、国内风险与国际风险相互交织，突发事件的关联性、衍生性、复合性不断增强，风险识别、协同处置、事后恢复的难度明显高于以往，如何健全可预测、可协同、可操作的突发事件应对体制机制，需要深入思考。

诸多困惑和难题，都是提升新时代经济运行调节水平必须跨越的门槛，需要我们坚持深化改革、扩大开放，不断探索规律、寻求破解。

三、坚定不移深化改革扩大开放，使经济运行调节工作更好适应新时代高质量发展要求

党的十九大对建设现代化经济体系、实现高质量发展作出战略部署，对做好新时代经济运行调节工作提出了更高要求。我们要以永远在路上的韧劲，坚定不移深化改革扩大开放，推动新时代经济运行调节工作迈向更高水平。

一要通过坚持深化改革扩大开放找准政府和市场的边界。处理政府与市场的关系，是我国经济体制改革的核心问题，也是建设现代化经济体系必须面对的关键问题。煤电油气运要素保障和产运需衔接，涉及国民经济命脉，事关经济社会稳定大局，做好运行调节，既要发挥市场决定性作用，又要更好发挥政府作用。找准政府和市场的边界非常重要，我理解，科学合理的经济运行调节应该是向政府和市场边界点不断校准的过程。经济体量越大，与国际经济交融越紧密，这种校准就越难，就越要靠不断深化改革扩大开放来提升运行调节工作的把握能力和调节水平。

二要通过坚持深化改革扩大开放选好运行调节的时点。经济运行调节工作要善于快速反应，善于解决问题，但不能满足于做问题出现后的“救火队”。要通过深化改革，把运行调节的时点前移，多做“防患未然”和“提前应对”的事，要“治未病”，让“少生病”“生小病”甚至“不生病”成为经济运行的常态；要通过扩大开放，从国际同类情况中汲取经验教训，从“青蘋之末”和“微澜之间”发现苗头性、倾向性、潜在性问题，及早化解，避免经济运行出现大的波动和问题。

三要通过坚持深化改革扩大开放把握运行调节的导向。一直以来的经济运行调节工作更多是问题导向，头痛医头、脚痛医脚，往往疲于应对突发性急难险重任务。按照党的十九大提出的建设现代化经济体系，

推动高质量发展的要求，做好新时代经济运行调节工作，必须自觉提高站位，强化目标导向，积极主动从战略、全局、长远的角度加强工作谋划和长效机制建设，自觉将经济运行调节工作放到现代化经济体系建设、实现高质量发展的大局中去把握、谋划和推进。明确的目标导向也会给市场和社会稳定的预期，进而促进经济平稳运行。

四要通过坚持深化改革扩大开放丰富运行调节的成果。经济运行调节工作既要善于解决问题，也要善于总结提炼成果并加强成果运用。多年来经济运行调节工作实践中，依靠深化改革扩大开放，积累了大量工作经验和创新思路。做好新时代经济运行调节工作，要靠继续深化改革扩大开放，学习国际先进经验和做法，对这些经验和做法进行总结提炼和完善提升，形成适用于更高层次、更广领域的通用理论成果，进而更好指导经济运行调节工作，推动形成理论实践相结合的良性循环。

2018 年以来，在相关部门机构和在座各位的共同努力下，经济运行态势分析会探索了新的组织方式，成为有关政府部门、行业协会、相关企业、研究机构共同学习的平台、汇集信息的平台、理论实践融合的平台、提升工作能力的平台。2019 年，让我们进一步凝神聚力、再接再厉，以习近平新时代中国特色社会主义思想为指导，按照党中央和国务院部署，扎实做好各项工作，为经济社会持续健康发展提供支撑保障！

（2018 年 12 月 17 日赵辰昕在 12 月经济运行态势分析会上的发言）

专家视点：我国煤炭产业格局变化与促进行业高质量发展的思考

2016年2月1日，国务院印发《关于煤炭行业化解过剩产能实现脱困发展的意见》(国发〔2016〕7号)，要求从2016年开始，用3至5年的时间，退出产能5亿吨左右、减量重组5亿吨左右，较大幅度压缩煤炭产能，适度减少煤矿数量，煤炭行业过剩产能得到有效化解，市场供需基本平衡，产业结构得到优化，转型升级取得实质性进展，正式开启了煤炭供给侧结构性改革之路。通过几年的不懈推动和努力，全国煤炭产业格局发生了巨大变化。

一、我国煤炭产业格局变化及主要特点

一是全国煤炭供需格局由“结构性过剩、长期总量不足”转为“结构性不足、长期总量过剩”态势。改革开放以来，全国煤炭生产消费量由1978年的6.8亿吨持续增加到2013年的生产39.7亿吨、消费42.3亿吨左右。产能过剩已经成为常态，供给不足是区域性、时段性和品种性的结构性矛盾。

二是全国煤炭生产格局由长期以来的“大中小煤矿并举、中小煤矿为主”转为“大型现代化煤矿为主、中小煤矿为辅”态势。全国煤矿数量由20世纪80年代的8万多处，减少到2005年的2.5万处，2017年年底全国煤矿总数不足7000处，其中，大型现代化煤矿产量占比由2005年的35%提高到80%左右。

三是煤炭开发格局由长期以来的“中东部为主”转为“中西部为主

并向晋陕蒙集中”，全国煤炭资源“梯级开发、梯级利用”布局初步形成。随着东部老矿区资源枯竭，大部分衰老煤矿逐渐退出，加上西南地区资源赋存条件较差，煤矿生产安全压力大，全国煤炭生产越来越向晋陕蒙地区集中。

四是全国煤炭消费格局呈现“消费增幅下降，总量增长空间变小，主要耗煤行业和区域转换”格局。就区域消费格局看，传统的东部主要煤炭消费区逐渐由需求增速放缓向总量回落转变，全国煤炭消费逐渐向中西北转移；行业消费格局也由长期以来“电力、冶金、建材、化工、民用”五大行业拉动需求为主，转为电力行业增幅回落，冶金、建材、民用总量下降，化工用煤有望增加的态势。

五是煤炭运输格局由全国煤炭运输瓶颈制约逐渐向运输能力宽松转变。“西煤东运、北煤南调、铁水联运、铁路直达”运输网络不断完善。从铁路运输方面看，大秦、蒙冀、朔黄、瓦日、蒙华、兰渝等一批煤炭铁路运输专线能力不断增加，特别是蒙华煤炭运输干线运营后将对华中地区煤炭生产与市场格局带来较大影响；从港口建设看，秦皇岛、京唐、天津、黄骅、日照等环渤海下水港与华南接卸港口吞吐量大幅增加。

六是煤炭组织结构朝着“强者愈强，企业差异化”方向发展。2017年全国煤炭产量超亿吨企业6家、产量12.2亿吨，占全国的34.7%；年产量超5000万吨的企业17家、产量20.3亿吨，占全国的57.6%；年产量超1000万吨的企业36家、产量24.6亿吨，占全国的69.8%。

七是以煤为主、煤炭上下游产业融合发展，煤电、煤焦化、煤化工以及医养健康、新能源、金融等新兴产业快速发展的多元化产业格局已经形成。煤电产业方面，截至2017年年底，煤炭企业参股控股电力装机规模超过3亿千瓦时，占全国火电装机的27.1%左右；煤制油、煤制烯烃、煤制气、煤制乙二醇产能分别达到800万吨/年、800万吨/年、51亿立方米/年、270万吨/年。

八是煤炭市场格局由不完全市场与过度竞争并存转为市场化体制机制逐步完善、平稳运行的发展态势。具体表现为：煤炭市场价格机制确立，形成了“基础价+浮动价”的市场化定价机制；煤炭中长期合同制度形成共识；煤炭企业效益回升、脱困发展初见成效，全社会煤炭库存处于合理水平，煤炭上下游协调发展机制逐步建成。

九是煤矿安全生产格局由“大幅降低煤矿安全生产事故和死亡人数”向“安全生产形势根本好转和职业健康水平提升”方向转变。

二、促进煤炭行业高质量发展的思考

一是贯彻新发展理念，着力推动发展方式转变、模式创新。促进煤炭行业发展方式由数量速度粗放型向质量效益集约型转变；科技创新模式由劳动密集型向两化融合、人才技术密集型转变；煤炭生产由机械化向现代化、智能化生产转变，由生产销售原煤向销售商品煤、洁净煤转变；煤炭产品由燃料向原料与燃料并重转变；煤矿安全由大幅降低安全生产事故为重点向提高职业健康保障程度转变；实现煤炭行业发展由生产型向生产服务型转变，由传统能源向清洁能源转变。

二是坚持以科技进步为抓手，建设煤炭产业科技支撑体系。推动基础理论研究与关键技术攻关，以新技术、新工艺、新装备和新技术革命引领煤炭科技创新发展，带动技术升级；深入推动煤炭供给侧结构性改革，持续推动结构调整，淘汰落后产能，提高产业集中度，提高效率和效益；推动装备制造业创新发展，以智能化矿山建设为发展方向，促进大型现代化、智能化技术与装备研发，实现全行业煤炭产量人均万吨的目标；推动“知识性+技能型”人才队伍建设。

三是坚持市场化改革方向，建设统一开放、有序竞争的市场体系。建立煤炭市场供应保障机制，充分发挥信息技术作用，建立全国煤炭生产、供应、消费大数据系统和供应保障系统，提高全国煤炭稳定供应能力；建立上下游合作共赢发展机制，建立煤炭生产、消费企业间长期战略合作和互相参股控股，实现煤炭上下游合作共赢；建立中长期合同与市场化价格机制，继续推动煤炭中长期合同制度，健全完善“基础价+浮动价”的市场化定价机制。

四是建立和完善煤炭资源开发利用的绿色发展体系。研究建立根据生态环境容量确定资源开发规模的评估机制，坚持以最小的环境扰动获取最大的资源开发收益。建立煤炭安全高效绿色开发生产机制；鼓励煤矿绿色开采、保水开采、充填开采等技术发展；鼓励原煤全部洗选。建立煤炭清洁高效集约化利用机制；加大力度支持燃煤电厂超低排放技术改造、高效煤粉型工业锅炉技术和低阶煤分级分质技术发展。建立和完善煤炭全生命周期的绿色发展机制。

五是建立健全煤矿安全生产与职业健康保障体系。完善煤矿安全生产长效投入机制，确保煤矿安全生产；建立和完善煤矿安全生产法律法规体系，修订完善煤矿安全法律法规，为煤矿安全生产提供制度保障；建立和完善煤矿职业病预防机制，加大力度推动煤矿职业健康防治工作，提高煤矿职业健康水平。

六是推动煤炭行业国际合作发展的开放体系。重点研究“一带一路”沿线国家资源条件、法律政策与人文环境，规避投资风险，促进煤炭资源开发合作；规范煤炭进出口，调整煤炭进出口结构，支持优质煤炭进口，维护东南沿海地区煤炭供需平衡，严格控制劣质煤进口；提高我国煤机装备制造水平，支持我国煤矿装备出口。

七是健全完善煤炭产业政策保障体系。完善煤炭去产能政策，深入推动煤炭供给侧结构性改革，深入贯彻落实国务院 7 号文件精神，推动结构优化调整、市场供需平衡；研究去产能关闭煤矿资产、债务处置政策措施，推动“债转股”落地；完善煤炭税费政策，研究制定公平合理的煤炭税费体系，切实减轻企业负担，提高企业发展能力；建立完善煤炭财政与金融政策，加大财政支持，推动煤炭企业“三供一业”移交，研究建立煤炭产业转型升级基金。

（根据中国煤炭工业协会张宏在 2018 年 12 月经济运行态势分析会上的发言整理）

专家视点：加强天然气需求侧管理

世界能源发展已经跨过煤炭进入了油气时代。世界典型国家的发展经验表明，未来天然气将在世界能源消费结构中扮演重要角色。与世界典型国家相比，中国能源消费总量大、结构不合理，天然气利用水平较低，大气环境亟须改善。当前，我国天然气发展处于高速增长期、革命适应期、改革过渡期“三期叠加”阶段，在不断加强调峰储气设施建设力度的同时，也要强化需求侧管理。

一、需求侧管理与市场化不矛盾

需求侧管理不是否定市场化，这是世界各国保障天然气安全运行的通用做法，但是必须立法先行，关键有以下三项内容。

一是研究确定天然气供应标准，主要是满足“受保护用户”的季节性调峰需求。欧盟提出在以下三种情况下保障对“受保护用户”供应：在出现20年一遇连续7天的极低温度；面临20年一遇至少30天的特别高需求；在一般冬季条件下，单一最大天然气基础设施中断最少30天。

二是通过风险评估，确立天然气基础设施标准。欧盟或成员国主管机构应采取必要措施确保某成员国或欧盟在单一最大基础设施发生中断时，其余基础设施能够满足20年一遇某日特别高的天然气需求（即“N-1标准”）。

三是制订“预防行动计划”和“应急计划”。欧盟 Directive 2010/994/EC 指令要求制定预防行动计划和应急计划，前者避免陷入危机，后者分级应对危机。由于天然气供应要依赖于管网，导致随时有季节性或非季节性的供应短缺或中断发生，需要制定全国性、区域性的“应急计划”。非市场化措施和需求侧管理的应急主体是天然气工业和发电用户，需要由法规或由政府相关部门确定，基本要求是这两类企业应该储备一定数量的替代燃料，应急时由政府相关部门发出命令，让其降低负荷或强制使用替代燃料。

二、加快建立两大机制

一是预测与预警机制。国家及各级天然气运营管理部门应加强预测工作，每年定期组织开展天然气供需预测与平衡分析。各级天然气运营管理部门应加强政府、天然气供应与销售企业、调峰用户之间的数据信息衔接共享，做好供需分析监测预判。目前已具有初步完善的方法体系和模型体系，但是缺少全面的、及时的、集中的信息与数据机制。天然气供应与销售企业应加强供应侧管理工作，制定预案有效应对导致天然气供应发生变化的重大事件和突发事件，保障供应稳定。对于可能导致天然气需求情况发生变化的重大事件和突发事件，应及时预判、预警并报告上级相关天然气运行主管部门和销售企业。各级天然气运行主管部门应及时向社会发布预警信息。

二是有序用气机制。主要是通过法律、行政、经济、技术等手段，加强用户管理，改变用气方式，采取错峰、避峰、轮休、限气等一系列措施，避免无计划关阀限气，规范用气秩序，将结构性、时段性天然气供需矛盾所带来的社会经济影响降至最低。有序用气对于我国当前实现天然气供需平衡、维护供用气秩序平稳的常态化、开展精细化用气管理、优化资源配置等具有重要意义。制定合理的有序用气方案必须是建立在对用户负荷及负荷特性数据资料分析的基础上，进行准确的负荷预测。当协调资源后依然无法满足需求时，实施用户用气量减限。

三、支撑与保障

支撑主要是技术支撑、资金支撑和队伍支撑。具体措施包括：完善预测技术体系（信息数据机制），建立预警技术体系，建立智能化运行决策模型，建设信息化平台；支持技术研发和平台建设的专项资金、运维及培训费用等；从国家层面整合研究机构，建立专门专业支持团队。

保障主要是法律保障、机制保障和政策保障。具体措施包括：研究并逐步推动相关立法；加快建立健全预测预警机制、有序用气机制；奖惩（信用体系、专营权、发电小时数等）、经济激励、可中断价格政策等。

（根据中国石油规划总院陈进殿在2018年12月经济运行态势分析会上的发言整理）

The analyses and thoughts
on economic operation
situation and trend

行业经济运行
回顾与展望

2018年煤炭行业运行态势分析及2019年走势研判

2018年，随着煤炭供给侧结构性改革的不断深化，煤炭市场供需实现了总体平衡，消费和供给均有所增加，市场价格保持在合理区间，企业经营状况持续好转，行业结构调整、转型升级取得新进展，供给质量明显提高，但仍存在着一些不容忽视的问题和矛盾。预测2019年煤炭市场总体平衡并向宽松方向转变，行业运行面临一定的下行压力。

一、2018年行业运行总体保持平稳

（一）煤炭市场供需基本平衡

1. 煤炭消费小幅增长

初步测算，2018年前11个月全国煤炭消费量约35.5亿吨，同比增加8300万吨，增长2.4%。从用煤结构看，受火力发电量增长拉动，发电用煤增加较快。其中，电力行业耗煤18.7亿吨，同比增加1.15亿吨，增长6.6%；钢铁行业耗煤5.7亿吨，同比增加830万吨，增长1.5%；建材行业耗煤4.6亿吨，同比增加420万吨，增长0.9%；化工行业耗煤2.6亿吨，同比增加1350万吨，增长5.5%；其他用煤同比减少5200万吨，其中居民用煤明显下降。

2. 煤炭供应增加

一是国内产量增加。2018年以来，随着煤炭新增产能不断释放，全

国煤炭产量增加，前11个月全国规模以上企业原煤产量32.1亿吨，同比增长5.4%。二是进口增加。前11个月全国煤炭进口2.71亿吨，同比增加2304.7万吨，增长9.3%；出口462.3万吨，同比下降37.4%；净进口2.67亿吨，同比增加2580.8万吨，增长10.7%。三是铁路煤炭发运量保持较快增长。前11个月全国铁路发送煤炭21.7亿吨，同比增长9.9%。主要港口发运煤炭6.9亿吨，同比增长3.8%。

3. 全社会库存处于高位

一是煤矿存煤有所减少，库存处于较低水平。据快报，11月末，煤炭企业库存为5400万吨，同比减少1100万吨，下降16.9%。二是主要用户存煤增加，电厂库存处于较高水平。11月末全国统调电厂存煤1.4亿吨，同比增加2128万吨，增长18%，比年初增加3252万吨，增长30.4%，可用26天，存煤量为近三年来最高值。三是港口存煤处于高位。11月末环渤海煤炭主要下水港（秦皇岛、曹妃甸、京唐、黄骅）存煤1880万吨，比上月末增加147万吨，同比增加345万吨，增长22.5%；12月13日存煤增至2002万吨。长江及内河港口、华南主要接卸港存煤仍处于较高水平。

4. 煤炭价格在合理区间波动

一是中长期合同价格保持稳定。2018年以来动力煤中长期合同（5500大卡下水煤）价格始终稳定在绿色区间，全年均价558.5元/吨，同比下降9.5元/吨。二是现货价格受市场预期影响波动较大。秦皇岛5500大卡下水煤市场平仓价年初最高时770元/吨，4月中旬曾下降至年内最低点570元/吨左右，目前价格在620元/吨左右。虽然市场煤价格波动较大，但由于所占比重较低，对煤炭价格的总体水平影响不大，价格总体保持稳定。12月10日中国煤炭市场网秦皇岛5500大卡动力煤综合交易价格576元/吨。三是炼焦煤价格基本稳定。12月7日中国煤炭市场网（CCTD）唐山主焦煤价格1530元/吨，比年初上升130元/吨。

（二）固定资产投资由降转升

煤炭开采和洗选业固定资产投资自 2013 年以来连续下降，2018 年前 10 个月投资同比增长 5.2%，其中民间投资增长 16.7%。

（三）行业效益持续好转

前 10 个月，全国规模以上煤炭企业主营业务收入 1.99 万亿元，同比增长 5.7%；实现利润 2561.7 亿元，同比增长 10.7%。协会统计的 90 家大型企业前 10 个月利润总额（含非煤）1356.35 亿元，同比增长 32.8%。10 月末规模以上煤炭企业应收账款 2591.7 亿元，同比减少 4.8%；企业现金流明显增加。资产负债率 65.4%，同比下降 2.5 个百分点。

二、存在的主要问题

（一）影响煤炭市场供需的不确定性因素增多

一是电煤需求短时波动幅度加大。电力供需结构变化峰谷差加大，随着清洁能源发电比例的不断提高，煤电受季节、极端天气的影响越来越大，调峰压力加大。二是产业布局的新变化增加了煤炭有效供给的难度。随着去产能步伐加快，国家调整运输结构，煤炭产业布局和区域供应格局发生了新的变化。一些取暖用煤较多的地区自给能力下降，从省外调入煤炭制约因素增多；一些传统的煤炭净调出省逐步演变为净调入省，煤炭主产区随着就地转化力度加大、运输瓶颈的制约，煤炭调出量增速放缓，区域平衡难度加大。三是市场预期变化对煤炭供需平衡影响加大。煤炭金融属性不断增强，煤炭期货市场与现货市场的相互影响，市场预期对煤炭价格波动的影响越来越大，市场调控难度加大。

（二）行业发展不平衡不充分问题突出

一是生产力发展水平不平衡。我国既有世界上最先进的现代化煤矿，也有一些技术落后的非机械化开采煤矿，这些煤矿改造难度很大，淘汰落后任务依然繁重。二是企业发展的内生动力不足。尽管近年来非煤产业结构有所改善，新兴产业发展较快，但还没有成为企业增长的主要动能。据调研，2017 年 18 家大型煤炭企业非煤产业营业收入占总收入的 69.5%，但利润仅占总利润的 22.7%。非煤产业规模大、效益低的问题突出。三是企业盈利情况不平衡。虽然近年来行业整体经济效益有所提升，但企业间差距较大，协会统计的 90 家大型企业中前 5 家的盈利占 58.8%。10 月末规模以上煤炭企业亏损面 25.6%。部分企业扭亏并未脱困，企业经营仍十分困难，一些煤矿特别是老的国有煤矿历史欠账多、拖欠职工工资、缓缴社保基金、安全投入不足等问题比较突出。

（三）煤炭供给侧结构性改革仍面临着难点

这些难点包括人员安置、资产、债务处置和降低企业负债率以及“三供一业”分离移交等。

三、2019 年走势分析

从煤炭需求看，一方面，我国经济稳中向好、稳中有进的发展态势没有改变，经济增长正在向高质量发展转变，将进一步拉动能源需求，电力在终端能源消费中的比重越来越高，电煤需求预计还将有所增加；另一方面，国内外经济发展的不确定因素增加，同时，随着国家治理大气环境的力度不断加强，非化石能源对煤炭的替代作用不断增强，煤炭消费增速将有所下降。

从煤炭供应看，煤炭新增产能将继续释放，煤炭资源量将进一步增加；铁路部门积极落实“调整运输结构”的要求，2019 年煤炭铁路运力将进一步增加；与此同时，随着煤矿安全生产设施不断完善、环保措施逐步到位，煤炭有效供给质量不断提升。

总体看，2019 年煤炭消费将保持平稳，国内煤炭供应将进一步增加，全国煤炭市场供应总体平衡并向宽松方向转变，但考虑到天气和水电出力的不确定性，不排除在突发性天气影响下，部分地区受资源、运输约束可能出现时段性偏紧的问题。

四、相关建议

（一）进一步完善煤炭供给侧结构性改革相关政策

一是研究细化人员安置政策，采取公益性岗位开发、政府购买服务、组织专业培训等多种方式，拓展就业渠道，推动关闭退出煤矿职工安置工作落到实处。二是进一步完善市场化、法治化债转股的相关配套政策，加大不良资产处置力度，推动去产能关闭煤矿资产债务处置工作落到实处。三是加快推进“三供一业”分离移交工作。严格执行“先移交、后改造”原则，加大对分离移交工作的督导力度，加快完成“三供一业”管理服务职能移交。尽快出台独立工矿区分离移交政策，推进独立工矿区“三供一业”有序分离移交。

（二）加强煤炭输运和储备能力建设

一是在加快南北主要运煤通道建设的同时，进一步完善支线和集运线的配套建设；二是加快煤炭集运站的升级改造，解决部分集运站转运能力低、露天存煤不环保等问题；三是开展建立煤炭高效物流体系研究，提高煤炭物流综合效率，降低成本费用；四是建立和完善全国煤炭储备体系，稳定煤炭供给，保障经济平稳运行。

（三）坚持和完善煤炭市场化制度和办法

有关部门在推动煤炭供给侧结构性改革过程中，按照市场化、法治化、规范化的要求逐步建立了一系列稳定市场、稳定预期的基础性制度，包括产能减量置换、调峰与应急产能储备、中长期合同及“基础价+浮动价”的定价机制、最低库存最高库存、政府行业企业平抑价格异常波动和企业信用评价等。这些制度对稳定市场发挥了重要作用，应该继续坚持。特别是要进一步完善煤炭“中长期合同”制度和“基础价+浮动价”定价机制，扩大中长期合同覆盖面，鼓励企业签订三到五年的中长期合同，完善煤炭价格指数体系，建立中长期合同长效监督、评价和考核机制，加强诚信体系建设，使守信者受益、失信者受限。

（中国煤炭工业协会）

2018年电力行业运行态势分析及2019年走势研判

2018年以来，全国电力工业总体保持安全稳定运行。在各产业用电量快速增长的带动下，全社会用电量实现快速增长，电力消费结构继续优化。电力装机供应能力充足，发电装机结构延续绿色清洁发展趋势，非化石能源发电高速增长，弃风弃光问题继续得到改善。电力企业经营效益持续明显下滑，煤电企业经营形势仍然较为严峻。

一、2018年以来电力行业运行情况

（一）电力消费情况

根据中电联初步统计，1—11月份，全国全社会用电量6.22万亿千瓦时，同比增长8.5%，增速同比提高2个百分点。2018年以来用电量较快增长的主要原因：一是宏观经济运行总体平稳，工业企业经济效益改善、生产平稳为用电量增长提供了基础支撑，第二产业用电量同比增长7.1%，对全社会用电量增长的贡献率为58.1%。二是服务业保持较快增长，拉动第三产业用电量同比增长12.8%。三是天气因素以及居民消费升级共同拉动影响。2018年年初寒潮和入夏以来的高温天气带动用电量快速增长，城乡居民生活用电量同比增长10.6%。

电力消费的主要特点有：

一是第二产业用电比重同比降低，第三产业和居民生活用电比重提

高。1—11月份，根据三次产业最新划分标准，第一、二、三产和城乡居民生活用电量比重分别为1.1%、68.6%、15.9%和14.4%。比重与上年同期同口径比较，第一产业用电量比重持平；第二产业比重降低0.9个百分点，其中四大高载能行业比重同比降低0.6个百分点，而高技术及装备制造业比重同比提高0.14个百分点；第三产业和城乡居民生活用电量比重分别提高0.6和0.3个百分点。

二是制造业用电量增速同比提高。1—11月份，全国制造业用电量同比增长7.2%，增速同比提高1.1个百分点。1—11月份，四大高载能行业合计用电量同比增长5.3%，其中，化工、有色金属、建材、黑色金属行业用电量增速分别为2.6%、5.1%、5.8%和10.3%。高技术及装备制造业用电量快速增长，1—11月份增速为10.0%，其中，汽车制造业、金属制品业、计算机及通信和其他电子设备制造业、通用设备制造业电量增速分别为14.6%、13.0%、12.4%、9.2%。

三是各地区用电量增速均同比提高。1—11月份，东、中、西部和东北地区全社会用电量同比分别增长6.9%、9.4%、11.1%和7.1%，增速同比分别提高1.7、2.1、2.2和3.0个百分点。分省份看，全国31个省份用电量均实现正增长，其中，用电增速前5位的省份分别为广西（19.7%）、西藏（17.4%）、内蒙古（15.0%）、重庆（12.6%）和四川（11.9%），此外，甘肃、安徽、湖北、湖南、江西、福建和云南7个省份用电量增速高于全国平均水平。

（二）电力生产供应情况

1—11月份电力供应主要特点有：

一是非化石能源发电量快速增长。截至11月底，全国6000千瓦及以上电厂发电设备容量17.7亿千瓦，同比增长5.2%。1—11月份，全国6000千瓦及以上电厂发电量6.13万亿千瓦时，同比增长9.0%。其中，水电增长5.1%，火电增长8.1%，核电增长17.3%，并网风电发电量增长19.8%，并网太阳能发电量增长54.4%。

二是各类型发电设备利用小时均同比提高，弃风、弃光问题继续得到缓解。1—11 月份，全国发电设备累计平均利用小时为 3518 小时，同比提高 103 小时。其中，水电 3358 小时，提高 60 小时；火电 3946 小时，提高 175 小时；核电 6791 小时，提高 287 小时。风电、太阳能发电分别为 1891、1148 小时，分别提高 139、41 小时，弃风、弃光问题继续得到缓解。

二、电力消费走势预判

（一）2018 年电力消费增长预测

预计 2018 年全年增速在 8% 左右。进入四季度，电力消费增速呈现出下行迹象，10 月全社会用电量同比增长 6.7%，增速较 9 月份回落 2.3 个百分点；11 月份增速环比继续回落 0.4 个百分点，与制造业 PMI 近几个月持续回落的态势相吻合，一定程度上反映出当前宏观经济呈现出下行压力。预计四季度全社会用电量增速比三季度有所回落，2018 年全年全社会用电量增速在 8% 左右，超过 2017 年。

（二）2019 年电力消费增长预判

从有利因素看，一是党的十九大明确了稳中求进的工作总基调，预计 2019 年我国宏观经济调控仍然延续这一工作总基调，同时，7 月 31 日中央政治局会议提出要做好“六稳”工作，预计 2019 年国内生产总值仍将保持平稳增长，为电力消费平稳增长提供了基本支撑。二是国家出台了《关于完善促进消费体制机制进一步激发居民消费潜力的若干意见》《完善促进消费体制机制实施方案（2018—2020 年）》，进一步激发居民消费潜力，消费对我国经济增长的基础性作用将进一步增强，支撑用电增长。三是随着供给侧结构性改革和产业转型升级的持续深入，高端供给能力持续提升，新产业、新产品、新业态蓬勃发展，将进一步推动用电新增长点的动能积蓄。四是“一带一路”扎实推进，增强了我国与其他相关国家之间的经贸合作，同时，各地区各部门加大“稳外贸”政策的落实力度，一定程度上有助于稳定我国外贸出口。五是居民采暖、电锅炉等生产制造领域以及各类车辆、靠港船舶、机场桥载设备等交通运输领域电能替代将进一步推广。

同时，电力消费增长在2019年仍受若干制约因素的影响：一是制约我国经济持续向好的结构性、深层次问题仍然突出，世界经济政治形势更加错综复杂。二是《打赢蓝天保卫战三年行动计划》（国发〔2018〕22号）继续深入推进，所涉及地区的诸多行业生产将继续受到较大影响，客观上抑制电力消费增长。三是各地陆续加大房地产调控力度，不断出台新的调控政策和措施，在一定程度上将抑制房地产投资增长，降低相关上下游行业的市场需求，影响到用电需求增长。四是当前我国正处于经济结构转型期，国家推动质量变革、效率变革、动力变革，持续加大经济结构调整力度，生产领域电能利用效率继续提升。

综合上述诸多因素，初步判断，预计2019年全社会用电量增长水平将比2018年有所回落，初步预计增速在5%～6%。

三、当前行业运行面临的主要困难

电力行业经营形势仍较为严峻。国家统计局数据显示，在上年低基数、电力消费快速增长等因素综合拉动下，2018年前10个月电力行业利润同比增长6.6%，相对于上年持续负增长的情况有所好转。但电力行业实际经营情况不容乐观，2018年以来电力行业利润增速持续明显下滑，1—10月份增速分别比一季度、上半年增速大幅回落30和21.5个百分点。

从发电行业来看，可再生能源补贴严重滞后，账面利润短期内难以转化为实际资金流。根据调研，截至9月底五大发电集团可再生能源补贴累计拖欠达到939亿元，其中，2018年以来新拖欠425亿元，导致企业资金周转异常困难。此外，发电燃料成本同比继续上涨，全国火电企业亏损面仍达到48.2%，部分大型发电集团煤电和供热板块持续整体亏损。2018 年以来电煤价格高位波动，反映电煤采购综合成本的 CECI5500 大卡综合价 1—10 月波动区间为 571 ~ 635 元/吨，各期价格均超过《关于平抑煤炭市场价格异常波动的备忘录》中的绿色区间上限。初步测算，1—10 月份全国发电行业因电煤价格上涨导致电煤采购成本同比提高 450 亿元左右，高位煤价是当前煤电行业大面积亏损的首要原因。

电网企业经营也面临较大挑战。一方面，电网企业履行电力普遍服务，贯彻落实脱贫攻坚、援疆援藏等战略部署，加大农网建设投资，投入巨大，但经济效益无保障，部分省级电网企业亏损。另一方面，政府工作报告中提出降低电网环节收费和输配电价格，一般工商业电价平均降低 10%，导致电网企业效益大幅下滑。据国家统计局统计，全国电力供应业利润增速从 1—3 月份的 30.2% 降至 1—6 月份的 15.9%，1—10 月份降至-17.8%，下降幅度比 1—9 月份扩大 9 个百分点。

四、相关建议

（一）切实推动能源协调发展，保障能源稳定高效供应

建议统筹好电力与煤炭、天然气、可再生能源等各类能源资源的协调发展，确保系统安全稳定运行。一是统筹电力与煤炭协调发展，保障电力燃料安全稳定供应。建议切实增加有效资源确保煤炭供给；根据市场供需情况灵活调整进口煤政策总量控制目标，保障电煤供需平衡、稳定电煤市场价格；严格区分“控煤”与“控电煤”，将污染严重的散烧煤等作为“控煤”的重点。二是统筹电力与天然气协调发展。加强“煤改气”、燃气热电联产等替代项目规划与资源供应计划的衔接，确保用气需求与资源供应增长相适应。三是把可再生能源发电的发展重心从扩大规模转到提质增效上来，继续培育风电和光伏的市场竞争力，尽快出台

促进可再生能源消纳的长效机制。

（二）切实落实各项改革措施，不断深化电力体制改革

建议统筹电力体制改革的进程和各项措施之间的协同性。一是加快推进电力现货市场和辅助服务市场建设，进一步挖掘和配置系统调峰、调频、备用等辅助服务资源，进一步提升电力系统运行效率。二是加强电力市场监督与指导，放开电力用户、售电公司等市场主体省间购电的选择权，促进能源资源大范围优化配置。三是支持鼓励煤电企业和电力用户签订电价根据煤价波动情况相应浮动的购售电合同，完善煤电机组市场交易电量的脱硫脱硝环保电价和超低排放电价落实机制，缓解煤电企业经营困境。

（中国电力企业联合会）

2018 年石油和化工行业运行态势分析及 2019 年走势研判

一、2018 年石化行业运行态势分析

2018 年，我国石油和化学工业经济运行总体保持良好态势。主要表现为：增加值增速平稳；市场供需基本稳定，价格总水平相对高位；利润快速增长，行业效益持续改善；经济增长结构进一步优化，抗风险能力增强。但同时，全球经济环境中的不确定性仍很大；行业投资动力不足、主要化学品市场需求增长乏力等问题应引起关注。

（一）行业运行的主要特点

总体看，2018 年石油和化工行业经济运行保持良好态势，主要效益指标增速均高于全国规模以上工业企业平均水平。数据显示，1—10 月，全行业实现主营业务收入 10.73 万亿元，同比增长 15.0%；完成利润总额 7941.3 亿元，增幅 41.8%。

1. 增加值增速平稳

截至 10 月末，石油和化工行业规模以上企业 27735 家，累计增加值同比增长 4.9%，低于同期全国规模以上工业增加值增幅 1.5 个百分点。其中，化学工业增长 4.0%，石油天然气开采业增长 4.2%，炼油业增长 6.8%。

2. 产销基本平稳

生产方面，1—10月全国原油和天然气总产量2.74亿吨（油当量），同比增长1.6%；主要化学品总产量增长约2.6%。消费方面，1—10月我国油气表观消费总量7.36亿吨（油当量），同比增长8.3%。其中，原油表观消费量5.32亿吨，同比增长5.4%；天然气表观消费量2269.5亿立方米，增长16.9%；成品油表观消费量2.7亿吨，增长1.4%。

3. 价格相对高位

2018年以来，受国际油价上涨拉动，石油和化工行业价格总水平总体上涨，特别是石油和天然气开采业价格涨幅较大。价格指数显示，1—10月，石油和天然气开采价格总水平同比上涨26.5%，化学原料和化学品制造业同比上涨7.1%。

4. 出口增长较快

统计局数据显示，1—10月，石油和化工行业规模以上企业完成出口交货值5701.6亿元，同比增长19.9%。其中，原油加工及油品制造出口交货值1051.8亿元，同比增长82.1%；化学工业出口交货值4464.2亿元，增幅12.0%。在化学工业中，基础化学原料、专用化学品、合成材料和农药制造等增长较快，1—10月出口交货值分别增长23.0%、19.7%、15.3%和13.9%；橡胶制品和涂颜料出口增速减缓，仅为3.9%和5.4%；化肥出口交货值同比下降22.0%。

5. 效益明显改善

2018年以来，全行业效益总体保持良好态势，其中油气开采业效益强劲回升，炼油业和化学工业利润也都增长较快。

前10个月，石油和化工行业利润总额同比增长41.8%，高出同期全国规模以上工业利润增幅28.2个百分点；主营业务收入利润率达到7.4%，创7年来新高。其中，最明显的是油气开采业，利润总额同比增长3.8倍，主营业务收入利润率达19.5%；化工行业利润总额增长21.7%，主营业务收入利润率为6.9%，比上年同期上升0.7点。

（二）面临的主要问题和矛盾

1. 结构性矛盾仍突出

石化产业“低端拥挤、高端短缺”的结构性矛盾依然突出。一方面传统产能过剩仍相对严重，去产能任务仍较艰巨，特别是随着近两年价格的回升，一些过剩行业投资冲动重新抬头，炼油行业近年来在成品油供需矛盾加大、装置开工水平不高的形势下，一批项目仍在新建或扩能，需引起高度关注。另一方面高端产品和专用性产品依然短缺，战略性新兴产业发展仍显滞后。近年来，合成材料和有机化学品等产品持续大量进口，多是一些差异化的高档品种。

2. 资源环境制约日益严峻

自1993年中国成为原油净进口国以来，原油进口量不断增加，2017年已超过美国成为全球第一大原油进口国。2018年前10个月，原油对外依存度高达70.5%，比上年全年再升高2.1个百分点；天然气对外依存度42.9%，比上年再升高6.2个百分点。

石油和化工行业是国民经济重要支柱产业，也属资源型和能源型产业。据环保部门统计，近几年石化行业废水排放量超40亿吨、约占全国工业排放总量的20%，废气排放量约6万亿立方，均列工业领域第一，仅VOCs排放约占工业源排放总量的40%；废固排放3.7亿吨，列工业领域第二。在环保督察过程中，不少化工生产企业受到停产、限产影响，很多石化企业的技改投资、设备投资以及运输成本等都不断增加，成本压力不断加大。

3. 化工投资动力依然不足

近两年，主要受到环保监管、产能过剩、企业搬迁等多重因素影响，化工投资总体比较疲软。2018年上半年化学原料和化学制品制造业固定资产投资同比下降2.7%；三季度以来，投资呈现改善迹象，到9月份实现由负转正，10月份连续第二个月回升，但增速只有2.8%，也明显低于6.0%的全国工业投资增幅，回升态势尚未真正巩固。目前来看，化工行业投资增速仍在低位运行。

4. 市场需求支撑不足，价格波动加大

1—10月，油气消费总体虽然保持较快增长，但柴油表观消费量持续下降，降幅不断扩大，显示宏观经济活动趋于放缓。从化工市场看，主要化学品生产增速也只有2.6%，仍在低位运行，表明化学品市场需求增长总体依然乏力。

2018年以来石化产品的价格上涨较大程度受国际原油上涨以及环保因素导致供给端低增长影响，不少产品价格轮番上涨后，由于缺乏需求支撑，继续上涨动力减弱。10月下旬开始，石化市场波动加大，下行加快，大宗商品价格持续走低。至11月中旬末，WTI原油期货日收盘价格最低已跌至54美元/桶以下，与10月上旬最高时76.22美元/桶相比，跌幅达30%；此间，上海原油价格跌幅也逾25%。监测还显示，在一个多月期间，国内塑料期货价格跌幅逾13%。

5. 民营企业发展环境有待改善

实体企业是经济强国的主要支撑，是行业创造财富的主体。但是，实体企业面临的发展环境并不乐观。根据国家统计局统计，2018年以来石化全行业规模以上企业比上年年底减少1600余家，其中化工企业减少1500余家，规模以下企业很难也尚未做过统计，由于各种因素的叠加或许减少幅度更大，这些更加剧了我们对石化产业健康可持续发展的担忧。

近期，石化联合会的中小企业委对当前民营企业的生存与发展进行了调研，调研企业反映了以下突出问题：

首先，反映最多的问题就是环保督察对企业的影响是普遍的。不管是大型民营企业还是中小型企业，都深刻感受到环保的压力在逐步加大。绝大多数民营企业是支持和拥护国家和地方政府出台的环保政策和措施的，特别是一些发展质量好、技术创新能力强、市场前景广阔的企业，它们在前些年就已经在安全环保方面投入比较大，国家进行环保督察一定程度上也是保护了它们这些合法合规经营的企业。但企业反映，部分地方在环保执法上简单粗暴“一刀切”，对这些合规达标企业的正常生产经营带来困扰；每遇重大活动、每遇安全环保检查，有的地区、有的园区“一刀切”地采取停产、限产措施，更有甚者园区内一家企业发生安全或环保事故，园区内所有企业都要停产。石化装置的生产与加工工业不同，要求连续稳定是最基本的条件，反复的开停车不仅安全隐患陡增，而且给企业造成的损失巨大。因此，企业普遍希望对于环保已达标的企业实行差别化政策，同时能够给企业一段缓冲期，让企业逐步提高自身的环保能力和水平，达到国家的相关要求。

其次，企业普遍反映能源原材料价格上涨、人工及物流成本增加，挤压了企业的利润空间。很多企业都在积极采取措施，向管理要效益，向创新要效益，向服务要效益。因此，民营企业希望国家出台更大力度的普惠减税减费举措，稳定企业的生存环境和市场预期。

二、2019 年行业运行走势研判

（一）挑战和不确定性增加

当前行业经济运行面临的挑战和不确定性更趋严峻。国际方面，全球贸易壁垒呈现升级趋势。世贸组织（WTO）在最新报告中表示，20 国集团（G20）成员国自 2018 年 5 月以来，已实施了 40 项新的贸易措施，覆盖全球贸易规模约达 4810 亿美元。这一规模是此前 6 个月（2017 年 10 月至 2018 年 5 月）的 6 倍，并创下自 2012 年以来该组织所监测 G20 贸易的最高水平。由于世界贸易环境趋于严峻，全球经济复苏进程已开始遭遇阻力，特别是主要经济体的复苏步伐不一，有些则出现减速现象。国际货币基金组织也表示，全球经济正在失去动力，风险日益增加，并将

2018—2019 年全球经济增长预期重新下调至 3. 7%（此前为 3. 9%）。同时，美国的单边主义和贸易霸凌主义，给全球经济增长都造成影响，尤其是与中国贸易摩擦的加剧，虽然对石化行业的近期和直接影响不明显，但是给石化行业经济运行带来的挑战不可小觑。受美国单边废弃伊朗核协议的影响，要求所有国家 2018 年 11 月起停止进口伊朗原油，油价波动将会加剧，即使沙特等国承诺增产补供，再加上委内瑞拉减产的因素，油价的不确定性有增无减，中石油、中石化、中海油等集团都担心 2018 年年末及 2019 年油价的不确定性对行业的影响。国内因素，在环保政策和环保督察从严的情况下，有些地方“一刀切”对石化行业造成的影响，也是企业家们诉求最强烈、尚未根本解决的问题。

（二）主要经济指标预期

展望 2019 年，随着行业供给侧结构性改革的深入，经济内生动力不断增强，石油和化工行业经济运行将延续相对平稳态势。主要经济指标增长预期如下：

1. 增加值增速基本平稳

预计 2018 年石油和化工行业增加值增幅为 4. 8% 左右，预期 2019 年增速约为 4. 9%。

2. 主营收入、利润保持增长

2018 年石油和化工行业效益良好。预计主营业务收入同比增长约 12%，其中化学工业主营收入增长 8%。预计全行业利润总额将突破 9000 亿元，创历史新高，增幅约 35%；其中，化学工业利润总额 5000 亿元左右，增幅 15%。初步预测，2019 年，石油和化工行业主营收入增幅约 8%；利润总额增长约 10%。

（中国石油和化学工业联合会）

2018年钢铁行业运行态势分析及2019年走势研判

2018年是贯彻落实党的十九大精神的开局之年，钢铁行业积极配合国家推进供给侧结构性改革，巩固化解过剩产能和取缔“地条钢”成果，努力保持钢铁行业平稳运行，促进行业向高质量发展转变。从目前情况看，市场供需形势基本稳定，钢材价格总体水平高于上年，企业效益持续向好，行业总体运行平稳，为2019年钢铁行业发展打下了坚实基础。

一、2018年行业总体运行情况及全年走势预测

（一）行业总体运行情况

1. 钢铁产能释放较快，粗钢日产保持高水平

据国家统计局数据，1—10月份，全国生铁、粗钢和钢材（含重复材）产量分别为64506万吨、78246万吨和91844万吨，同比分别增长1.7%、6.4%和7.8%。

从分月情况看，1—6月粗钢日产持续环比上升，7—8月有所回落，9月份升至269.50万吨，创历史新高。10月份略有回落。据钢铁协会旬报统计，11月中上旬，会员钢铁企业平均日产粗钢198.20万吨，估算全国日产粗钢269.64万吨，比10月份上升1.26%。

另据世界钢协（WSA）统计，1—10月，全球（64个国家和地区）

粗钢产量15.02亿吨，同比增长4.7%。其中：欧盟（28）1.41亿吨，下降0.4%；印度8843万吨，增长5.5%；日本8719万吨，下降0.1%；美国7174万吨，增长5.1%；韩国6037万吨，增长2.2%；俄罗斯6029万吨，增长1.6%。扣除中国以外的国家和地区粗钢产量为7.19亿吨，增长2.9%。中国占全球比重为52.09%，上升0.82个百分点。

2. 钢材出口下降，进口相对平稳

据海关数据，1—11月份，全国累计出口钢材6378万吨，同比减少597万吨，下降8.6%；累计进口钢材1216万吨，同比增加6万吨，增长0.5%；净出口钢材5162万吨，折合粗钢5491万吨，同比减少641万吨，下降10.5%；全国累计进口铁矿石9.78亿吨，同比减少1270万吨，下降1.3%。

从分月情况看，全国钢材出口量除1月份环比下降外，2—6月呈持续上升走势，7—8月份有所回落，9月份小幅增加，10—11月份又有所减少。

3. 钢材价格先降后升，总体呈波动运行走势

1—11月份，CSPI钢材综合价格指数平均值为115.44点，同比上升8.75点，升幅为8.20%。从总体情况看，钢材价格呈一季度价格回落、二三季度上升、四季度下行。预计12月钢价止跌趋稳。

11月末，CSPI中国钢材价格指数为106.39点，环比下降15.33点，降幅为12.59%；与年初相比下降15.41点，降幅为12.65%；同比下降14.84点，降幅为12.24%。

4. 钢材库存持续下降，接近上年同期水平

2018年以来，钢材社会库存呈冲高回落走势，其中1—3月快速上升，4—7月持续回落，8—9月份止跌趋升，10—11月份小幅下降。据统计，11月末，钢材库存为969万吨，同比增加167万吨，上升20.89%；比年初增加175万吨，增长21.97%。

从企业库存情况看，1—2 月上升、3—10 月振荡回落。据钢铁协会统计，10 月末，重点企业钢材库存量为 1243 万吨，同比减少 86 万吨，下降 6.50%；比年初减少 31 万吨，下降 2.46%。

5. **行业利润有所增长，运行质量有所提高**

据钢铁协会统计，1—10 月份，会员企业实现工业总产值 28697 亿元，同比增长 19.37%；实现销售收入 34324 亿元，同比增长 14.73%；销售成本 29443 亿元，同比增长 11.13%；实现利税 3844 亿元，同比增长 58.92%；利润总额 2604 亿元，同比增长 77.63%；亏损面为 5.15%，亏损企业亏损额为 26 亿元，同比下降 28.82%。总体来看，运行质量和效益持续改善。

6. **钢铁行业固定资产投资形势呈回升趋势**

据国家统计局数据，1—10 月份，全国钢铁行业固定资产投资 4333 亿元，同比增长 14.6%。其中黑色矿山采选业投资 694 亿元，同比增长 7.0%（上年同期是下降 22.4%）；黑色冶炼压延及加工业投资 3639 亿元，同比增长 16.2%（上年同期是下降 10.2%）。

（二）全年走势预测

2018 年前 11 个月，国内经济总体运行平稳。随着经济结构不断调整，传统用钢行业对钢铁产品需求也有所调整，促进钢铁行业由品种、数量的增长转向质量和品质的提升，预计全年钢铁行业有望实现稳中向好的发展态势。从生产情况看，受环保限产、下游用钢需求增速放缓的影响，粗钢产量增速会有所回落，预计 2018 年全国粗钢产量 9.2 亿吨左右，同比增长 5%左右；从进出口情况看，预计 2018 年钢材出口量 7000 万吨左右，同比下降 7%左右；进口钢材相对平稳，预计在 1300 万吨左右，与上年基本持平；从钢材价格走势看，由于需求相对平稳，供应压力较大，预计后期钢材价格仍会波动运行，四季度会有所回落。考虑到目前煤炭、焦炭和废钢价格处于高位，成本支撑作用明显，预计 2018 年总体价格水平会略高于上年；从行业效益情况看，2018 年会员企业全年实现利润有望保持增长，但增幅呈收窄趋势。

二、2019 年行业运行情况预测

（一）全球经济复苏放缓，国内经济承受下行压力

全球经济缓慢复苏，国内经济将延续总体平稳、稳中向好的发展态势。据国际货币基金组织（IMF）2018 年 10 月份发布的最新《世界经济展望》中数据，预计 2019 年全球经济增长 3.7%，与 2018 年持平，但比 2018 年 7 月预测调低了 0.2 个百分点。其中预计中国增长 6.2%，比 2018 年低 0.4 个百分点。据世界钢铁协会（WSA）预计，2019 年全球钢铁表观需求有望将达到 16.81 亿吨，增长 1.4%，较 2018 年增速回落 2.5 个百分点。其中预计中国总量与上年持平，增速较 2018 年回落 6 个百分点。为保持国民经济平稳较快发展，国家将继续加大稳就业、稳金融、稳外贸、稳外资、稳投资、稳预期的政策落实。财政政策将更加积极，基础设施投资力度将进一步加大，货币政策更加灵活。

（二）中美经贸摩擦影响逐渐显现，钢铁需求增速回落

从目前情况看，中国经济发展长期向好的基本面没有变，中国钢产量也由过去的快速增长期转入了相对平稳的峰值平台期，未来生产、建设仍然需要大量钢材。从 2019 年国内市场需求和生产情况看，整体需求预计保持稳定，房地产市场增速减弱，基建补短板投资将会提升，机械行业保持良好势头，造船行业维持增长趋势，汽车行业可能持平，家电行业或小幅增长。

值得关注的是中美经贸摩擦对国内市场的影响。我国对美国出口钢材很少，美国加征关税对钢铁行业直接影响有限。但我国通过其他国家向美国“转口贸易”出口钢材，以及通过机电产品出口带动钢材出口较

多。虽然中美在阿根廷 G20 峰会上达成暂缓加税的协议，但美国对 2000 亿产品加征 10% 的关税间接影响仍会逐步显现，对国内市场影响不能忽视。

（三）产能释放压力较大，环保力度不断加大

受钢铁行业经济效益形势好转影响，地方政府和企业扩产冲动较强。一方面，钢铁产能释放保持高水平，日均粗钢产量不断创新高，“地条钢”、“中改电”以及“产能置换”中存在的违规现象也有所增多。另一方面，坚决打好污染防治攻坚战是国家的重点任务，钢铁企业是各地环保部门的监控重点。各地根据环保要求对钢铁企业限产、停产，以及对钢铁生产用主要原料焦炭、铁合金等材料的限产停产，既影响产能释放，也给钢铁生产经营和市场预期带来较大影响。

（四）主要指标预测

预计 2019 年全国粗钢产量保持在 9 亿吨左右，与 2018 年基本持平。从进出口情况看，预计 2019 年钢材出口量在 7000 万吨左右，与 2018 年基本持平；进口钢材相对平稳。从钢材价格走势看，由于供需基本平衡，2019 年钢材价格难以大幅上涨，将呈窄幅波动走势，总体走势略低于上年。从行业效益情况看，2019 年会员企业全年实现利润有望继续保持增长，但受原燃材料、环保、物流以及人工成本上升的影响，增幅将呈进一步收窄趋势。

（中国钢铁工业协会）

2018 年建材行业运行态势分析及 2019 年走势研判

2018 年建材行业呈现稳中有变的运行特征，总体保持平稳的发展态势。主要受市场需求减弱、环保措施加强、行业自律推进等因素影响，市场供需结构基本保持平衡。但产能过剩等结构性矛盾在市场需求持续低位的形势下更加凸显，行业下行压力仍较为突出。

一、建材行业经济运行概况

（一）部分建材产品产量下降，进入平台调整阶段

2018 年水泥、商品混凝土、水泥混凝土桩等产品生产总体放缓态势已较为明显，根据国家统计局数据，1—11 月，全国水泥产量 20.0 亿吨、同比增长 2.3%，平板玻璃产量 7.9 亿重量箱、同比增长 1.2%；技术玻璃、玻璃纤维布、陶瓷砖、大理石建筑板材、防水建筑材料等产品产量同比保持增长。与上年同期实际产量相比，大部分建材产品产量有较为明显的下降。预计全年水泥产量 22 亿吨。

（二）建材产品平均出厂价格持平波动

2017 年以来建材及非金属矿产品出厂价格恢复性上涨，2018 年以来平稳波动，11 月份建材及非金属矿产品出厂价格指数为 112.5，预计 12 月份价格指数 117.0，同比上涨 10.3%，其中：全国通用水泥平均出厂价

格同比上涨 22. 2%；平板玻璃平均出厂价格同比上涨 4. 3%。

（三）建材行业经济效益保持增长

2018 年 1—10 月，规模以上建材企业实现主营业务收入 3. 6 万亿元，同比增长 14. 9%；利润总额 3055 亿元，同比增长 45. 1%，增幅比 1—9 月份加快 1. 4 个百分点。其中水泥行业主营业务收入同比增长 25. 8%，利润总额同比增长 138. 6%；平板玻璃行业主营业务收入同比增长 5. 8%，利润总额同比增长 39. 3%。混凝土与水泥制品、卫生陶瓷、技术玻璃、防水材料、石灰石膏行业主营业务收入增速保持平稳增长。预计 2018 年规模以上建材行业主营业务收入 4. 4 万亿元，同比增长 14. 7%；利润总额 3630 亿元，同比增长 42. 9%。

二、2018 年建材行业经济运行特征

（一）建材市场结构发生转变，行业经济运行下行压力加大

受国民经济结构转变影响，建材行业发展驱动力出现明显变化。全国固定资产投资增速持续低位，特别是建筑安装工程固定资产投资实际完成额同比下降，使依赖于投资拉动类建材产品生产趋缓，由增量市场转向存量市场。由于当前建材行业投资驱动型特征仍较为明显，消费市场还处于转型发展或培育阶段，出口市场增长乏力的情况下，行业总体处于弱需求状态下的供需结构再平衡、再调整中，经济效益与价格因素较为密切，行业下行压力有所加大。

（二）建材行业经济运行进入“平台期”

受国民经济结构转变影响，建材行业市场结构发生转变，总体需求有所弱化，行业运行进入“平台期”。2016 年规模以上建材企业主营业务收入达到 5. 3 万亿，2017、2018 年规模以上建材企业主营业务收入出

现下降；规模以上企业数量2018年出现明显减少，水泥、墙体材料、建筑用石、建筑卫生陶瓷行业规模以上企业数下降明显；受市场需求变化及产品结构影响，全国水泥产量自2014年达到24.9亿吨的最高点后呈现下降趋势，预计2018年水泥产量22亿吨左右，平板玻璃、陶瓷砖、卫生陶瓷等产品产量也均进入平稳波动区间。当前建材行业总体处于“平台期”，处于弱需求状态下的供需结构再平衡、再调整阶段。

（三）经济运行环境、政策、标准等综合作用，影响行业产业结构变化

受市场减弱、环保监管、错峰生产等因素影响，全国水泥产量出现下降，1—11月，全国水泥产量与上年实际产量相比下降7.3%，但水泥熟料产量仍保持小幅增长。受消费结构优化及水泥产品标准提升等因素影响，近年来，水泥产品结构实现优化，高标号水泥占比增加，当前42.5及以上强度等级水泥产量占比超过50%；2018年以来，商品混凝土产量同比持续下降，1—10月下降7.5%，表明当前建筑施工领域市场需求正在下降，同时受水泥产品结构影响，混凝土质量有所提升。水泥行业产业链结构正在发生变化。

（四）建材行业结构性差异明显

近年来，受市场结构转变、产业布局调整、区域环境差异、行业监管模式变化等综合因素影响，当前建材行业呈现较为明显的结构性分化特征。水泥等产业在建材行业经济效益所占比重较大，新兴产业发展仍显不足；主要行业区域之间的运行呈现较为明显的差异，在当前运行环境下，水泥行业“南强北弱”格局明显，1—10月西南、华南、华东地区水泥产量同比分别增长7.4%、7.1%、5.3%，“三北”地区产量大幅下降，区域产业结构调整和布局亟待优化；企业经营能力和水平分化加大，强者恒强，弱者愈弱，盈利能力最好的前五家水泥企业利润总额占水泥行业的比重超过一半，行业组织结构正处于深度调整过程中。建材行业产业分化、区域分化、企业分化显现，呈现出发展不平衡、不充分

的特征。

（五）行业经济运行面临的环境要素影响复杂

2018 年以来，在国家大气污染攻坚战总体部署之下，建材行业面临的能耗、环保约束加大，节能减排标准不断提升，对企业生产成本、技术装备水平升级形成脉冲式、连续性压力；同时受生产环境治理影响，矿山资源全面清理整顿，建材生产有关的原料、燃料供给结构和价格出现较大变化和波动，对企业生产经营造成严重影响；以环保政策为代表的行业政策环境仍处于变化调整之中，区域间政策环境差异将会加大。此外，市场监管、金融信贷、运输结构调整等其他因素也在持续影响行业经济运行。行业发展受到外部诸多因素的冲击，处于交织多变的复杂环境中，多种因素综合作用易对行业产生积聚影响，将加大波动性风险。

三、2019 年建材行业运行走势预研

根据宏观经济运行情况及相关政策因素判断，2018 年及 2019 年一季度建材行业总体将保持稳中有变的发展格局。全国固定资产投资有望趋稳，已推出的政策措施将陆续发挥效应，建材行业市场需求偏弱、总体平稳的宏观市场环境仍将持续；供给侧结构性改革、环保约束将成为两大关键因素，外部需求有所趋紧，受市场结构变化、政策环境、管理模式、生产要素等综合影响下，市场风险有所增大，行业经济运行将呈现明显的波动性特征。

（一）投资需求有望趋稳

2018 年第四季度和 2019 年全国固定资产投资规模将保持平稳并有望相对宽松。对于投资需求占行业需求总量四分之三的建材工业，投资需求的稳定，是行业稳增长的决定性因素。

（二）消费需求平稳

消费需求，包括固定资产存量维修维护、建材装饰装修市场和下游产业需求，将对建材及非金属矿工业逐渐发挥出更大的支撑作用。但另一方面，由于我国汽车、高铁、风力及光伏发电、电子等产业规模增长将趋于平稳，与之相关的技术玻璃、复合材料等建材新兴产业增长速度将有所回落。国内建材装饰装修市场经过多年的两位数增长，2018 年已经回落到个位数增长。预期 2019 年建材消费需求保持比 2018 年总量略有增长。

（三）出口需求略有下降

2018 年建材及非矿出口预计占规模以上建材工业销售额 4%，建材工业中建筑卫生陶瓷、建筑用石、建筑技术玻璃、玻璃纤维等产业出口占行业销售额的 10% ~15%。改革开放特别是 21 世纪以来，我国建材及非矿出口长足发展，而国际建材贸易总额增长并不明显，因此 2016 年以后我国建材产品出口表现为稳中有降的特征。预期 2019 年建材出口需求比 2018 年略有下降。

（四）2019 年建材行业主要经济预期目标

预计 2019 年规模以上建材工业增加值增长速度与 2018 年持平。水泥产量 21.8 亿吨，比 2018 年略有下降；平板玻璃产量 10.7 亿重量箱，比 2018 年下降 2%。建材行业供给侧结构性改革持续推进，规模以上建材工业利润总额突破 4000 亿元，比 2018 年增长 2%。预计 2019 年限额以上建材工业固定资产投资按 2018 年以后统计口径计算比 2018 年增长 10%。

（中国建筑材料联合会）

2018年有色金属行业运行态势分析及2019年走势研判

2018年，有色金属行业坚持创新发展理念，深入推进供给侧结构性改革，推进行业高质量发展。有色金属生产总体延续了平稳运行走势，但规模以上企业实现利润持续下降。

一、有色金属行业运行情况及主要特点

（一）生产总体保持平稳

初步预计，2018年有色金属工业增加值增速有望达到或接近6%。新材料工业增加值在有色金属产业所占比重有所扩大。2018年十种有色金属产量约为5380万吨，同比增长4.5%左右。其中原铝产量约为3350万吨，同比增长4%左右。

（二）有色金属价格在高位震荡回落

初步预计，2018年国内市场铜、铝、铅、锌四种主要金属品种现货年平均价每吨分别为5.07万元、1.43万元、1.91万元和2.36万元，比上年全年均价两涨两跌，铜、铅金属分别上涨3%和4%，铝、锌金属均下跌1.5%左右。2018年有色金属价格总体呈前高后低震荡回落的态势。

（三）规上有色金属企业实现利润下降

初步预计，2018年规模以上有色金属工业企业实现利润总额约为

1500亿元，同比下降15%左右。一是实现利润持续下降。一季度下降9.5%，上半年下降1.4%，前三季度下降10.3%，全年降幅在15%左右，与钢铁、石油、建材、化工等原材料行业形成明显反差。二是国有企业利润增长，民营企业利润下降，与前几年国有企业亏损、民营企业利润增加反差明显。三是铝冶炼与加工企业实现利润同时大幅度下降，也与前几年电解铝企业亏损、铝加工企业利润增加反差明显。

（四）铜矿及未锻轧铜进口、铝材出口均增长

初步预计，2018年未锻轧铜（包括精炼铜、铜合金及粗铜）进口量约为470万吨，同比增长15%左右；铜精矿进口实物量约为1950万吨，同比增长13%左右；铝材出口量超过500万吨，同比增长20%左右。贸易摩擦对主要有色金属产品进出口的影响尚未明显显现。

（五）有色金属工业投资额略有下降

按国家统计局新的投资统计方法初步预计，2018年有色金属工业（包括独立黄金企业）完成固定资产投资额同比降幅约为0.5%。

二、当前有色金属行业运行中存在的问题

一是综合经营成本增加。前10个月有色企业百元收入中的成本费用高达97.10元，同比增加1.01元。其中铝冶炼企业百元收入中的成本费增加3.38元。初步测算，由于煤、电、氧化铝、碳素等原材料价格普遍上涨，国内生产电解铝的平均综合成本约为14300元/吨，增幅达10%左右；同期国内铝现货平均价为14229元/吨，同比下降0.6%，故电解铝实现利润大幅度下降。

二是国际贸易摩擦加剧、下游消费行业增速放缓。如房地产业对铝型材的需求放缓，电线电缆、发电及输变电设备需求放缓，导致铜、铝材企业无法向下游传导涨价因素。前10个月铜加工企业百元收入中的成

本费用高达 98.84 元，同比增加 0.68 元；铝加工企业百元收入中的成本费用高达 97.28 元，同比增加 1.44 元。导致铜铝材加工企业实现利润下降。

三是铝企业减利拖累规模以上有色金属企业实现利润下降 19.7 个百分点。钨钼企业增利拉动规模以上有色金属企业实现利润增长 3.2 个百分点，镍钴企业增利拉动规模以上有色金属企业实现利润增长 1.9 个百分点，后两者的利润增长无法弥补铝企业利润的下降。

四是有色金属民营企业实现利润回落。民营企业实现利润下降，是造成 2018 年有色企业实现利润下降主要原因之一。

五是有色企业环保治理力度加大，环保治理成本明显增加。

六是库存及资金周转放缓，资金占用成本增加。1—10 月，有色企业库存周转天数比上年同期放缓 8.7 天。有色企业应收账款周转天数比上年同期放缓 4.6 天。

七是铜铅锌冶炼进口精矿加工费同比下调。例如，进口铜精矿加工费同比减少 10 美元以上。按进口铜精矿量及目前的汇率折算，进口铜精矿加工费同比减少约 10 亿元人民币。

八是有色金属工业企业实现利润下降也有高位回调的因素。2017 年前 10 个月有色企业实现利润总额增幅高达 49.2%，比全国工业增幅高 25.9 个百分点。因此，上一年的利润基数增大，也使 2018 年的利润增幅受到拖累。

三、对 2019 年有色金属行业走势预测

（一）2019 年经济延续复苏态势，但存在较大的不确定性

2019 年全球经济总体延续复苏态势，但贸易摩擦、地缘政治、主要经济体货币政策正常化等加大了全球经济运行和金融市场的不确定性。中国经济结构调整持续深化，经济增长动力加快转换，防范化解金融风

险取得初步成效，但一些深层次结构性问题依然存在，且外部环境发生明显变化。国际货币基金组织近期发布的《世界经济展望》，将 2018、2019 年全球经济增长率预测各下调了 0.2 个百分点。

（二）2019 年有色金属产业有望延续总体平稳运行走势

初步预计，2019 年多数有色金属品种供需基本平衡，贸易摩擦及全球经济和贸易周期性趋缓对有色金属出口影响可能会逐步显现。从国内看，下游产业对常用有色金属消费增长仍难有明显改善；高新有色材料需求虽增速加快，但近期仍难挑起扩大有色金属消费的大梁。预计 2019 年主要有色金属价格仍呈震荡回落的态势。国际政治经济形势复杂严峻，贸易摩擦以及金融市场面临的不确定性增大，给具有金融属性的有色金属价格带来较大的不确定性。基于以上对国内外宏观经济环境及有色金属产业运行态势分析判断，对 2019 年有色金属产业主要指标做如下预测：

首先，2019 年有色金属工业增加值按可比价格计算增速有望在 5% 左右；10 种有色金属产量增幅在 3% 左右。对工业增加值判断的依据：近年新材料工业增加值在有色金属产业所占比重扩大，靠扩大产业规模来推动产业增长的因素在弱化。对 10 种有色金属产量判断的依据：原铝产量占 10 种有色金属产量的比重高达 60% 以上，未来我国原铝产量仅能维持持平或略有增长。

其次，2019 年有色金属工业企业实现利润可望企稳，但拥有自备电厂的电解铝企业形势依然严峻。判断依据：一是国家减税降费政策逐步落实，企业降本增效力度加大，多数有色金属品种企业经营成本增幅有望收窄；二是有色金属价格弱势震荡，生产经营成本刚性上升态势在 2019 年将得以延续。若《燃煤自备电厂规范建设和运行专项治理方案》政策出台后，电解铝用电成本将会明显增加，电解铝行业将重回微利或亏损状态。

再次，2019 年有色金属行业固定资产投资可能仍将下降。但按新计算口径降幅有望收窄。判断依据：一是部分冶炼及常用加工项目产能过剩或已饱和；二是基础研究薄弱、高新技术项目储备不足；三是有色金属项目投资融资难、融资贵等问题尚未解决；四是贸易保护主义有从贸易蔓延至投资领域的趋势。

最后，单位产品能耗降幅有限，万元工业增加值能耗持续下降。判断依据：一是目前铜、铝等主要有色金属单位产品能耗已达到先进或领先水平，在目前技术条件下单位产品能耗进一步降低的难度较大；二是新旧动能转换步伐加快，新材料工业增加值在有色金属产业工业增加值所占比重扩大，工业增加值增幅明显大于能源消耗增幅，有色金属工业万元工业增加值能耗将持续下降。

（中国有色金属工业协会）

2018年机械行业运行态势分析及2019年走势研判

2018年以来，中国经济稳中有变，在内外部环境错综复杂的形势下，机械工业全行业认真贯彻党的十九大和中央经济工作会议精神，大力推动高质量发展。上半年行业经济运行总体平稳，主要经济指标增速超过全国工业平均水平，产销平稳增长，投资持续改善。下半年开始经济运行稳中趋缓，增速环比均出现回落，行业分化明显，但总体在合理区间。

一、2018年机械工业经济运行总体情况

（一）增加值增速上半年逐月提高，下半年逐月放缓

2018年上半年，机械工业增加值增速呈现逐月提升的趋势，由年初1—2月的7%，一季度的7.6%，升至上半年的8.4%，进入下半年受汽车拖累增速逐月放缓，三季度同比增长7.2%，1—10月同比增长6.8%，1—11月同比增长6.6%，预计全年增速在6.5%左右。

（二）主要产品产量同比增长

1—11月机械工业重点监测的120种主要产品中，产量同比增长的产品有62种，占比51.67%，比上年减少26种；产量同比下降的产品58种，占比48.34%，比上年增加27种。从趋势看，2018年以来产量同比实现增长的产品种类是持续减少的。

（三）经济效益保持增长，增速继续回落

1—10月机械工业实现主营业务收入17.88万亿元，同比增长7.38%；实现利润总额1.18万亿元，同比增长2.1%。两项指标均实现增长。但与上年同期相比，主营业务收入和利润总额增速分别回落了3.09和11.1个百分点。从2018年累计增速看，下半年呈现逐月回落趋势，利润增长始终低于主营业务收入增速。与全国工业比较，机械工业主营业务收入、利润增速分别低于同期全国工业1.92、11.45个百分点。

（四）主要分行业运行形势分化明显

工程机械行业景气度最好，继续保持高速增长；石化通用机械景气度回升明显；其他投资类产品制造业如重型矿山机械、机床工具、仪器仪表、基础件、内燃机等行业，运行形势基本保持平稳；电工和汽车行业增速下行，尤其是利润增幅出现明显回落，由于这两大行业权重很大，故对机械全行业影响很大；农机行业主要产品产量全面下降，经济指标持续下行；文化办公机械受出口及照相机产销大幅下滑影响，景气度较差。

（五）经济运营指标不及上年同期水平

2018年以来反映整个机械工业运行的主要指标均不及上年同期水平。1—10月机械工业亏损企业亏损面17.78%，同比上升1.24个百分点；利息支出同比增长17.27%；应收账款4.79万亿元，同比增长9.03%；产成品库存1.16万亿元，同比增长9.79%。1—10月流动资产周转率1.54%，同比下降0.04个百分点；成本费用利润率7%，同比下降0.4个百分点；主营业务收入利润率6.56%，同比下降0.34个百分点；总资产利润率6.3%，同比下降0.45个百分点。上述指标值得关注。

（六）固定资产投资低迷状况继续改善

经历了两年多的低迷后，2018年以来机械工业固定资产投资出现恢

复性增长。1—11 月机械工业主要涉及的四个国民经济行业大类中，通用设备制造、专用设备制造、汽车制造业、电气机械和器材制造业投资增速分别为9.5%、16.8%、3.3%和13.1%，除汽车制造业外，均高于同期全社会（5.9%）投资增速。从趋势看，2018 年以来机械工业所涉及主要行业大类投资增速逐月稳步回升，投资低迷的状况有所改善。

（七）对外贸易保持增长

据海关统计，1—10 月全国机电产品出口 11969.94 亿美元，同比增长 14%。其中机械设备出口 3533.9 亿美元，同比增长 14.8%；运输工具出口 988.68 亿美元，同比增长 14.7%；仪器仪表出口 590.72 亿美元，同比增长 2.8%。

1—10 月全国机电产品进口 8136.97 亿美元，同比增长 18.6%。其中机械设备进口 1708.49 亿美元，同比增长 24%；运输工具进口 943.35 亿美元，同比增长 9.7%；仪器仪表进口 858.85 亿美元，同比增长 8.2%。

（八）价格指数缓慢回升

国家统计局公布的数据显示，11 月工业生产者出厂价格同比涨幅 2.7%，生产资料价格同比上涨 3.3%，原材料工业价格上涨 4.6%，加工工业价格上涨 2.2%，虽然有所回落，但仍远高于机械工业上涨幅度，机械工业价格指数同比仅微涨 0.3%。

二、行业运行面临的问题与压力

（一）市场需求依然低迷，部分产品增速放缓

市场疲软、需求不足是一段时期以来持续困扰机械行业发展的问题。电力、冶金、煤炭等传统用户行业处于产能调整期需求下降，同时机械工业行业前期积累了巨大产能，两者矛盾更加突出。1—11 月全国固定资

产投资同比增长 5.9%，其中设备工器具购置投资仅增长 2.9%。

同时机械工业重点联系企业数据显示，企业订货在经历 2017 年回升向好后，2018 年以来再次呈现出波动下行的趋势，1—10 月累计订货 2018 年首次出现同比下降 2.72%，时隔两年后增速再次出现同比下降。特别是电工电器行业经历了十几年的快速发展，2018 年电工电器行业企业普遍反映压力逐渐加大，其中哈电集团 1—10 月累计订货同比下降 2.08%、上电集团同比下降 9.36%、东电集团同比下降 16.38%。

（二）成本压力大，效益提升难

1—10 月机械工业主营业务成本同比增长 7.74%，高于同期主营业务收入和利润总额的增速。具体看，原材料价格上涨，人工成本上升、融资成本上升，在多重成本压力下，2018 年机械工业利润总额低速增长，主营业务收入利润率仅为 6.56%，低于上年同期 0.34 个百分点。

（三）应收账款总额大、回收难，运行效率下降

2018 年 1—10 月机械工业应收账款总额已达到 4.79 万亿元，同比增长 9.03%，占全行业流动资产合计比重为 33.26%，占全国工业应收账款总额的三分之一。资产负债率平均水平为 56.22%。

应收账款数额大、回收难是当前影响机械企业生产经营最为突出的问题，是企业借贷并为此支付巨额资金使用成本的重要原因之一。对企业生产经营带来的直接压力：一是加大资金周转压力，机械工业自 2006 年以来流动资金周转率都在 2 次以上，2018 年 1—10 月仅为 1.54 次，运行效率明显下降；二是放大税费负担压力，企业垫资纳税；三是产生贷款利息的压力，利息就吞噬利润。

（四）对转型升级进展的估计不可过高

近几年机械工业致力于转型升级确有进展，取得了一些成绩，其中少数企业表现不俗，对于应对增速下行的挑战起到了一些作用，但对此

不可估计过高。就全行业而言，“不平衡、不充分”的结构性矛盾仍未得到明显缓解。

三、运行趋势预测

（一）行业发展的有利因素

从投资看，一是工业产成品价格持续上涨、减税降费措施带动上游制造业利润有所好转，增强了未来投资的能力。二是国家大力提倡发展实体经济。推动制造业高质量发展，促进形成强大国内市场，推进先进制造业与现代服务业深度融合，各级政府正在积极推进实施，支持企业的技术改造，使用首台（套）重点技术装备等投资项目，促使企业投资积极性有所提高。三是制造业企业顺应环保要求，增加对环保设备、环保设施的投入力度，将会带动机械工业装备增长。

从消费看，2019 年随着个税改革的落地实施增强群众获得感；消费新业态、新模式不断出现，都会促进消费潜力释放，从而对机械工业消费类特征明显的产品起到拉动作用。

从融资环境看，改善民营企业融资难题，大力推进减税，支持实体经济发展，也将是 2019 年政策的核心发力点之一。

从贸易环境看，2018 年以来，为切实降低外贸企业负担，提高产品竞争力，我国陆续出台了一系列减税降费、促进跨境贸易便利化等措施，外贸领域改革不断推进，完善政府服务，加强“单一窗口”建设等，有效减轻了企业负担。

（二）主要指标预测

综合分析判断，预计 2018 年全年机械工业经济运行总体将比较平稳，工业增加值、主营业务收入增速在 7% 左右，利润增长 2% 左右，进出口贸易适度增长。需要说明的是，经历了持续多年的高速发展，我国机械工业的规模现已达到年主营业务收入 24 万多亿元的高水平。随着基数的不断扩大，增长速度适度回落是正常的。

初步预计 2019 年全年机械工业经济运行总体将比较平稳，工业增加值、主营业务收入增速在 6.5% 左右，利润增速受 2018 年低基数的影响，增速会在 5% 左右，进出口贸易适度增长（5%）。实现难度将大于 2018 年。

（中国机械工业联合会）

2018年汽车行业运行态势分析及2019年走势研判

2018年1—11月，汽车工业运行总体基本平稳，但低于年初的预期。经过分析，市场中出现的连续下滑主要来源于市场需求放缓的影响，而非内生因素。基于此，中国汽车工业协会基本确定2018年汽车产销不能实现年初预期目标，预计全年增速为-3%左右。

一、2018年1—11月行业经济运行情况

1—11月，汽车产销分别完成2532.5万辆和2542万辆，产销量比上年同期分别下降2.6%和1.7%。从2018年7月起，汽车单月产销开始连续出现负增长，累计增速逐月下滑。受产销下行的拖累，汽车制造业增加值累计增速也出现逐月下滑的态势，目前增速为6.9%，但依然高于工业增加值0.5个百分点；汽车零售总额也出现连续6个月的单月负增长，目前累计增速由正转负，为-0.6%，但是其占社会消费品零售总额的比例依然超过10%。

新能源汽车市场2018年延续了高增速势头。1—11月，新能源汽车产销分别完成105.4万辆和103万辆，比上年同期分别增长63.6%和68%。

1—11月，汽车企业出口96.1万辆，比上年同期增长20.6%。虽然近两个月单月出口同比出现了负增长，但是由于前9个月累计增量较大，所以单个月份的下滑并未影响汽车出口高速增长的状态。

二、影响当前汽车市场走势的原因分析

进入“十三五”以来，我国汽车市场发展已进入新常态，低增速成为市场发展的新特征。2018 年汽车市场虽然出现下滑，但分析各月销量同比变化情况，其趋势符合市场发展规律。本轮市场的下滑非内生因素，而是来源于外部，主要原因是刺激政策退出导致的消费需求放缓及外部环境变化带来的消费能力下降。与此同时，中国汽车工业协会认为，当前出现的市场波动和调整过程为产业结构调整提供了机会，是产业实现转型升级阶段需要经历的过程。

（一）内生因素——增速放缓是体量扩大的必然结果，从产业整体发展看，不存在造成市场下滑的内在因素

随着汽车市场连续多年高速增长，保有量快速提高，市场增速趋缓成为必然。本轮拉动市场增长的是 SUV 产品，目前规模和份额逐步稳定，增速已回归正常。当前，市场上除新能源汽车外没有新的增长点出现。

近年来，供给侧结构性改革持续推进，企业在产品技术水平提升、战略性新兴产业方面积极投入，在产品设计、营销策略、品牌建设等方面积极采取措施适应市场需求，已形成相当成熟的运营体系。从产业整体发展看，不存在造成市场下滑的内在因素。

（二）外部因素——政策、楼市、金融等环境的变化造成消费需求放缓，消费能力不足

近年来，乘用车市场净增量的主要贡献来自三四线城市汽车市场。2018 年以来多方面因素造成消费能力下降、信心不足。三四线市场受影响尤其明显，连带拖累了整个汽车市场。

1. 前期刺激政策退出导致市场透支进而造成波动

本轮 1.6 升购置税优惠政策在 2018 年全面退出。因需求前移到了政

策执行期，2016年和2017年的四季度都出现了集中消费的情况，严重扭曲了汽车市场的正常规律。政策退出后市场需求不足成为必然。2011年购置税优惠政策退出后，汽车市场增速从46%和32%大幅降至不足3%。2018年全年市场增速下滑是预期内的结果。

2. 外部环境变化导致消费能力下降进而造成消费疲软

房地产走高制约汽车消费需求的释放。2018年以来，我国各级城市的房价指数、交易量增速均呈现上涨。房市火爆造成居民资金占用加大、负债增加，降低了购买力。

金融去杠杆的影响。金融去杠杆一定程度造成全社会资金紧张，中小企业融资更难、更贵，企业资金压力的加大会压缩员工的福利，造成员工消费能力的下降；6、7月以来大量P2P平台发生逾期、清盘，导致消费者资金被套牢，极大损伤消费能力，加剧了车市的下滑。

去产能和治理力度强化进一步影响消费者购买力。钢铁等行业去产能，环保治理力度不断加大，部分不合规企业和中小企业因此关停，造成一部分劳动力发生转移，但这部分劳动力的购买力一段时间内难以提高，无法形成消费。

3. 拉动商用车增长的主要市场和政策红利已用尽

商用车作为生产工具，其对政策的敏感性大于乘用车。2018年下半年，中、重卡以及中大型客车的大幅下滑造成了商用车整体增幅的快速趋缓。其中主要原因有四点：

一是中、重卡中运输类货车产品前期受新标准及治超治限加严影响，部分车辆需要强制被淘汰，导致了市场需求急速攀升，但随着产品结构调整完毕，该政策红利已用尽。

二是中、重卡早在2012年出现过一次高速增长，由于车辆平均生命周期为5~6年，因此这两年正好处在那一批车辆置换的高峰期，但目前该置换周期已基本结束。

三是2018年上半年国家投资项目陆续开工导致工程类产品大幅增

长，但随着生产工具的补充完毕，工程类产品也从 2018 年 7 月起增速由正转负。

四是 2018 年上半年新能源公交增速较快，原因是新车补贴政策加严切换的节点在 6 月底导致部分节点以后的需求前移，加之上年上半年新能源客车销量惨淡造成的基数过低。进入 7 月以后，随着需求提前释放，新能源客车的增速明显放缓。

4. **受伊朗市场影响出口单月出现下滑**

汽车出口近 3 个月销量呈下行态势，导致这种趋势的主要原因与美国对伊朗制裁有关。由于 2018 年我国汽车出口的高速增长主要归因于伊朗市场的拉动，因此，当伊朗市场出现波动时，自然会明显影响汽车整体出口形势。

三、未来市场形势研判及预测

当前影响汽车行业和市场发展的内外部复杂环境没有发生根本变化，未来注重高质量发展已成为企业发展的唯一出路。对于行业未来发展的趋势和面对的主要内外部因素应关注以下 7 个方面。

一是短期内政策环境变化造成企业效益水平的下滑。这包括关税降低将引发价格向下传导，国六排放标准过早实施很可能将加剧市场波动，制造环节环保治理增加企业运营成本等。

二是产业创新能力依然亟待提升。由于当前我国汽车产业大而不强，创新体系还在初建阶段，部分关键技术和核心零部件产品被国外企业垄断的问题较为严重，随着对外开放的进一步扩大和深化，将逼迫中国企业在创新体系、核心能力建设方面持续不断加大投入，经过残酷的市场竞争的洗礼，才能最终培育出具备竞争力的国际化企业。

三是环保治理长期推动产品结构调整。打赢蓝天保卫战三年行动计划各项措施的逐步实施，将促进产品结构调整及能源需求结构转变。一是促进非公共领域商用车电动化发展；二是在重型柴油车减排方面，天然气车比重将有所提高，柴油车混动技术加快应用；三是由于多种原因导致国六阶段中国品牌乘用车应对提前实施的能力不足，对大多数中国品牌企业市场竞争力产生负面影响。

四是产业格局调整逐步深入。伴随市场规模的稳定，发展环境复杂，内外部因素推动市场竞争进一步加剧，企业分化发展是下一阶段产业运行的主要特征，形成核心优势的企业将越来越被市场认可，而疲于应对缺乏主动思维的企业将逐渐遭到淘汰。

五是国企改革有望加快推进。由于整车行业国企所占比重相对较高，在产业发展追求高质量的背景下，国企改革步伐将加快。

六是“走出去”进程加快。参与全球竞争，适应甚至主导国际贸易规则是建立汽车强国、培育有竞争力的国际化企业必不可少的阶段。未来，企业将逐步加强从研发到制造及售后全产业链的国际产能合作，以国家“一带一路”倡议为契机，与金融业协同，系统构建优化海外事业布局，提升利用、整合国际资源发展海外事业能力，提高走出去水平。

七是管理改革持续推动。未来，科技推动的跨产业融合发展对管理体系提出了更高、更急迫的要求，需要行政管理的体制机制改革与产业发展同步进行，甚至是提前布局。因此，贯彻落实好国家“依法治国”“简政放权”等一系列方针政策，行业管理部门需要在未来加快和深化在行业管理思路、制度、模式等方面改革。

综合判断，2018 年全年产销增速预计为-3% 左右；新能源汽车保持高速增长，全年销量为 120 万辆；出口增长 15% 左右。2019 年，短期刺激政策退出的影响基本消除，考虑到我国汽车消费潜力依然较大，在经济总体向好的背景下，消费信心将逐步恢复，汽车市场规模将保持稳定。但是原材料价格的持续上涨和市场竞争愈发的激烈将从产品成本和产品售价两方面挤压企业的利润。

预计 2019 年全年市场规模与 2018 年基本持平，全行业总产值、利税同比增速比 2018 年略有下降。中国品牌新能源市场份额可能下降，新能源汽车销量将达到 160 万辆左右。受多种因素综合影响，出口形势很可能会变得严峻。

（中国汽车工业协会）

2018 年船舶行业运行态势分析及 2019 年走势研判

2018 年，全球航运市场小幅回暖，国际原油价格大幅震荡，全球船舶市场延续上年回升势头。我国新承接船舶订单同比大幅增长，造船完工量同比下降，手持船舶订单止跌回升。融资难、交船难、盈利难的问题仍然存在，船舶工业平稳健康发展仍面临较大挑战。

一、经济运行基本情况

（一）三大造船指标两增一降

1—11 月份，全国造船完工 3293 万载重吨，同比下降 17.4%。承接新船订单 3306 万载重吨，同比增长 30.3%。11 月底，手持船舶订单 8736 万载重吨，同比增长 7%，与 2017 年年底基本持平。

1—11 月份，全国完工出口船 2993 万载重吨，同比下降 19.3%；承接出口船订单 2975 万载重吨，同比增长 29.8%；11 月末手持出口船订单 7801 万载重吨，同比增长 2.8%。出口船舶分别占全国造船完工量、新接订单量、手持订单量的 90.9%、90% 和 89.3%。

（二）重点监测企业指标保持稳定

造船企业三大指标两增一降。1—11 月份，53 家重点监测的造船企业造船完工 3179 万载重吨，同比下降 9.9%。承接新船订单 3158 万载重吨，同比增长 32.4%。11 月底，手持船舶订单 8343 万载重吨，同比增长 6.1%。1—11 月份，53 家重点监测的造船企业完工出口船 2899 万载重吨，同比下降 11.7%；承接出口船订单 2845 万载重吨，同比增长 31.3%；11 月末手持出口船订单 7459 万载重吨，同比增长 2%。出口船舶分别占重点造船企业完工量、新接订单量、手持订单量的 91.2%、90.1% 和 89.4%。

工业总产值同比下降。1—11 月份，船舶行业 80 家重点监测企业完成工业总产值 3340 亿元，同比下降 9.4%。其中船舶制造产值 1529 亿元，同比下降 7.3%；船舶配套产值 254 亿元，同比增长 10.4%；船舶修理产值 118 亿元，同比下降 4.8%。

船舶出口产值同比下降。1—11 月份，船舶行业 80 家重点监测企业完成出口产值 1232 亿元，同比下降 8.7%。其中，船舶制造产值 890 亿元，同比下降 7.3%；船舶配套产值 49 亿元，同比增长 4.3%；船舶修理产值 69 亿元，同比下降 6.8%。

企业经济效益同比下降。1—11 月，船舶行业 80 家重点监测企业实现主营业务收入 2540 亿元，同比下降 6.6%；利润总额 17.2 亿元，同比下降 25.2%。

二、经济运行的特点

（一）产品结构调整成效明显

2018 年以来，我国骨干船舶企业面对不利的市场环境，积极苦练内功，在完工交付和新承接订单方面取得不错的成绩。上海外高桥、大连船舶重工和南通中远川崎均交付了我国最大 22000TEU 集装箱船，打破了韩国在这一型船舶建造的垄断地位，同时该型船舶的建造也带动了国产主机、国产曲轴等配套设备的快速发展。另一方面，扬子江船业、江苏新时代、上海外高桥、青岛北船等单位批量承接 2018 年以来的矿砂船订单；同时骨干企业还在2500客位豪华客滚船、7800车位货滚船、8.4万立方米超大型液化气船、1.86万立方米液化天然气（LNG）加注船、极地探险邮船等高端船型市场不断取得新的进展。

（二）世界市场份额继续保持领先

2018年，国际航运市场延续反弹，新船市场保持活跃。我国船企紧抓市场回暖的有利时机，积极开拓市场。1—11月份，我国造船完工量、新船订单量和手持订单量在全球市场所占份额分别为43.2%、44.5%和43.5%，三大造船指标国际市场份额均位居世界第一。

（三）行业产业集中度进一步提高

2018年，船市初步显现回升迹象，但需求不足和产能过剩的矛盾仍然存在，在市场倒逼机制和政策引导的共同作用下，我国过剩产能进一步压减，跨行业、跨区域、跨所有制的兼并重组加快推进，优势资源向骨干企业集中的特点更加明显，船舶行业产业集中度进一步提高。

我国前10家企业造船完工量占全国70%，有6家企业进入世界前10；我国前10家企业新承接订单量占全国79.5%，有5家企业进入世界前10；我国前10家企业手持订单量占全国64.7%，有5家企业进入世界前10。

（四）原油价格大幅波动，我国船企精准接单

1—11月，国际原油价格大幅波动，年中一度上涨至86.1美元/桶，创出2014年11月份以来最高水平。之后，多重利空共同牵引油价下行。11月底，布伦特原油现货价格最低收于57美元/桶。但仍远高于前两年水平，整体上行的油价和不断增多的海上油气开发活动带动新租约持续释放，海工运营市场保持温和复苏。处于复苏初期的运营市场并没有带动新造船市场的需求。

1—11月，全球共成交各类海洋工程装备54艘（座）、73.7亿美元，以金额计，同比下降13.2%。中国凭借浮式生产平台和海工船订单继续

保持领先，2018 年以来承接金额 32. 8 亿美元，全球市场份额为 44. 6%，新加坡和韩国分别承接 18. 4 亿美元和 11. 8 亿美元，位列二三位。

三、经济运作中存在的问题

（一）细分船型延续反弹态势，韩国船企竞争优势明显

2018 年以来，各主要船型均延续反弹态势，特别是大型集装箱船、液化天然气船和散货船均有较多成交。年初我国船企凭借在散货船市场的优势承接到全球 88% 的散货船订单，随后在新船订单风格改变下，韩国船企发挥高技术、高附加值船舶建造优势，在 7 月份承接 9 艘大型液化天然气（LNG）船，又在 9 月份承接了 20 艘大型集装箱船订单，新船订单修正总吨和金额一举超过我国位居世界第一。

（二）原材料成本高位上涨，行业盈利水平大幅下降

2018 年，船用钢材价格延续上涨态势，11 月底，20mm 船板月均价格达到 4580 元/吨，同比增长 6. 2%。船用钢材的持续高涨给船舶企业生产经营造成巨大压力。一方面，散货船是我国的主力建造船型，其钢材价格占全船价格的比值超过 25%，钢材价格的上涨将直接影响企业利润水平；另一方面，企业建造高技术船舶的成本高企，甚至部分船型自合同签订到开工建造就有因钢材价格上涨而出现亏损的情况。此外，2018 年以来，钢铁企业还出现了合同按时到货率低、尾板不能按批次、按要求配齐、钢板表面质量较差、薄板等特殊钢材型号无法供应等问题，给船舶企业生产管理带来较大影响。

（三）融资难问题对船舶企业生产经营影响仍然较大

当前，国际航运和造船市场初现复苏态势，但受地缘政治、贸易摩擦等外部因素影响，复苏回升的基础还不稳固。国内主要金融机构对我

国船舶行业信贷支持普遍持谨慎态度，部分银行为规避风险对船舶企业融资采取“一刀切”做法，无法贯彻实施差异化信贷政策。在低迷的市场环境下，船舶首付款只有5%～10%，企业一方面为完成船舶建造需先行垫付大量资金，对融资的依赖愈发强烈；另一方面由于无法开立预付款保函不敢接单，即使接单也因开立保函周期过长导致订单无法生效。船舶企业外部生存环境快速恶化。

四、2019年主要指标预测及研判

（一）三大造船指标

预计2018年，我国船舶企业新承接船舶订单有望超过3100万载重吨、造船完工量约3400万载重吨。由于造船完工量大于新承接船舶订单量，手持船舶订单将继续下降，预计将低于8300万载重吨。我国造船完工量、新承接船舶订单和手持船舶订单三大造船指标世界市场份额仍将继续保持前列。受原材料价格、劳动力价格等因素影响，重点监测船舶企业主要经济指标和财务指标仍将继续下降，但降幅有望收窄。展望2019年，全球经济仍将保持温和复苏，海运贸易需求小幅增长，但受国际贸易摩擦和环保新规实施的影响，船东订造新船需求趋于谨慎。部分细分船型市场和新航线新船需求市场将继续保持活跃。

（二）船舶出口金额

2018年，我国交付的船型中，按修正总吨统计，集装箱船超过散货船位列第一，带动了船舶出口金额的增长（集装箱船出口额46.6亿美元，散货船40.8亿美元），预计全年船舶出口金额同比增长15%左右。但根据2018年手持订单分析，2019年散货船交付量仍将占主导地位，同时新船价格无明显增长，因此出口金额与2018年比将出现下降。

（中国船舶工业协会）

2018年纺织行业运行态势分析及2019年走势研判

2018年，全球经济保持在复苏轨道，就业同步改善，促进国际市场需求回暖；我国宏观经济总体平稳，冲刺全面建成小康社会释放巨大的内需市场空间。在良好的市场环境下，纺织行业深入推进供给侧结构性改革，努力化解成本压力、贸易保护主义等内外部风险挑战，产销实现平稳增长，出口内销齐发力，利润改善尤为明显，行业运行总体呈现"市场支撑、结构调整、逐月企稳"的高质量发展特点。

2019年，持续升级的内需市场仍将为纺织行业发展提供首要动力，但受到世界经济增速行将放缓、全球流动性收缩、贸易环境恶化等因素影响，市场压力将有所增加，行业提升抗风险能力任务紧迫。纺织行业将全面贯彻落实党的十九大精神，深入推进供给侧结构性改革，力求实现"运行平稳、质效提升、结构优化、动力转换"的高质量发展目标，为全面建成小康社会做出应有贡献。

一、2018年纺织行业运行态势分析

（一）内销市场加快增长

纺织品服装零售增速明显提升，一方面得益于民生消费加快增长，更表明纺织行业有效供给有所增强，努力满足多元个性、功能细分的内需消费市场。

根据国家统计局数据，1—10 月全国限额以上服装鞋帽、针纺织品类零售额同比增长 8.4%，增速较上年同期提高 1.1 个百分点；占限额以上单位消费品零售额比重为 9.2%，较 2017 年同期提升 0.2 个百分点。

网上零售表现稳健，1—10 月全国网上穿着类商品零售额同比增长 22.5%，增速高于上年同期 2.9 个百分点，成为纺织品服装内销升级的强大动力。天猫“双 11”数据显示，成交额过亿的品牌中服装服饰类占比 27%，位居第一，超过第二品类 6 个百分点，说明行业品牌线上渠道建设日益成熟，智慧供应链体系与智能制造能力正在提升。

（二）出口市场持续回暖

主要发达国家就业状况持续改善，国际市场需求回暖，带动行业出口同比加快增长。

根据海关快报数据，1—11 月我国纺织品服装出口总额（不含 94 章）为 2539.6 亿美元，同比增长 4.4%，增速较上年同期提高 2.8 个百分点。其中，纺织品国际竞争力稳定，出口额同比增长 9.3%，占纺织品服装出口总额的比重由上年同期的 41% 提高到 43%；服装受到制造成本高企及订单、投资转移等因素影响，出口压力较大，出口额同比增长 0.9%，比重下调至 57%。

分国别看，1—10 月对美国、欧盟和日本出口纺织原料及纺织品服装同比分别增长 8.9%、3.4% 和 4.3%，对美出口增速与上年同期比明显提升 8.6 个百分点；对越南、土耳其、印尼等“一带一路”沿线市场出口增势良好，出口额同比分别增长 29.4%、2.8% 和 21.7%，其中对越南出口增速同比大幅提高 27.8 个百分点。

（三）生产低速增长

纺织行业工业增加值增速低位运行。2018 年 1—10 月，全国规模以上纺织企业工业增加值同比增长 3%，较上年同期放缓 2.1 个百分点，但较二季度加快 0.2 个百分点。

伴随新兴产业及新商业模式的发展，化纤及终端产业生产保持较好态势，1—10月，化纤业、服装、家纺、产业用纺织品和纺机业工业增加值分别增长8.2%、4.8%、4.3%、8.4%和11.4%。棉纺织及印染精加工行业对全行业生产减速的负向影响作用最为突出，工业增加值同比下降0.9%，低于上年同期4.9个百分点。但根据中国棉纺织行业协会调查情况，2018年以来国内外棉价差缩小，近期持续处于1000元/吨以内的低位，重点跟踪的棉纺企业生产及销售情况平稳且逐月改善。

主要大类产品中，除化纤外产量增速均同比放缓。1—10月，规模以上企业化纤产量同比增长8.3%，增速较上年同期提高2.6个百分点；纱和布产量同比分别增长0.6%和1.8%，增速分别放缓3.7和0.5个百分点；服装产量同比下降1.5%，增速较上年同期放缓1.8个百分点，降幅较三季度收窄2.6个百分点。

（四）运行质效逐月改善

纺织行业效益指标在改革阵痛中出现波动，但呈现震荡上行走势。2018年1—10月，全国3.6万户规模以上纺织企业累计实现主营业务收入46826.8亿元，同比增长4.1%，增速较上年同期放缓2.9个百分点，放缓幅度较三季度收窄0.7个百分点；实现利润总额2221.2亿元，同比增长7.7%，增速较上年同期放缓1.6个百分点，较三季度提高0.6个百分点。根据中纺联对53个集群5.8万户企业的调查，1—9月主营业务收入和利润总额同比分别增长5.2%和7.3%。其中，化纤行业由于原料价格支撑、产业集中度提高以及大型企业向上游炼化环节延伸等原因，效益增速稳定在较高区间，1—10月化纤行业主营业务收入和利润总额同比分别增长14.2%和18.9%，支撑全行业效益情况逐月回调。

纺织行业运行质量基本平稳。1—10月，规模以上纺织企业销售利润率为4.7%，较上年同期提高0.1个百分点；产成品周转率为15.9次/年，较上年同期降低5.7%；总资产周转率为1.3次/年，三费比例为6.9%，均与上年同期持平。

（五）投资增速稳步回调

根据国家统计局1—10月数据推算，纺织全行业固定资产投资完成额同比增长6%，较上年同期下降0.7个百分点，但较三季度回升0.2个百分点。

分行业来看，纺纱、织造、印染等技术改造需求支撑纺织业投资同比增长4.5%；化纤业新建和在建产能较多，投资增速达到37.4%，较三季度提升5.5个百分点，连续7个月保持高速增长；服装业受到产能跨国布局等因素制约，投资同比减少0.3%。

分地区来看，东部地区部分产业集聚省份因制造成本上涨、环保监管严格等因素影响，投资增长受到制约。受产业政策调整影响，新疆纺织行业投资增速回落，纺织业、服装业和化纤业投资额同比分别减少34.1%、27.7%和31.9%。

二、当前运行中存在的主要问题

（一）中美经贸摩擦需长期关注

自4月以来中美经贸摩擦不断升级，虽然G20峰会释放出积极信号，但事关两国发展战略，贸易摩擦短时难以完全缓解。

现阶段，美国的加税措施直接涉及41.5亿美元的纺织品，占我国纺织行业对美出口额的8.7%，占对全球出口总额的1.5%，尚不足以对全行业造成重大冲击，但贸易环境不确定性提升，增加了国际采购商及国内生产企业的担忧情绪。据企业反馈，目前已经出现了采购商暂缓下单或将向中国以外区域转移订单的情况，部分具有境外加工基地的大型纺织企业也开始将国内订单转移至国外。长期来看，贸易摩擦将引发国际供应链体系改变，我国纺织行业长期被排除在供应体系之外，日后参与国际产业分工与市场竞争困难增大；为规避贸易环境风险，纺织企业海外投资进度也不可避免地将有所加快，对国内生产、投资增长及就业岗位产生负面影响，且将促进东南亚目前尚不完善的纺织产业体系逐渐健全，加剧全球市场竞争形势。

（二）相关政策环境尚不完善

纺织行业融资难、融资贵问题长期无法有效解决，国家支持实体经济、中小企业融资的政策未能有效落实，银行惜贷、利息大幅上浮、收取贷款服务费、要求定期转贷等问题始终存在。纺织行业长期面临环保部门监管手段单一的问题，仅简单以关停、限产、禁止环评等方法进行监管，缺乏投资引导、技改支持等正面措施；有些地方不区分企业情况，采取地区性整体停产的监管方法，造成纺织企业生产、投资活动受限，成为全行业平稳、高质量发展的瓶颈制约。国内工业用电价格偏高，目前仍是越南、美国等地的近 2 倍，在装备自动化、数字化、智能化水平不断提升、用电大量替代用工的情况下，高电价问题更加凸显，电价过高问题仍亟待解决。

（三）行业供给结构仍需优化

产能结构方面，距离终端市场相对较远的上游产业目前仍存在部分常规产品产能偏大的情况，与日益升级的消费需求不相对应的矛盾仍然存在，技术性产业用纺织品功能、性能及经济性尚不能完全满足应用需求，加强行业自律、强化差别化产品开发等发展质量提升任务仍待落实。区域结构方面，纺织产业转移进度明显放缓，东部企业的转型升级投入再度成为行业投资增长主动力，中西部受成本、政策、产业配套等因素影响，转移投资项目出现停滞，一方面制约产业资源配置效率提升，另一方面境外投资替代国内产业转移投资较快增加，也影响了国内投资与就业的稳定增长。

三、纺织行业运行走势预判

（一）2018 年指标预测

展望全年，国内外宏观经济形势大体延续稳定态势，内外市场基本面仍未改变，贸易摩擦年内影响有限，纺织行业有望保持 2018 年以来的平稳运行态势。纺织品服装出口总额增速可稳定在 3% 以上，规模以上纺织企业主营业务收入同比增长 5% 左右，利润总额同比增长 6% 左右。

（二）2019 年形势展望

展望 2019 年，全球经济增长的动力依然存在，但是下行风险日益凸显，纺织行业经济运行面临的外部环境更趋复杂，压力明显加剧。

一方面，国内外市场需求增长具有一定支撑基础。全球就业状况现阶段处于历史高位，通胀率温和上升，有利于形成企业利润、居民收入、消费支出、生产投资相互促进、渐次增长的良性循环。我国经济有望在新动能成长带动下平稳增长，就业持续改善，居民收入及消费水平向全面小康水平迈进，内需消费依然是行业发展的主要贡献力量。

另一方面，不确定不稳定因素仍然较多。美国经济复苏的持久性存疑，贸易环境恶化的状况难以逆转，新兴市场的金融脆弱性上升，或将导致全球实体经济复苏发生转折，纺织行业发展面临的国际环境更趋严峻。国内仍将处于结构调整的关键时期，国际环境风险上升，经济存在波动可能，企业利润及居民收入增长压力加大，消费提速的基础动力略显不足，行业内销增速提高空间有限。

总体上看，2019 年我国纺织行业面临的国内外市场环境复杂多变，需求增长有放缓趋势，各种风险因素也有所增加。纺织行业运行压力有所加大，主要运行指标增速较 2018 年将有所放缓。纺织行业推动高质量发展的内在需求更为迫切，必须着力提升产品品质，挖掘内需市场潜力，提高生产效率和抗风险能力，方能继续保持平稳发展态势。

（中国纺织工业联合会）

2018年轻工行业运行态势分析及2019年走势研判

2018年，轻工行业认真学习贯彻党的十九大精神，以“让人民生活更美好”为宗旨，以消费升级为导向，通过科技创新、标准引领、智能制造等举措，不断推动轻工业向高质量迈进，为满足人民群众美好生活需要做出重要贡献。

但受深层次结构性矛盾和外部环境的冲击影响，2018年轻工行业增长趋缓，下行态势明显，多项指标增速低于全国工业平均水平。为稳定行业发展，需国家、行业与企业共同采取有效措施，大力降低经营成本，不断改善营商环境，有效应对贸易摩擦，努力提高产业附加值，促进轻工行业稳健发展。

一、轻工行业运行情况

（一）行业发展放缓，工业增加值增速5.6%

2018年1—10月，轻工行业工业增加值增速5.6%，增速比1—9月份回落0.1个百分点，比上年同期降低3.0个百分点，行业增加值增速连续6个月下降。轻工行业增加值增速低于同期制造业增速1.0个百分点，低于全国工业增速0.8个百分点。

（二）主营业务收入增速回落

1—10月，轻工行业规模以上企业112437个，实现主营业务收入

16.51万亿元（占全国规模以上工业的19.27%），同比增长6.41%，增速比1—9月份回落0.26个百分点，低于同期规模以上工业增速2.89个百分点。

（三）利润增速大幅低于全国工业

1—10月，轻工业实现利润10107.07亿元（占全国规模以上工业的18.31%），同比增长5.77%，增速比1—9月回落1.08个百分点，低于同期规模以上工业7.83个百分点。

1—10月，轻工行业主营业务收入利润率6.12%，比1—9月回落0.01个百分点，低于同期规模以上工业0.32个百分点。轻工14个主要行业利润率低于制造业平均水平。自行车、助动车及非公路休闲车制造业利润率仅为3.62%。

（四）内需市场表现平稳

受刚性需求因素影响，轻工产品国内市场总体销售延续平稳态势。2018年1—10月，粮油食品、饮料、家电等10个轻工行业的商品零售总额达到46868亿元，占社会消费品零售总额的比重为15.13%。其中：日用品、化妆品、家具、粮油食品零售额增速较高，分别增长13.0%、11.4%、10.1%和10.0%。

内需市场对轻工行业发展形成稳固支撑。网上零售快速发展，2018年1—10月，全国网上零售额70539亿元，同比增长25.5%。其中，实物商品网上零售额54141亿元，增长26.7%；在实物商品网上零售额中，吃、穿和用类商品分别增长36.1%、22.5%和27.2%。

（五）轻工商品出口低速增长

海关出口最新数据显示，1—11月，7种轻工重点商品累计完成出口2262.9亿美元，约占轻工行业出口总额的40%。与1—10月份比，出口增速有所回升。除塑料制品和陶瓷产品外，出口增速均低于全国平均出口增速，其中鞋类出口同比下降2.1%，箱包、玩具、灯具、家具出口增速仅分别为3.1%、6.1%、7.1%、8.9%。

2018年1—10月，轻工行业规模以上企业累计实现出口交货值20983.02亿元（占全国规上工业的20.73%），同比增长4.83%，低于同期全国规模以上工业增速3.77个百分点。

（六）投资增速涨跌互现，表现出差异化走势

轻工业90%以上的固定资产投资属于社会或民间投资，2018年1—10月，轻工行业投资增速涨跌互现，表现出差异化走势。据国家统计局公布的数据显示，家具制造业投资增速为23.5%，比上年同期提高3.6个百分点；木材加工及木竹藤棕草制品业投资增速19.7%，比上年同期提高17.7个百分点；造纸及纸制品业投资增速为5.9%，比上年同期提高0.3个百分点。酒饮料和精制茶制造业、农副食品加工投资仍为负增长，同比分别下降7.9%、1.7%，降幅比1—9月有所扩大。

二、行业面临的主要问题

（一）利息支出大幅上升，应收账款居高不下

2018年1—10月，轻工利息支出1178.79亿元，同比增长12.79%，较上年末提高10.28个百分点。轻工企业应收账款达到2.14万亿元，同比增长7.89%，增速比上年末提高1.22个百分点。利息支出大幅上升，应收账款居高不下，给企业经营带来较大困难。

（二）原料价格持续上涨

2017年工业出厂价格中原材料价格上涨11.5%，在此基础上，2018年1—11月，工业生产者出厂价格中原材料价格又同比上涨6.9%，而轻工产品的出厂价格保持不变或涨幅有限和滞后。1—11月，一般日用品出

厂价格同比上涨 1.1%，食品出厂价格同比上涨 0.5%，耐用消费品出厂价格同比下降 0.2%。上游原料成本大幅上升，轻工产品出厂价格却不升反降，严重挤压了轻工企业的利润空间。

（三）进口关税下调对市场形成一定影响

根据国务院常务会议决定，2018 年 7 月 1 日起，将服装鞋帽、厨房和体育健身用品等进口关税平均税率由 15.9% 降至 7.1%；将洗衣机、冰箱等家用电器进口关税平均税率由 20.5% 降至 8%；将养殖类、捕捞类水产品和矿泉水等加工食品进口关税平均税率从 15.2% 降至 6.9%；将洗涤用品和护肤、美发等化妆品及部分医药健康类产品进口关税平均税率由 8.4% 降至 2.9%。降低进口关税将使广大消费者受惠，但对国内企业带来较大竞争压力，这将倒逼国内企业不断提升竞争力。

三、行业运行走势预测研判

由于轻工行业消费品属性，刚性需求支撑较强，对行业发展形成稳固支撑。且轻工业经历持续多年高速发展，轻工行业规模以上企业年主营业务收入已超过 24 万亿元，增长速度的适度回落将是常态。

受国内深层次结构性矛盾和问题以及外部环境冲击影响，企业发展出现了成本上升、盈利能力下降、国内市场消费升级预期不明、国际贸易摩擦不确定性加剧、企业发展信心不足等不利因素。预计轻工行业增速比上年略有下降，具体预测如下：

预计 2018 年轻工行业工业增加值增速 6.0%、主营业务收入增速 7.5%、利润增速 7%、出口增速 5%。

2019 年，轻工行业发展压力继续增大，且受中美经贸摩擦的不确定性影响，轻工行业经济将继续呈现低速增长态势。预计工业增加值增速 5.0%、主营业务收入增速 7%、利润增速 5%、出口增速 4%。

为稳定行业发展，需国家、行业与企业共同采取有效措施，大力降低经营成本，不断改善营商环境，有效应对贸易摩擦，努力提高产业附加值，促进轻工行业稳健发展。

（中国轻工业联合会）

2018年交通运输与物流行业运行态势分析及2019年走势研判

2018年以来，面对复杂多变的国际环境和繁重的国内改革发展任务，在习近平新时代中国特色社会主义思想指导下，认真贯彻落实党中央和国务院决策部署，坚持稳中求进工作总基调，我国经济已转向高质量发展阶段，总体保持平稳，稳中有进，新动能加速成长。1—11月，全社会交通（铁路、公路、水路、民航）固定资产投资同比增长1.0%，客运量、货运量同比分别下降3.2%和增长7.2%，行业总体平稳增长，结构逐步优化，但企业运行压力也有所加大。

一、运行特点及主要指标完成情况

（一）客运降幅收窄，结构持续优化

完成全社会营业性客运量165.4亿人，完成旅客周转量31703.6亿人公里，客运量同比下降3.2%，旅客周转量同比增长4.3%，客运量累计降幅较年初收窄8.1个百分点，旅客周转量累计增速较年初扩大15.1个百分点。

一是铁路动车组发送量比重加快。随着高铁成网优势以及服务质量的提升，全路铁路旅客发送量完成31.21亿人，旅客周转量完成13226.1亿人公里，同比分别增长9.5%和5.2%，其中：动车组发送量完成18.8亿人，占铁路客运量比重提高至59%。二是民航客运增速强劲。民航完

成旅客运输量5.6亿人，完成旅客周转量9809.8亿人公里，同比分别增长11.2%、12.9%，其中国际航线增速快于国内航线增速。三是公路客运出行多元化。受高铁和动车组开行以及私家车出游旺盛等因素影响，公路完成营业性客运量126.0亿人，完成旅客周转量8593.4亿人公里，同比分别下降6.4%和5.1%，降幅有所收窄；私家车出行的持续旺盛带动了公路出行方式的多元化。四是水路客运降幅收窄，旅客周转量增速由负转正。水运客运量26223.0万人，同比下降0.7%，较年初收窄8.7个百分点；水运旅客周转量74.2亿人公里，同比由年初-11.0%负增长转为2.7%正增长。

（二）货运持续增长，铁路比重提高

全社会完成货运量460.8亿吨，货物周转量181381.0亿吨公里，同比分别增长7.2%、3.4%，全年持续稳定增长。一是铁路货运份额逐步提高。全路铁路货物发送量完成36.8亿吨，货物周转量完成26322.8亿吨公里，同比分别增长8.7%和6.9%，铁路货运量、货物周转量占全社会比重同比分别提高0.2个和0.4个百分点。其中，铁路煤炭运量增长11.0%。二是公路货运增速加快。完成公路货运量359.9亿吨，完成货物周转量64590.8亿吨公里，同比分别增长7.5%和6.7%，增速分别较上年同期加快3.1、2.8个百分点。三是水路货运增速有所增长。完成水路货运量64.1亿吨，同比增长4.7%，完成水路货物周转量90228.9亿吨公里，同比下降0.2%。四是民航货运增速有所放缓。完成民航货邮运输量670.9万吨，完成货邮周转量238.5亿吨公里，同比分别增长4.9%和7.9%，增速较上年同期分别放缓1.0、1.7个百分点。五是快递服务高位增长。全国快递服务企业业务量完成452.9亿件，业务收入累计完成5428.8亿元，同比分别增长26.3%和22.3%。其中，同城业务量累计完成102.4亿件，异地业务量累计完成340.5亿件，同比分别增长23.4%和26.9%。

（三）国际航运运价回暖，货类表现不一

一是国际干散货运输市场运价总体震荡。国际干散货指数 BDI 均值 1352.87 点，同比上涨 21.6%。二是国际集装箱运输市场运价小幅下降。中国出口集装箱综合运价指数平均值为 815.1 点，同比下降 1.3%，运价小幅波动。三是国际油轮运价同比下降。国际原油运价指数 BDTI 均值 770.1 点，同比下降 1.4%；国际成品油运价指数 BCTI 均值 558.76 点，同比下降 6.4%。

（四）港口吞吐量平稳增长，集装箱增长较快

规模以上港口旅客吞吐量 9230 万人，同比增长 2.7%；规模以上港口完成货物吞吐量 122.2 亿吨，同比增长 2.7%，与上半年基本持平。内、外贸吞吐量分别为 84.0 亿吨、38.2 亿吨，分别增长 3.0% 和 2.2%，增速分别较上年同期放缓 4.4 个和 4.1 个百分点；沿海、内河吞吐量分别完成 84.7 亿吨和 37.5 亿吨，分别增长 4.3% 和下降 0.5%，增速较上年同期放缓 2.6 个百分点，降速扩大 7.8 个百分点，主要是非法码头和非法采砂治理效果逐步显现；规模以上港口完成集装箱 22911 万 TEU，同比增长 5.3%。

（五）固定资产投资企稳回升，聚焦补短板建设

铁路、公路、水路、民航固定资产投资同比增长 1.0%，其中铁路固定资产投资 7073 亿元，同比增长 0.8%；公路建设固定资产投资完成 19867 亿元，同比下降 0.2%；水运完成投资 1061 亿元，同比下降 4.6%，其中沿海、内河建设投资分别完成 498 亿元、563 亿元，同比分别下降 18.1%、增长 11.7%；民航建设完成投资 740 亿元，同比下降 5.1%。投资主要集中在中西部地区普通省国道以及农村公路等短板建设。

（六）运输市场供给侧改革持续深化，经营压力加大

随着铁路、民航等运输方式改革的逐步深化，市场化步伐加快推进，民航、高铁保持旺盛需求，货运结构逐步调整，前三季度，铁路总公司客运收入、货运收入同比分别增长11.4%、11.1%，利润总额同比增长16.4%。调研中，前三季度，由于受油价、人工成本上涨等因素影响，企业经营压力增大，部分公路运输、水运企业、航空公司效益有所下滑。

（七）新动能加速成长，发展质量不断提升

随着运输结构调整，铁路白货运输增速加快，如铁路集装箱发送量同比增长44.3%，铁路商品汽车、冷链物流运量增速均在25%以上。随着跨境电子商务的发展，带动国际运输的大幅增长，中欧班列开行5611列，同比增长72%，回程班列占去程班列的71%；国际及港澳台业务量累计完成10亿件，同比增长36.7%。

二、交通物流行业存在的苗头性、倾向性和潜在性问题

（一）交通安全及可持续发展有待提升

2018年1月6日，巴拿马籍油船“SANCHI”轮与香港籍散货船“CF CRYSTAL”轮发生碰撞，造成油船“SANCHI”轮全船失火；2月20日，江西赣州发生一起农村客运班线车辆侧翻事故；重庆万州“10·28”城市公交车坠江事件和兰州“11·3”兰海高速公路兰临路段发生重大道路交通事故，造成重大的人员伤亡和财产损失，产生恶劣的社会影响，交通安全问题亟待加强。

同时，随着铁路以及收费公路债务不断加大，交通财务可持续发展问题凸显。此外，部分企业面临信贷紧缩，企业经营出现连锁困境，也带来社会不稳定因素。

（二）“公转铁”亟须解决关键问题

为贯彻落实调整运输结构的战略部署，“公转铁”虽取得了初步成绩，但也存在亟须解决的关键问题：一是部分铁路运力明显不足；二是铁路货运价格机制不够灵活；三是干支及铁路专用线等配套设施尚需完善。如武安地区多数大型钢铁企业都没有专用线，需要短驳，增加运输成本约 20 元/吨。

（三）民航价格机制尚需改进

春节期间，海南省游客暴增，加之琼州海峡大雾等天气影响，出岛旅客交通滞留压力较大。海南部分城市道路、公路、机场、轮渡等交通压力较大，离岛经济舱舱位不够导致运力不足，公务舱、头等舱机票价格较高，引起消费者误解；部分代理人因为离岛机票紧张而加价销售，出现不规范价格行为。此外，民航机票退改签费用较高成为百姓反映的焦点问题。

（四）交通信息平台仍存在信息不畅

在中欧班列快速发展的同时，也存在信息不畅通问题，如货物到中亚、俄罗斯等国家，信息不通，严重制约班列的正常运营。企业作为总承运人，实际操作运营涉及多个链条，系统只能解决内部可控信息；但客户要求全程可视化、时效性强等，企业基本向东方海外 CargoSmart 等国外信息平台购买服务，信息对接难度较大。

（五）交通运输新业态监管进一步加强

由于交通运输业市场开放程度较高，服务范围较广，跨界运行特点突出，是“互联网+”新业态应用发展的重要领域，但也面临着安全稳定风险点多、政府监管难度大等突出问题。如调研中发现黑网约车、无资质网约车在滴滴快车平台上注册参与运营，雨天打车难，以及共享单车押金监管等突出问题。

三、2019 年走势研判

随着世界经济格局的深刻变革，全球经济复苏，“逆全球化”思潮和贸易保护主义倾向有所抬头，主要经济体政策走向存在变数，不稳定不确定因素依然存在。国际货币基金组织（IMF）预计 2019 年世界经济增速为 3.7%，经济合作与发展组织（OECD）预测全球经济实际增长率为 3.5%，高盛集团等机构预测世界经济或呈疲软态势，增速放缓至 3.5%。面对复杂多变的国际环境，尤其是中美经贸摩擦等影响，我国经济发展压力较大，但仍将继续高质量发展，预计 2019 年我国 GDP 增速放缓至 6.5% 左右，全社会交通运输营业性客运量增速同比下降 5% 左右，全社会货运量增速保持同比 6% 左右，其中，预计铁路货运量、客运量均同比增长 7% 左右。

（中国交通运输协会）

后　记

党的十九大报告指出要推动高质量发展，建设现代化经济体系。面对新形势新任务新要求，经济运行调节工作必须与时俱进，在积极化解当前突出矛盾的同时，积极主动从战略、全局、长远的角度，加强工作谋划和长效机制建设。2018 年伊始，我们即对经济运行态势分析会进行了调整和改进，主要是进一步扩大参会范围、进一步聚焦研讨主题、进一步丰富交流内容和进一步突出智慧分享，希望把经济运行态势分析会打造成政府部门、行业协会、相关企业、研究机构共同学习的平台，汇集信息的平台，理论实践融合的平台，提升工作能力的平台。

一年来，在各方共同努力下，经济运行态势分析会就宏观经济走势研判、煤炭去产能、天然气产供储销体系建设、提升电力供给体系质量、交通物流业发展、防范应对突发事件、强化经济运行态势分析、降低实体经济企业成本、煤电油气运供应保障、做好经济运行调节工作等主题进行了专题分析，取得了良好的效果。大家在这里沟通信息、启发思路、印证观点、碰撞火花，都有较大的收获。会上交流的一些经验、思路和观点已经开始上升到理论研究的层面，对经济运行调节工作实践起到了重要的参考借鉴作用。

受一些同志提议启发，经征得与会发言专家、行业协会同意，我们决定汇集、总结有关会议材料，将相关成果结集出版。希望该书能够成为有关各方沟通交流经济运行调节工作的载体和进一步深入研究的基础，也欢迎各位有识之士提供宝贵的意见建议，共同提升经济运行调节工作水平，从而更好地适应新形势新任务新要求，为推动高质量发展、建设现代化经济体系贡献我们的力量。

感谢张宇贤、张立群、杜飞轮、高世宪、张粒子、王伟胜、柯晓明、杨建红、何辉、谭小平、张兴凯、黄全义、徐建华、吴晓华、王元、周大地、张宏、陈进殿等与会专家的精彩演讲。感谢交通运输部、国家统计局、银保监会、铁路总公司、中石油集团、中石化集团、煤炭工业协会、电力企业联合会、石化工业联合会、钢铁工业协会、建材联合会、有色金属工业协会、机械工业联合会、纺织工业联合会、轻工业联合会、汽车工业协会、船舶工业协会、物流与采购联合会、交通运输协会等部门和单位长期以来对经济运行态势分析会的大力支持。感谢中国宏观经济研究院能源研究所熊华文同志承担全书的统稿工作。